上海市工程建设规范

有轨电车工程施工质量验收标准

Standard for construction quality acceptance
of tramway engineering

DG/TJ 08—2339—2020
J 15504—2021

主编单位:上海市交通运输行业协会
上海市隧道工程轨道交通设计研究院
上海黄浦江大桥建设有限公司
批准部门:上海市住房和城乡建设管理委员会
施行日期:2021 年 5 月 1 日

同济大学出版社

2022 上海

图书在版编目(CIP)数据

有轨电车工程施工质量验收标准 / 上海市交通运输行业协会,上海市隧道工程轨道交通设计研究院,上海黄浦江大桥建设有限公司主编. —上海: 同济大学出版社, 2022.9

ISBN 978-7-5765-0180-3

Ⅰ. ①有… Ⅱ. ①上… ②上… ③上… Ⅲ. ①有轨电车-电气化铁道-铁路工程-工程施工-工程验收-质量标准-上海 Ⅳ. ①U227-65

中国版本图书馆 CIP 数据核字(2022)第 040341 号

有轨电车工程施工质量验收标准

上海市交通运输行业协会
上海市隧道工程轨道交通设计研究院 **主编**
上海黄浦江大桥建设有限公司

责任编辑 朱 勇
责任校对 徐春莲
封面设计 陈益平

出版发行 同济大学出版社 www.tongjipress.com.cn
(地址:上海市四平路 1239 号 邮编: 200092 电话:021 - 65985622)

经 销 全国各地新华书店
印 刷 浦江求真印务有限公司
开 本 889mm×1194mm 1/32
印 张 11.375
字 数 306 000
版 次 2022 年 9 月第 1 版
印 次 2022 年 9 月第 1 次印刷
书 号 ISBN 978-7-5765-0180-3
定 价 120.00 元

上海市住房和城乡建设管理委员会文件

沪建标定〔2020〕673 号

上海市住房和城乡建设管理委员会
关于批准《有轨电车工程施工质量验收标准》
为上海市工程建设规范的通知

各有关单位：

由上海市交通运输行业协会、上海市隧道工程轨道交通设计研究院、上海黄浦江大桥建设有限公司主编的《有轨电车工程施工质量验收标准》，经我委审核，现批准为上海市工程建设规范，统一编号为 DG/TJ 08—2339—2020，自 2021 年 5 月 1 日起实施。

本规范由上海市住房和城乡建设管理委员会负责管理，上海市交通运输行业协会负责解释。

特此通知。

上海市住房和城乡建设管理委员会

二〇二〇年十一月二十日

前言

根据上海市住房与城乡建设委员会《关于印发〈2019年上海市工程建设规范、建筑标准设计编制计划〉的通知》（沪建标定〔2018〕753号）的要求，本标准由上海市交通运输行业协会、上海市隧道工程轨道交通设计研究院、上海黄浦江大桥建设有限公司会同各参编单位共同编制。本标准在编制过程中，以上海市松江区有轨电车示范线T1、T2线工程建设和验收实践经验为基础，调研了国内同类工程的建设实践经验，参考和借鉴了国内其他城市有轨电车工程、铁路工程以及地铁工程的相关施工质量验收标准，并广泛征求了国内公共交通与城市轨道交通方面的有关专家和上海市相关单位的意见，在上述基础上经反复论证研究，制定本标准。

本标准共分13章和7个附录，主要内容包括：总则；术语；基本规定；钢筋混凝土结构工程与砌体工程；路基工程；桥梁工程；车站工程；车辆基地；轨道工程；供电工程；通信工程；运行控制系统；交通安全设施等。本标准尚未涉及的相关单位工程应参照行业相关施工验收标准执行。

各单位及相关人员在执行本标准过程中，如有意见和建议，请反馈至上海市交通委员会（地址：上海市世博村路300号；邮编：200125；E-mail：shjtbiaozhun@126.com），上海市隧道工程轨道交通设计研究院《有轨电车工程施工质量验收标准》编制组（地址：上海市中山西路1999号；邮编：200235；E-mail：office@stedi.cn），上海市建筑建材业市场管理总站（地址：上海市小木桥路683号；邮编：200032；E-mail：shgcbz@163.com），以供今后修订时参考。

主 编 单 位:上海市交通运输行业协会
上海市隧道工程轨道交通设计研究院
上海黄浦江大桥建设有限公司

参 编 单 位:上海松江有轨电车投资运营有限公司
中铁五局集团有限公司
上海建科工程咨询有限公司
中铁电气化局集团公司
中国铁路通信信号上海工程局集团有限公司
上海城市建设设计研究总院有限公司

主要起草人:周 淮 张 苹 李 英 徐永光 周建军
徐 军 郭 虹 谢 炯 王庆国 沈家林
陈晓锋 顾爱峰 张 军 陈丽峰 王海波
吕宏亮 姚振强 李 杨 田 刚 杨 龙
张劲松 郭伟华 赵晓旭 张 俊 陈 硕
王 定 黄 巍 许大光 李雪峰 宋贤林
宋优才 王冰慧 施宇豪 赵大荣 黄爱军
姚 幸 邓本举 陈 亮

主要审查人:黄少文 詹蔚昌 张宇峰 欧阳飞飞
鞠丽艳 黄国伟 王国增

上海市建筑建材业市场管理总站

目　次

Contents

1 总 则

1.0.1 为规范上海市有轨电车工程施工质量验收，保证有轨电车工程施工质量，特制定本标准。

1.0.2 本标准适用于最高运行速度不超过 70 km/h、采用钢轮钢轨制式的有轨电车新建工程施工质量验收，改建和扩建及其他制式的有轨电车工程可参照执行。

1.0.3 有轨电车工程施工质量验收应遵循安全可靠、经济合理、技术先进、耐久环保的原则。

1.0.4 有轨电车工程施工质量验收除应符合本标准规定外，尚应符合国家现行有关标准的规定。

2 术 语

2.0.1 有轨电车 tramway

依靠司机瞭望驾驶，采用沿轨道行驶的电力牵引的低地板有轨电车车辆，以地面敷设为主的中低运量的城市公共交通系统。

2.0.2 工程施工质量 constructional quality of engineering

反映工程施工过程或实体满足相关标准规定或合同约定的要求，包括其在安全、使用功能及耐久性能、环境保护等方面所有明显和隐含能力的特性总和。

2.0.3 运行控制系统 operation control system

指导或控制车辆运行的自动化系统。

2.0.4 交通安全设施 traffic safety facilities

为保障有轨电车行车安全、减少潜在事故发生而设置的具有交通管理、安全防护、交通诱导、隔离封闭、防止眩光等多种功能的设施设备。

2.0.5 铺装工程 surface engineering

为体现景观或保证道口通行功能，在无砟道床面以上所采用的种植绿化或摊铺沥青混凝土及方砖等铺面型式。

2.0.6 柔性包裹材料 flexible wrapping material

在钢轨外(除轨顶外)采用橡胶或类似绝缘柔性材质将钢轨包裹的型材，形成钢轨绝缘、防腐的保护系统。

2.0.7 线下工程 underline engineering

线下工程指路基填筑、地基处理、砌筑支挡建筑物或排水设施、桥隧涵洞施工等。

2.0.8 冷滑试验 cold slide

在架空接触网或接触轨无电条件下，受电弓沿架空接触网或接触轨滑行的试验。

2.0.9 热滑试验 hot slide

在架空接触网或接触轨带电条件下，受电弓或受电靴沿架空接触网或接触轨滑行的试验。

2.0.10 系统调试 system testing

对单个系统的功能进行的调整、试验和测试等工作。

2.0.11 综合接地 compound grounding

将车站、区间的供电、机电、信号、通信等设备系统以及其他电子信息系统通过贯通接地干线连接一体的接地系统。

3 基本规定

3.1 一般规定

3.1.1 施工现场质量管理应具有健全的质量管理体系、相应的施工技术标准和施工质量检验制度。

3.1.2 施工现场质量管理检查记录应由施工单位在施工前按本标准附录 A 的规定填写，总监理工程师组织检查，并作出检查结论。

3.1.3 施工质量控制应符合下列规定：

1 工程采用的原材料、成品、半成品、构配件的材质、规格及性能，应符合以下规定：

1) 应符合设计文件、招标文件和国家现行有关技术标准的规定，不得采用国家明令禁止使用或淘汰的材料与设备。

2) 产品应有合格证和出产（生产或出厂）说明书，进口材料与设备应提供有原产地证明和商检证明，配套提供的质量合格证明、检查报告及安装、使用、维护说明书等文件资料应为中文文本或附中文译文。

3) 强制认证的消防产品应具备相应的合格报告及认证书。

4) 各系统的设备及软件应通过国家认证（认可），并应有认证证书和认证标志。

5) 施工单位应进行进场检验；凡涉及安全、节能、环境保护和主要使用功能的重要试块、试件、材料及产品，应在进场时或施工中按规定进行平行检验、见证检验或见证取样检测，并应经专业监理工程师检查认可，检测合格的才能应用于工程施工。

2 设备开箱检查应符合下列规定：

1) 设备型号、规格及配件等应符合设计和设备技术文件的规定。

2) 设备合格证、说明书等随箱技术文件齐全。

3) 设备及配件不得损伤、变形和锈蚀。

3 隐蔽工程在覆盖前应由施工单位通知监理单位进行验收，并应形成验收文件，验收合格后方可继续下一道工序。

4 各工序应按施工技术标准进行过程控制，施工单位和监理单位应按本标准的规定进行全面检查，并形成记录。

5 工序之间应进行交接检验，上道工序应满足下道工序的施工条件和技术要求。

6 相关专业工序之间的交接检验应经专业监理工程师检查认可，未经检查或经检查不合格者不得进行下道工序施工。

7 施工过程中应进行施工试验和检验。

8 施工过程中不应损坏原有绝缘、保温、隔声、防水、防潮、防腐、绝缘构造，不应损伤、破坏受力的钢筋及构件。

9 设备安装前应对相关的土建工程进行检查，并符合下列规定：

1) 结构验收合格，无渗、漏水现象。

2) 预埋件位置正确、牢靠，基础混凝土强度符合设计要求。

10 各类质量检测报告、检查验收记录和其他工程技术管理资料应及时填写，并应由责任人签字确认。施工资料验收资料的归档、整理应符合行业标准的规定。

3.1.4 施工质量验收应符合下列规定：

1 工程施工质量的验收均应在施工单位自检合格的基础上进行。

2 参加工程施工质量验收的各方人员应具备相应的资格。

3　检验批的质量应按主控项目和一般项目进行验收，承担见证取样检测及有关安全检测的单位应具有相应的资质。

4　对涉及结构安全、节能、环境保护和主要使用功能的试块、试件及材料，应在进场时或施工中按本标准各章规定进行见证检验。

5　隐蔽工程在隐蔽前，施工单位应通知监理单位或建设单位进行验收及确认，必要时应留下影像资料，并应形成验收文件。

6　对涉及结构安全、节能、环境保护和使用功能的重要分部工程，应在验收前按规定进行抽样检验。

7　工程的观感质量应由验收人员通过现场检查并共同确认。

3.1.5　工程质量验收合格应符合下列规定：

1　符合工程勘察、设计文件的要求。

2　符合本标准和相关专业验收规范的要求。

3.1.6　工程施工质量验收使用的计量仪表、工器具应检定合格，并在有效期内。

3.1.7　工程施工前，施工单位应建立测量控制网；在施工过程中，应定期对施工测量成果进行复核，确保准确。工程测量的质量验收，应符合现行国家标准《城市轨道交通工程测量规范》GB/T 50308及其他相关标准的规定。

3.1.8　工程监控测量的质量验收，应符合现行国家标准《城市轨道交通工程监测技术规范》GB 50911及其他相关标准的规定。

3.1.9　工程开工前，施工单位应会同建设单位、监理单位确认构成建设项目的单位工程、分部工程、分项工程和检验批，作为施工质量验收的基础。

3.2　工程施工质量验收单元的划分

3.2.1　施工质量验收单元划分为项目工程、单位工程（子单位工程)、分部工程(子分部工程)、分项工程和检验批。

3.2.2 单位工程的划分宜按照具有独立功能的单体划分,详见本标准附录B。单位工程也可根据工程合同进行适当调整。

3.2.3 分部工程、分项工程的检验批的划分应符合现行国家标准《建筑工程施工质量验收统一标准》GB 50300的规定,宜按本标准附录C的规定划分。

3.3 工程施工质量验收要求

3.3.1 检验批质量验收合格应符合下列规定:

1 主控项目的质量经抽样检验全部合格。

2 一般项目的质量经抽样检验合格;有允许偏差的抽查点,除有专门要求外,80%及以上的抽查点应控制在规定允许偏差内,土建工程不合格点的最大偏差值不应大于规定允许偏差的1.5倍,钢结构工程不合格点的最大偏差值不应大于规定允许偏差的1.2倍。

3 具有完整的施工操作依据、原始资料和质量检查验收记录。

3.3.2 分项工程质量验收合格应符合下列规定:

1 所含检验批的质量均应验收合格。

2 所含检验批的质量验收记录应完整。

3.3.3 分部(子分部)工程质量验收合格应符合下列规定:

1 所含分项工程的质量均应验收合格。

2 质量控制资料应完整。

3 有关结构安全、节能、环境保护和主要使用功能的检测结果应符合有关规定。

4 观感质量验收应符合要求。

3.3.4 单位(子单位)工程质量验收合格应符合下列规定:

1 所含分部及子分部工程的质量均应验收合格。

2　完成工程设计和合同约定的各项内容，对不影响运营安全及使用功能的缓建项目已经相关部门同意。

3　质量控制资料应完整。

4　主要使用功能的抽查结果应符合相关验收标准的规定。

5　主要使用功能应符合相关标准规定和设计要求。

6　观感质量验收应符合要求。

7　具有勘察、设计、施工、监理等单位签署的质量合格文件或质量评价意见。

3.3.5　当工程施工质量不符合要求时，经业主同意，可按下列规定进行处理：

1　经返工或返修的检验批，应重新进行验收。

2　经有资质的检测机构检测鉴定能够达到设计要求的检验批，应予以验收。

3　经有资质的检测机构检测鉴定达不到设计要求，但经设计单位核算认可能够满足安全和使用功能的检验批，可予以验收。

4　经返修或加固处理的分项、分部工程，满足安全和使用功能要求时，可按技术处理方案和协商文件的要求予以验收。

3.3.6　工程质量控制资料应齐全完整。当部分资料缺失时，应委托有资质的检测机构按有关标准进行相应的实体检验或抽样试验。

3.3.7　通过返修或加固处理仍不能满足安全和使用功能要求的分部工程（子分部工程）、单位工程（子单位工程），严禁验收。

3.4　工程施工质量验收程序和组织

3.4.1　检验批的验收程序和组织应符合下列规定：

1　检验批应由施工单位自检合格后报监理单位，由专业监理工程师组织施工单位专职质量检查员等进行验收。

2　施工单位应对全部主控项目和一般项目进行检查。

3　监理单位应对全部主控项目进行检查，对一般项目的检查内容和数量可根据具体情况确定。

4　检验批质量验收记录应按本标准附录D的规定填写记录。对于主控项目，施工单位检查评定记录及监理单位验收记录应填写详细具体；对于一般项目，可填写概括性结论。

3.4.2　分项工程应由专业监理工程师组织施工单位分项工程技术负责人等进行验收，并应按本标准附录E的规定填写记录。

3.4.3　分部(子分部)工程应由总监理工程师组织施工单位项目负责人和技术、质量负责人等进行验收，并应按本标准附录F的规定填写记录。勘察、设计单位项目负责人、质量部门负责人应参加地基与基础分部工程的验收。设计单位项目负责人、质量部分负责人应参加主体结构及重要分部工程验收。

3.4.4　单位工程完工后，施工单位应组织有关人员进行自检。总监理工程师应组织各专业监理工程师对工程质量进行单位工程预验收。存在施工质量问题时，应由施工单位整改。整改完毕后，由施工单位向建设单位提交单位工程验收申请。

3.4.5　建设单位收到单位工程验收报告后，应由建设单位项目负责人组织施工、监理、勘察、设计等单位项目负责人进行单位工程验收，并按本标准附录G的规定填写记录。

4 钢筋混凝土结构工程与砌体工程

4.1 一般规定

4.1.1 模板工程应编制施工方案。滑模、爬模等工具式模板工程及高大模板支架工程的施工方案，应按相关规定进行技术论证。

4.1.2 模板应根据安装、使用和拆除工况进行设计，并应满足强度、刚度和整体稳定性要求。

4.1.3 模板拆除的顺序及安全措施应符合现行国家标准《混凝土结构工程施工规范》GB 50666 的规定和施工方案的要求。

4.1.4 混凝土强度应按现行国家标准《混凝土强度检验评定标准》GB/T 50107 的规定分批检验评定。划入同一检验批的混凝土，其施工持续时间不宜超过 3 个月。

4.1.5 混凝土有耐久性指标要求时，应按现行行业标准《混凝土耐久性检验评定标准》JGJ/T 193 的规定检验评定。

4.1.6 混凝土结构子分部工程的质量验收，应在钢筋、预应力、混凝土、现浇结构和装配式结构等相关分项工程验收合格的基础上，进行质量控制资料检查、观感质量验收及实体检验。

4.2 模板工程

Ⅰ 主控项目

4.2.1 模板用材料的技术指标应符合设计要求和国家现行有关标准的规定。进场时，应抽样检验模板和支架材料的外观、规格和尺寸。

检验数量：按国家现行有关标准的规定确定。

检验方法:检查质量证明文件,观察检查,钢尺量测。

4.2.2 现浇混凝土结构模板的安装质量应符合设计要求,并符合国家现行有关标准的规定和施工方案的要求。

检验数量:按国家现行有关标准的规定确定。

检验方法:按国家现行有关标准的规定执行。

4.2.3 后浇带处的模板应独立设置。

检验数量:全数检查。

检验方法:观察检查。

4.2.4 支架竖杆和竖向模板安装在土层上时,应符合下列规定:

1 土层应坚实、平整,其承载力或密实度应符合施工方案的要求。

2 应有防水、排水措施;对冻胀性土,应有预防冻融措施。

3 支架竖杆下应有底座或垫板。

检验数量:全数检查。

检验方法:观察检查,检查土层密实度检测报告、土层承载力验算或现场检测报告。

Ⅱ 一般项目

4.2.5 模板安装质量应符合下列规定:

1 模板的接缝应严密。

2 模板内不应有杂物、积水或冰雪等。

3 模板与混凝土的接触面应平整、清洁。

4 用作模板的地坪、胎膜等应平整、清洁,不应有影响构件质量的下沉、裂缝、起砂或起鼓。

5 对清水混凝土及装饰混凝土构件,应使用能达到设计效果的模板。

检验数量:全数检查。

检验方法:观察检查。

4.2.6 隔离剂的品种和涂刷方法应符合施工方案的要求。隔离剂不得影响结构性能及装饰施工;不得沾污钢筋、预应力筋、预埋件和混凝土接槎处；不得对环境造成污染。

检查数量：全数检查。

检验方法：检查质量证明文件，观察检查。

4.2.7 模板的起拱应符合现行国家标准《混凝土结构工程施工规范》GB 50666 的规定，并应符合设计及施工方案的要求。

检验数量：在同一检验批内，对梁，跨度大于 18 m 时应全数检查，跨度不大于 18 m 时应抽查构件数量的 10%，且不应少于 3 件；对板，应按有代表性的自然间抽查 10%，且不应少于 3 间；对大空间结构，板可按纵、横轴线划分检查面，抽查 10%，且不应少于 3 面。

检验方法：水准仪测量或钢尺量测。

4.2.8 现浇混凝土结构多层连续支模应符合施工方案的规定，上下层模板支架的竖杆宜对准。竖杆下垫板的设置应符合施工方案的要求。

检验数量：全数检查。

检验方法：观察检查。

4.2.9 固定在模板上的预埋件和预留孔洞不得遗漏，且应安装牢固。有抗渗要求的混凝土结构中的预埋件，应按设计及施工方案的要求采取防渗措施。预埋件和预留孔洞的位置应满足设计和施工方案的要求。当设计无具体要求时，其安装应符合表 4.2.9 的规定。

表 4.2.9 预埋件和预留孔洞的安装允许偏差

<table>
<tr><th colspan="2">检验项目</th><th>允许偏差
(mm)</th><th>检验数量</th><th>检验方法</th></tr>
<tr><td colspan="2">预埋板中心线位置</td><td>3</td><td rowspan="9">在同一检验批内，对梁、柱和独立基础，应抽查构件数量的 10%，且不应少于 3 件；对墙和板，应按有代表性的自然间抽查 10%，且不应少于 3 间；对大空间结构墙可按相邻轴线间高度 5 m 左右划分检查面，板可按纵、横轴线划分检查面，抽查 10%，且均不应少于 3 面</td><td rowspan="9">观察检查，钢尺量测</td></tr>
<tr><td colspan="2">预埋管、预留孔中心线位置</td><td>3</td></tr>
<tr><td rowspan="2">插筋</td><td>中心线位置</td><td>5</td></tr>
<tr><td>外露长度</td><td>+10，0</td></tr>
<tr><td rowspan="2">预埋螺栓</td><td>中心线位置</td><td>2</td></tr>
<tr><td>外露长度</td><td>+10，0</td></tr>
<tr><td rowspan="2">预留洞</td><td>中心线位置</td><td>10</td></tr>
<tr><td>尺寸</td><td>+10，0</td></tr>
</table>

注：检查中心线位置时，沿纵、横两个方向量测，并取其中偏差的较大值。

4.2.10 现浇结构模板安装应符合表4.2.10的规定。

表4.2.10 现浇结构模板安装的允许偏差、检验数量及检验方法

检验项目		允许偏差（mm）	检验数量	检验方法
轴线位置		5	在同一检验批内，对梁、柱和独立基础，应抽查构件数量的10%，且不应少于3件；对墙和板，应按有代表性的自然间抽查10%，且不应少于3间；对大空间结构，墙可按相邻轴线间高度5 m左右划分检查面，板可按纵横轴线划分检查面，抽查10%，且均不应少于3面	钢尺量测
底模上表面标高		±5		水准仪测量或拉线、钢尺量测
截面内部尺寸	基础	±10		钢尺量测
	柱、墙、梁、板（长、宽、高）	±5		钢尺量测
	楼梯相邻踏步高差	+4，−5		钢尺量测
层高垂直度	层高≤6 m	8		经纬仪或吊线测量、钢尺量测
	层高>6 m	10		经纬仪或吊线测量、钢尺量测
相邻两块模板表面高差		2		钢尺量测
表面平整度	梁、柱	5		2 m靠尺和塞尺量测
	轨道板	2		1 m靠尺和塞尺量测

注：检查轴线位置，当有纵横两个方向时，沿纵、横两个方向量测，并取其中偏差的较大值。

4.2.11 预制构件模板安装应符合表4.2.11的规定。

表4.2.11 预制构件模板安装的允许偏差、检验数量及检验方法

检验项目		允许偏差（mm）	检验数量	检验方法
长度	梁、板	±4	首次使用及大修后的模板应全数检查；使用中的模板应抽查10%，且不应少于5件，不足5件时应全数检查	钢尺量测两侧边，取其中较大值
	薄腹梁、桁架	±8		
	柱	0，−10		
	墙板	0，−5		
宽度	板、墙板	0，−5		钢尺量测两端及中部，取其中较大值
	梁、薄腹梁、桁架	+2，−5		

续表4.2.11

检验项目		允许偏差(mm)	检验数量	检验方法
高(厚)度	板	+2，−3	首次使用及大修后的模板应全数检查；使用中的模板应抽查10%，且不应少于5件，不足5件时应全数检查	钢尺量测两端及中部，取其中较大值
	墙板	0，−5		
	梁、薄腹梁、桁架、柱	+2，−5		
侧向弯曲	梁、板、柱	$L/1\,000$ 且≤15		拉线测量、钢尺量测最大弯曲处
	墙板、薄腹梁、桁架	$L/1\,500$ 且≤15		
板的表面平整度		3		2 m 靠尺和塞尺量测
相邻模板表面高差		1		钢尺量测
对角线差	板	7		钢尺量测两对角线
	墙板	5		
翘曲	板、墙板	$L/1\,500$		水平尺在两端量测
设计起拱	薄腹梁、桁架、梁	±3		拉线测量、钢尺量测跨中

注：L 为构件长度(mm)。

4.2.12 桥梁现浇模板支立允许偏差应符合表4.2.12的规定。

表4.2.12 桥梁现浇模板支立允许偏差值

检查项目 结构部位	基础	桥台	墩柱	板或梁
轴线位移(mm)	20	10	10	10
结构断面尺寸(mm)	±10	±5	±5	0～+3
垂直度	1‰	1‰	1‰	—
高程(mm)	±10	±3	±3	±3
预埋件位置(mm)	—	±3	±3	±3
预留孔洞(mm)	—	±3	±3	±3
相邻模板接缝平整度(mm)	2	2	2	2

检验数量：全数检查。

检验方法：钢尺量测。

4.3 钢筋工程

Ⅰ 主控项目

4.3.1 钢筋进场时，应按国家现行标准抽取试件作屈服强度、抗拉强度、伸长率、弯曲性能和重量偏差检验，检验结果应符合相关标准的规定。

检验数量：按进场批次和产品的抽样检验方案确定。

检验方法：检查质量证明文件和抽样检验报告。

4.3.2 成型钢筋进场时，应抽取试件作屈服强度、抗拉强度、伸长率和重量偏差检验，检验结果应符合国家现行有关标准的规定。对由热轧钢筋制成的成型钢筋，当有施工单位或监理单位的代表驻厂监督生产过程，并提供原材钢筋力学性能第三方检验报告时，可仅进行重量偏差检验。

检验数量：同一厂家、同一类型、同一钢筋来源的成型钢筋，不超过 30 t 为一批，每批中每种钢筋牌号、规格均应至少抽取 1 个钢筋试件，总数不应少于 3 个。

检验方法：检查质量证明文件和抽样检验报告。

4.3.3 对按一、二、三级抗震等级设计的框架和斜撑构件（含梯段）中的纵向受力普通钢筋应采用 HRB335E、HRB400E、HRB500E、HRBF335E、HRBF400E 或 HRBF500E 钢筋，其强度和最大力下总伸长率的实测值应符合下列规定：

1 抗拉强度实测值与屈服强度实测值的比值不应小于 1.25。

2 屈服强度实测值与屈服强度标准值的比值不应大于 1.30。

3 最大力下总伸长率不应小于 9%。

检验数量：按进场的批次和产品的抽样检验方案确定。

检验方法：检查抽样检验报告。

4.3.4 钢筋弯折的弯弧内直径应符合下列规定：

1 光圆钢筋，不应小于钢筋直径的2.5倍。

2 335 MPa级、400 MPa级带肋钢筋，不应小于钢筋直径的4倍。

3 500 MPa级带肋钢筋，当直径为28 mm以下时，不应小于钢筋直径的6倍；当直径为28 mm及以上时，不应小于钢筋直径的7倍。

4 箍筋弯折处不应小于纵向受力钢筋的直径。

检验数量：同一设备加工的同一类型钢筋，每一工作班抽查不应少于3件。

检验方法：钢尺量测。

4.3.5 纵向受力钢筋的弯折后平直段长度应符合设计要求。光圆钢筋末端做180°弯钩时，弯钩的平直段长度不应小于钢筋直径的3倍。

检验数量：同一设备加工同一类型钢筋，每一工作班抽查不应少于3件。

检验方法：钢尺量测。

4.3.6 箍筋、拉筋的末端应按设计要求做弯钩，并应符合下列规定：

1 对一般结构构件，箍筋弯钩的弯折角度不应小于90°，弯折后平直段长度不应小于箍筋直径的5倍；对有抗震设防要求或设计有专门要求的结构构件，箍筋弯钩的弯折角度不应小于135°，弯折后平直段长度不应小于箍筋直径的10倍和75 mm二者之中的较大值。

2 圆形箍筋的搭接长度不应小于其受拉锚固长度，且两末端弯钩的弯折角度不应小于135°，弯折后平直段长度对一般结构构件不应小于箍筋直径的5倍，对有抗震设防要求的结构构件不应小于箍筋直径的10倍和75 mm二者之中的较大值。

3 梁、柱复合箍筋中的单肢箍筋两端弯钩的弯折角度均不应小于135°，弯折后平直段长度应符合本条第1款对箍筋的有关规定。

检验数量：同一设备加工同一类型钢筋，每一工作班抽查不应少于3件。

检验方法：钢尺量测。

4.3.7 盘卷钢筋调直后，应进行力学性能和重量偏差检验，其强度应符合国家现行有关标准的规定，其断后伸长率、重量负偏差应符合表4.3.7的规定。除采用无延伸功能的机械设备调直的钢筋外，钢筋力学性能和重量偏差检验应符合下列规定：

1 应对3个试件先进行重量偏差检验，再取其中2个试件进行力学性能检验。

2 重量负偏差应按下式计算：

$$\Delta=(W_O-W_D)/W_O\times100\% \tag{4.3.7}$$

式中：Δ——重量偏差(%)；

W_D——3个调直钢筋试件的实际重量之和(kg)；

W_O——钢筋理论重量(kg)，取每米理论重量(kg/m)与3个调直钢筋试件长度之和(m)的乘积。

3 检验重量偏差时，试件切口应平滑并与长度方向垂直，且长度不应小于500 mm；长度和重量的量测精度分别不应低于1 mm和1 g。

表4.3.7 盘卷钢筋调直后的断后伸长率、负重量偏差要求

钢筋牌号	断后伸长率	重量负偏差(%)	
	A(%)	直径6 mm～12 mm	直径14 mm～20 mm
HPB300	≥21	≤10	—
HRB335、HRBF335	≥16	≤7	≤6
HRB400、HRBF400	≥15		
RRB400	≥13		
HRB500、HRBF500	≥14		

注：断后伸长率A的量测标距为5倍钢筋直径。

检验数量：同一设备加工的、同一牌号、同一规格的调直钢筋，重量不大于 30 t 为一批，每批见证抽取 3 个试件。

检验方法：检查抽样检验报告。

4.3.8 钢筋的连接方式应符合设计要求。

检验数量：全数检查。

检验方法：观察检查。

4.3.9 钢筋采用机械连接或焊接连接时，钢筋机械连接接头、焊接接头的力学性能、弯曲性能应符合国家现行有关标准的规定。接头试件应从工程实体中截取。

检验数量：按现行行业标准《钢筋机械连接技术规程》JGJ 107和《钢筋焊接及验收规程》JGJ 18 的规定确定。

检验方法：检查质量证明文件和抽样检验报告。

4.3.10 钢筋采用机械连接时，螺纹接头应检验拧紧扭矩值，挤压接头应量测压痕直径，检验结果应符合现行行业标准《钢筋机械连接技术规程》JGJ 107 的相关规定。

检验数量：按现行行业标准《钢筋机械连接技术规程》JGJ 107 的规定确定。

检验方法：采用专用扭力扳手或专用量规检查。

4.3.11 钢筋接头的位置应符合设计和施工方案要求。有抗震设防要求的结构中，梁端、柱端箍筋加密区范围内不应进行钢筋搭接。接头末端至钢筋弯起点的距离不应小于钢筋直径的 10 倍。

检验数量：全数检查。

检验方法：观察检查，钢尺量测。

4.3.12 钢筋机械连接接头、焊接接头的外观质量应符合现行行业标准《钢筋机械连接技术规程》JGJ 107 和《钢筋焊接及验收规程》JGJ 18 的规定。

检验数量：按现行行业标准《钢筋机械连接技术规程》JGJ 107和《钢筋焊接及验收规程》JGJ 18 的规定确定。

检验方法：观察检查，钢尺量测。

4.3.13 当纵向受力钢筋采用机械连接接头或焊接接头时，同一连接区段内纵向受力钢筋的接头面积百分率应符合设计要求；当设计无具体要求时，应符合下列规定：

1 受拉接头，不宜大于50%；受压接头，可不受限制。

2 直接承受动力荷载的结构构件中，不宜采用焊接；当采用机械连接时，不应超过50%。

检验数量：在同一检验批内，对梁、柱和独立基础，应抽查构件数量的10%，且不应少于3件；对墙和板，应按有代表性的自然间抽查10%，且不应少于3面；对大空间结构，墙可按相邻轴线间高度5 m左右划分检查面，板可按纵横轴线划分检查面，抽查10%，且均不应少于3面。

检验方法：观察检查，钢尺量测。

注：1 接头连接区段是指长度为35d且不小于500 mm的区段，d为相互连接两根钢筋的直径较小值。

2 同一连接区段内纵向受力钢筋接头面积百分率为接头中点位于该连接区段内的纵向受力钢筋截面面积与全部纵向受力钢筋截面面积的比值。

4.3.14 当纵向受力钢筋采用绑扎搭接接头时，接头的设置应符合下列规定：

1 接头的横向净间距不应小于钢筋直径，且不应小于25 mm。

2 同一连接区段内，纵向受拉钢筋的接头面积百分率应符合设计要求；当设计无具体要求时，应符合下列规定：

1) 梁类、板类及墙类构件，不宜超过25%；基础筏板，不宜超过50%。

2) 柱类构件，不宜超过50%。

3) 当工程中确有必要增大接头面积百分率时，对梁类构件，不宜大于50%。

检验数量：在同一检验批内，对梁、柱和独立基础，应抽查构件数量的10%，且不应少于3件；对墙和板，应按有代表性的自然间抽查10%，且不应少于3间；对大空间结构，墙可按相邻轴线间高度5 m左右划分检查面，板可按纵横轴线划分检查面，抽查10%，且均不应少于3面。

检验方法：观察检查，钢尺量测。

注：1 接头连接区段是指长度为1.3倍搭接长度的区段。搭接长度取相互连接两根钢筋中较小直径计算。

2 同一连接区段内纵向受力钢筋接头面积百分率为接头中点位于该连接区段长度内的纵向受力钢筋截面面积与全部纵向受力钢筋截面面积的比值。

4.3.15 梁、柱类构件的纵向受力钢筋搭接长度范围内箍筋的设置应符合设计要求；当设计无具体要求时，应符合下列规定：

1 箍筋直径不应小于搭接钢筋较大直径的1/4。

2 受拉搭接区段的箍筋间距不应大于搭接钢筋较小直径的5倍，且不应大于100 mm。

3 受压搭接区段的箍筋间距不应大于搭接钢筋较小直径的10倍，且不应大于200 mm。

4 当柱中纵向受力钢筋直径大于25 mm时，应在搭接接头两个端面外100 mm范围内各设置2道箍筋，其间距宜为50 mm。

检验数量：在同一检验批内，应抽查构件数量的10%，且不应少于3件。

检验方法：观察检查，钢尺量测。

4.3.16 钢筋安装时，受力钢筋的牌号、规格和数量应符合设计要求。

检验数量：全数检查。

检验方法：观察检查，钢尺量测。

4.3.17 钢筋应安装牢固，受力钢筋的安装位置、锚固方式应符合设计要求。

检验数量：全数检查。

检验方法：观察检查，钢尺量测。

Ⅱ 一般项目

4.3.18 钢筋应平直、无损伤，表面不得有裂纹、油污、颗粒状或片状老锈。

检验数量：全数检查。

检验方法：观察检查。

4.3.19 成型钢筋的外观质量和尺寸偏差应符合国家现行有关标准的规定。

检验数量：同一厂家、同一类型的成型钢筋，不超过 30 t 为一批，每批随机抽取 3 个成型钢筋。

检验方法：观察检查，钢尺量测。

4.3.20 钢筋机械连接套筒、钢筋锚固板以及预埋件等的外观质量应符合国家现行有关标准的规定。

检验数量：按国家现行有关标准的规定确定。

检验方法：检查产品质量证明文件，观察检查，钢尺量测。

4.3.21 钢筋加工的形状、尺寸应符合设计要求，其偏差应符合表 4.3.21 的规定。

检验数量：同一设备加工同一类型钢筋，每一工作班抽查不应少于 3 件。

检验方法：钢尺量测。

表 4.3.21 钢筋加工的允许偏差

检验项目	允许偏差(mm)
受力钢筋沿长度方向的净尺寸	±10
弯起钢筋的弯折位置	±20
箍筋外廓尺寸	±5

4.3.22 钢筋安装允许偏差、检验数量及检验方法应符合表 4.3.22 的规定，梁板类构件上部受力钢筋保护层厚度的合格点率应达到 90% 及以上，且不得有超过表中数值 1.5 倍的尺寸偏差。

表 4.3.22 钢筋安装允许偏差、检验数量及检验方法

检验项目		允许偏差(mm)	检验数量	检验方法
绑扎钢筋网	长、宽	±10	在同一检验批内，对梁、柱和独立基础，应抽查构件数量的 10%，且不应少于 3 件；对墙和板，应按有代表性的自然间抽查 10%，且不应少于 3 间；对大空间结构，墙可按相邻轴线间高度 5 m 左右划分检查面，板可按纵、横轴线划分检查面，抽查 10%，且均不应少于 3 面	钢尺量测
	网眼尺寸	±20		钢尺量测连续 3 档，取最大值
绑扎钢筋骨架	长	±10		钢尺量测
	宽、高	±5		钢尺量测
纵向受力钢筋	锚固长度	−20		钢尺量测
	间距	±10		钢尺量测
	排距	±5		
纵向受力钢筋、箍筋的混凝土保护层厚度	基础、墩台	0～10		钢尺量测
	柱、梁	0～5		钢尺量测
	板、墙、壳	0～3		钢尺量测
箍筋、横向钢筋、螺旋筋间距		±10		钢尺量测连续 3 档，取最大值
钢筋弯起点位置		±20		钢尺量测
预埋件	中心线位置	5		钢尺量测
	水平高差	+3，0		钢尺和塞尺量测

注：检查中心线时，沿纵、横两个方向测量，并取其中偏差的较大值。

4.4 混凝土工程

Ⅰ 主控项目

4.4.1 预拌混凝土进场时，其质量应符合现行国家标准《预拌混凝土》GB/T 14902 的规定。

检验数量：全数检查。

检验方法：检查质量证明文件。

4.4.2 混凝土拌合物不应离析。

检验数量：全数检查。

检验方法:观察检查。

4.4.3 混凝土中氯离子含量和碱总含量应符合现行国家标准《混凝土结构设计规范》GB 50010 的规定和设计要求。

检验数量:同一配合比的混凝土检查不应少于 1 次。

检验方法:检查原材料试验报告和氯离子、碱的总含量计算书。

4.4.4 首次使用的混凝土配合比应进行开盘鉴定,其原材料、强度、凝结时间、稠度等应满足设计配合比的要求。

检验数量:同一配合比的混凝土检查不应少于 1 次。

检验方法:检查开盘鉴定资料和强度试验报告。

4.4.5 混凝土的强度等级应符合设计要求。用于检验混凝土强度的试件应在浇筑地点随机抽取。

检验数量:对同一配合比混凝土,取样与试件留置应符合下列规定:

1 每拌制 100 盘且不超过 100 m^3 时,取样不得少于 1 次。

2 每工作班拌制不足 100 盘时,取样不得少于 1 次。

3 连续浇筑超过 1 000 m^3 时,每 200 m^3 取样不得少于 1 次。

4 每一楼层、同一配合比混凝土,取样不得少于 1 次。

5 每次取样应至少留置 1 组试件。

检验方法:检查施工记录及混凝土强度试验报告。

4.4.6 现浇结构的外观质量不应有严重缺陷。对已经出现的严重缺陷,应由施工单位提出技术处理方案,并经建设及监理单位认可后进行处理;对裂缝、连接部位出现的严重缺陷及其他影响结构安全的严重缺陷,技术处理方案应经设计单位认可。对经处理的部位应重新验收。

检验数量:全数检查。

检验方法:观察检查,检查技术处理记录。

4.4.7 预制构件的外观质量不应有严重缺陷,且不应有影响结构性能和安装、使用功能的尺寸偏差。

检验数量:全数检查。

检验方法：观察检查，钢尺量测。

4.4.8 预制构件上的预埋件、预留插筋、预埋管线等材料质量、规格、位置和数量应符合设计要求；预制构件上预留孔洞的位置、数量应符合设计要求。

检查数量：全数检查。

检验方法：观察检查。

4.4.9 混凝土预制构件专业企业生产的预制构件进场时，预制构件结构性能检验应符合下列规定：

1 梁板类简支受弯预制构件进场时应进行结构性能检验。

2 对其他预制构件，除设计有专门要求外，进场时可不做结构性能检验。

3 对进场时不做结构性能检验的预制构件，应采取下列措施：

1）施工单位或监理单位代表应驻厂监督制作过程。

2）当无驻厂监督时，预制构件进场时应对预制构件主要受力钢筋数量、规格、间距及混凝土强度等进行实体检验。

检验数量：每批进场不超过 1 000 个同类型预制构件为一批，在每批中应随机抽取 1 个构件进行检验。

检验方法：检查结构性能检验报告或实体检验报告。

Ⅱ 一般项目

4.4.10 混凝土拌合物稠度应满足施工方案的要求。

检验数量：对同一配合比混凝土，取样应符合下列规定：

1 每拌制 100 盘且不超过 100 m^3 时，取样不得少于 1 次。

2 每工作班拌制不足 100 盘时，取样不得少于 1 次。

3 每次连续浇筑超过 1 000 m^3 时，每 200 m^3 取样不得少于 1 次。

4 每一楼层取样不得少于 1 次。

检验方法：检查稠度抽样检验记录。

4.4.11 混凝土有耐久性指标要求时，应在施工现场随机抽取试件进行耐久性检验，其检验结果应符合国家现行有关标准的规定和设计要求。

检验数量：同一工程、同一配合比的混凝土，取样不应少于1次，留置试件数量应符合现行国家标准《普通混凝土长期性能和耐久性能试验方法标准》GB/T 50082和现行行业标准《混凝土耐久性检验评定标准》JGJ/T 193的规定。

检验方法：检查试件耐久性试验报告。

4.4.12 混凝土有抗冻要求时，应在施工现场进行混凝土含气量检验，其检验结果应符合国家现行有关标准的规定和设计要求。

检验数量：同一工程、同一配合比的混凝土，取样不应少于1次，取样数量应符合现行国家标准《普通混凝土拌合物性能试验方法标准》GB/T 50080的规定。

检验方法：检查混凝土含气量试验报告。

4.4.13 混凝土浇筑完毕后应及时进行养护，养护时间以及养护方法应符合施工方案要求。

检验数量：全数检查。

检验方法：观察检查，检查混凝土养护记录。

4.4.14 现浇结构的位置、尺寸允许偏差、检验数量和检验方法应符合表4.4.14的规定。

表4.4.14 现浇结构位置、尺寸允许偏差、检验数量及检验方法

<table>
<tr><th colspan="3">检验项目</th><th>允许偏差（mm）</th><th>检验数量</th><th>检验方法</th></tr>
<tr><td rowspan="3">轴线位置</td><td colspan="2">整体基础</td><td>15</td><td rowspan="6">按楼层、结构缝或施工段划分检验批。在同一检验批内，对梁、柱和独立基础，应抽查构件数量的10%，且不应少于3件；对墙和板，应按有代表性的自然间抽查10%，且不应少于3间；对大空间结构，</td><td>经纬仪及钢尺量测</td></tr>
<tr><td colspan="2">独立基础</td><td>10</td><td>经纬仪及钢尺量测</td></tr>
<tr><td colspan="2">柱、墙、梁</td><td>8</td><td>钢尺量测</td></tr>
<tr><td rowspan="3">垂直度</td><td rowspan="2">层高</td><td>≤6 m</td><td>10</td><td>经纬仪或吊线、钢尺量测</td></tr>
<tr><td>>6 m</td><td>12</td><td>经纬仪或吊线、钢尺量测</td></tr>
<tr><td colspan="2">全高（H）</td><td>H/1 000且≤30</td><td>经纬仪、钢尺量测</td></tr>
</table>

续表4.4.14

检验项目		允许偏差（mm）	检验数量	检验方法
标高	层高	±10	墙可按相邻轴线间高度5 m左右划分检查面，板可按纵、横轴线划分检查面，抽查10%，且均不应少于3面；对电梯井，应全数检查	水准仪测量或拉线、钢尺量测
	全高	±30		水准仪测量或拉线、钢尺量测
截面尺寸	基础	+15，−10		钢尺量测
	柱、梁、板、墙	+10，−5		钢尺量测
	楼梯相邻踏步高差	±6		钢尺量测
电梯井	中心位置	10		钢尺量测
	长、宽尺寸	+25，0		钢尺量测
表面平整度		8		2 m靠尺和塞尺量测
预埋件中心位置	预埋板	10		钢尺量测
	预埋螺栓	5		钢尺量测
	预埋管	5		钢尺量测
	其他	10		钢尺量测
预留洞、孔中心线位置		15		钢尺量测

注：1　检查轴线、中心线位置时，沿纵、横两个方向测量，并取其中偏差的较大值。
　　2　H 为全高，单位为mm。

4.4.15　现浇设备基础的位置和尺寸应符合设计和设备安装的要求。其位置、尺寸允许偏差、检验数量及检验方法应符合表4.4.15的规定。

表4.4.15　现浇设备基础位置、尺寸允许偏差、检验数量及检验方法

检验项目	允许偏差（mm）	检验数量	检验方法
轴线位置	20	全数检查	经纬仪及钢尺量测
不同平面标高	0，−20		水准仪测量或拉线、钢尺量测
平面外形尺寸	±20		钢尺量测

续表4.4.15

检验项目		允许偏差（mm）	检验数量	检验方法
凸台上平面外形尺寸		0，−20	全数检查	钢尺量测
凹槽尺寸		+20，0		钢尺量测
平面水平度	每米	5		水平尺、塞尺量测
	全长	10		水准仪测量或拉线、钢尺量测
垂直度	每米	5		经纬仪或吊线、钢尺量测
	全高	10		经纬仪或吊线、钢尺量测
预埋地脚螺栓	中心位置	2		钢尺量测
	顶标高	+20，0		水准仪测量或拉线、钢尺量测
	中心距	±2		钢尺量测
	垂直度	5		吊线、钢尺量测
预埋地脚螺栓孔	中心线位置	10		钢尺量测
	截面尺寸	+20，0		钢尺量测
	深度	+20，0		钢尺量测
	垂直度	H/100 且≤10		吊线、钢尺量测
预埋活动地脚螺栓锚板	中心线位置	5		钢尺量测
	标高	+20，0		水准仪测量或拉线、钢尺量测
	带槽锚板平整度	5		钢尺量测，塞尺量测
	带螺纹孔锚板平整度	2		钢尺量测，塞尺量测

注：1　检查坐标、中心线位置时，应沿纵、横两个方向测量，并取其中偏差的较大值。

2　H 为预埋地脚姆柱孔孔深(mm)。

4.4.16　预制构件的尺寸允许偏差、检验数量及检验方法应符合表 4.4.16 的规定；设计有专门规定时，尚应符合设计要求。施工过程中临时使用的预埋件，其中心线位置允许偏差可取表 4.4.16 中规定数值的 2 倍。

表 4.4.16　预制构件尺寸的允许偏差、检验数量及检验方法

检验项目			允许偏差(mm)	检验数量	检验方法
长度	楼板、梁、柱、桁架	<12 m	±5	同一类型的构件，不超过100件为一批，每批应抽查构件数量的5%，且不应少于3件	钢尺量测
		≥12 m且<18 m	±10		
		≥18 m	±20		
	墙板、其他板		±4		
宽度、高(厚)度	楼板、梁、柱、桁架		±5		钢尺量测一端及中部，取其中偏差绝对值大处
	墙板、其他板		±4		
表面平整度	楼板、梁、柱、墙板内表面		5		2 m靠尺和塞钢尺量测
	墙板外表面		3		
侧向弯曲	楼板、梁、柱		$L/750$ 且≤20		拉线、钢尺量测最大侧向弯曲处
	墙板、桁架		$L/1\,000$ 且≤20		
翘曲	楼板		$L/750$		调平尺在两端量测
	墙板		$L/1\,000$		
对角线差	楼板		10		钢尺量两个对角线
	墙板		5		
预留孔	中心线位置		5		钢尺量测
	孔尺寸		±5		
预留洞	中心线位置		10		钢尺量测
	洞口尺寸、深度		±10		
预埋件	预埋板中心线位置		5		钢尺量测
	预埋板与混凝土面平面高差		0，−5		
	预埋螺栓		2		
	预埋螺栓外露长度		+10，−5		

续表4.4.16

检验项目		允许偏差(mm)	检验数量	检验方法
预埋件	预埋套筒、螺母中心线位置	2	同一类型的构件，不超过100件为一批，每批应抽查构件数量的5%，且不应少于3件	钢尺量测
	预埋套筒、螺母与混凝土面	±5		
	平面高差			
预留插筋	中心线位置	5		钢尺量测
	外露长度	+10，−5		
键槽	中心线位置	5		钢尺量测
	长度、宽度	±5		
	深度	±10		

注：1　为构件长度，单位为mm。

2　检查中心线、螺栓和孔道位置偏差时，沿纵、横两个方向量测，并取其中偏差较大值。

4.4.17　预制构件的粗糙面的质量及键槽的数量应符合设计要求。

检验数量：全数检查。

检验方法：观察检查。

4.4.18　装配式结构施工后，预制构件位置、允许偏差、检验数量及检验方法应符合设计要求；当设计无具体要求时，应符合表4.4.18的规定。预制构件与现浇结构连接部位的表面平整度应符合表4.4.18的规定。

表4.4.18　装配式结构构件位置、尺寸允许偏差、检验数量及检验方法

检验项目		允许偏差(mm)	检验数量	检验方法
构件轴线	竖向构件(柱、墙板、桁架)	8	按楼层、结构缝或施工段划分检验批。在同一检验批内，对梁、柱和独立基础，应抽查构件数量的10%，	经纬仪及钢尺量测
	水平构件(梁、楼板)	5		

续表4.4.18

<table>
<tr><th colspan="3">检验项目</th><th>允许偏差
(mm)</th><th>检验数量</th><th>检验方法</th></tr>
<tr><td>构件标高</td><td colspan="2">梁、柱、墙板、楼板底面、其他板</td><td>±5</td><td rowspan="10">且不应少于3件;对墙和板,应按有代表性的自然间抽查10%,且不应少于3间;对大空间结构,墙可按相邻轴线间高度5 m左右划分检查面,板可按纵、横轴线划分检查面,抽查10%,且均不应少于3面</td><td>水准仪测量或拉线、钢尺量测</td></tr>
<tr><td rowspan="2">构件垂直度</td><td rowspan="2">柱、墙板安装后的高度</td><td>≤6 m</td><td>5</td><td rowspan="2">经纬仪或吊线、钢尺量测</td></tr>
<tr><td>>6 m</td><td>10</td></tr>
<tr><td>构件倾斜度</td><td colspan="2">梁、桁架</td><td>5</td><td>经纬仪或吊线、钢尺量测</td></tr>
<tr><td rowspan="4">相邻构件平整度</td><td rowspan="2">梁、楼板底面、其他板</td><td>外露</td><td>5</td><td rowspan="4">2 m靠尺和塞尺量测</td></tr>
<tr><td>不外露</td><td>3</td></tr>
<tr><td rowspan="2">柱、墙板、其他板</td><td>外露</td><td>5</td></tr>
<tr><td>不外露</td><td>8</td></tr>
<tr><td>构件搁置长度</td><td colspan="2">梁、板</td><td>±10</td><td>钢尺量测</td></tr>
<tr><td colspan="3">墙板接缝宽度</td><td>±5</td><td>钢尺量测</td></tr>
</table>

4.5 砌体工程

Ⅰ 主控项目

4.5.1 砂浆用水泥的质量应符合现行国家标准《通用硅酸盐水泥》GB 175的规定。

检验数量:同生产厂家、同批号、同品种、同强度等级、同出厂日期且连续进场的水泥,散装水泥每500 t为一批;当不足上述数量时,也按一批计。

检验方法:检查产品合格证、出厂检验报告及试验送检报告。

4.5.2 砂浆掺用外加剂的质量应符合现行国家标准《混凝土外加

剂》GB 8076、《混凝土外加剂应用技术规范》GB 50119 等标准和有关环境保护的规定。

检验数量：同生产厂家、同批号、同品种、同出厂日期且连续进场的外加剂，每 50 t 为一批，不足 50 t 也为一批。

检验方法：检查产品合格证、出厂检验报告及试验送检报告。

4.5.3 预拌砂浆的质量应符合现行国家标准《预拌砂浆》GB/T 25181 和现行行业标准《预拌砂浆应用技术规程》JGJ/T 223 的规定。

检验数量：同一生产厂家、同一品种、同一等级、同一批号且连续进场的湿拌砂浆，每 250 m^3 为一个检验批，不足 250 m^3 时，应按一个检验批计。同一生产厂家、同一品种、同一等级、同一批号且连续进场的干混砂浆，每 500 t 为一个检验批，不足 500 t 时，应按一个检验批计。

检验方法：检查产品合格证、出厂检验报告及试验送检报告。

4.5.4 砖和砂浆的强度等级应符合设计要求。

检验数量：每一生产厂家，烧结普通砖、混凝土实心砖每 15 万块，烧结多孔砖、混凝土多孔砖、蒸压灰砂砖及蒸压粉煤灰砖每 10 万块各为一验收批，不足上述数量时按一批计，检验数量为 1 组。每个构筑物、同类型、同强度等级每 100 m^3 砌体为一批，不足 100 m^3 的按一批计，每批取样不得少于 1 次，砂浆强度试件应在砂浆搅拌机出料口随机抽取，同一盘砂浆制作 1 组试件。

检验方法：检查砖和砂浆试块试验报告。

4.5.5 石材及砂浆强度等级应符合设计要求。

检验数量：同一产地的同类石材抽检不应小于 1 组，每组试件不少于 6 个，潮湿和浸水地区使用的石材应增加 1 组抗冻性能指标；每个构筑物、同类型、同强度等级每 100 m^3 砌体为一批，不足 100 m^3 的按一批计，每批取样不得少于 1 次，砂浆强度试件应在砂浆搅拌机出料口随机抽取，同一盘砂浆制作 1 组试件。

检验方法：检查石材产品质量证明书，石材、砂浆检查试件及试块试验报告。

4.5.6 砌体灰缝砂浆应密实饱满，砖墙水平灰缝的砂浆饱满度不得低于 80%；砖柱水平灰缝和竖向灰缝饱满度不得低于 90%；石砌体灰缝的砂浆饱满度不得低于 80%。

检验数量：每检验批抽查不应少于 5 处。

检验方法：用百格网检查砖底面与砂浆的粘结痕迹面积；每处检测 3 块砖，取其平均值；观察检查。

4.5.7 砖砌体的转角处和交接处应同时砌筑，严禁无可靠措施的内外墙分砌施工。在抗震设防烈度为 8 度及 8 度以上的地区，对不能同时砌筑而又必须留置的临时间断处，应砌成斜搓。普通砖砌体斜搓水平投影长度不应小于高度的 2/3；多孔砖砌体的斜搓长高比不应小于 1/2。斜搓高度不得超过一步脚手架的高度。

检验数量：每检验批抽查不应少于 5 处。

检验方法：观察检查。

4.5.8 非抗震设防及抗震设防烈度为 6 度、7 度地区的临时间断处，当不能留斜搓时，除转角处外，可留直搓，但直搓应做成凸搓，且应加设拉结钢筋，拉结钢筋应符合下列规定：

1 每 120 mm 墙厚放置 1ϕ6 拉结钢筋（120 mm 厚墙应放置 2ϕ6 拉结钢筋）。

2 间距沿墙高不应超过 500 mm，且竖向间距偏差不应超过 100 mm。

3 埋入长度从留搓处算起，每边均不应小于 500 mm；对抗震设防烈度 6 度、7 度的地区，不应小于 1 000 mm。

4 末端应有 90°弯钩。

检验数量：每检验批抽查不应少于 5 处。

检验方法：观察和钢尺量测。

Ⅱ 一般项目

4.5.9 砖砌体组砌方法应正确，内外搭砌，上、下错缝。清水墙、窗间墙无通缝；混水墙中不得有长度大于 300 mm 的通缝，长度

200 mm～300 mm 的通缝每间不超过 3 处，且不得位于同一面墙体上。砖柱不得采用包心砌法。

检验数量：每检验批抽查不应少于 5 处。

检验方法：观察检查。砌体组砌方法抽检每处应为 3 m～5 m。

4.5.10 砖砌体的灰缝应横平竖直，厚薄均匀。水平灰缝厚度及竖向灰缝宽度宜为 10 mm，但不应小于 8 mm，也不应大于 12 mm。

检验数量：每检验批抽查不应少于 5 处。

检验方法：水平灰缝厚度用钢尺量 10 皮砖砌体高度折算。竖向灰缝宽度用钢尺量 2 m 砌体长度折算。

4.5.11 砖砌体尺寸、位置的允许偏差、检验数量及检验方法应符合表 4.5.11 的规定。

表 4.5.11 砖砌体尺寸、位置的允许偏差、检验数量及检验方法

检验项目			允许偏差（mm）	检验数量	检验方法
轴线位移			10	承重墙、柱全数检查	经纬仪、钢尺或其他测量仪器量测
基础、墙、柱顶面标高			±15	小于 5 处	水准仪、钢尺检查
墙面垂直度	每层		5	不应小于 5 处	用 2 m 托线板检查
	全高	≤10 m	10	外墙全部阳角	经纬仪、吊线、钢尺或其他测量仪器量测
		＞10 m	20		
表面平整度	清水墙、柱		5	不应小于 5 处	2 m 靠尺和楔形塞尺量测
	混水墙、柱		8		
水平灰缝平直度	清水墙		7	不应小于 5 处	拉 5 m 线和钢尺量测
	混水墙		10		
门窗洞口高、宽（后塞口）			±10	不应小于 5 处	钢尺量测
外墙下下窗口偏移			20	不应小于 5 处	以底层窗口为准，经纬仪或吊线量测
清水墙游丁走缝			20	不应小于 5 处	以每层第一皮砖为准，用吊线和钢尺量测

4.5.12 石砌体尺寸、位置的允许偏差、检验数量及检验方法应符合表 4.5.12 的规定。

表 4.5.12 石砌体尺寸、位置的允许偏差、检验数量及检验方法

<table>
<tr><th colspan="2" rowspan="4">检验项目</th><th colspan="7">允许偏差(mm)</th><th rowspan="4">检验数量</th><th rowspan="4">检验方法</th></tr>
<tr><th colspan="2">毛石砌体</th><th colspan="5">料石砌体</th></tr>
<tr><th rowspan="2">基础</th><th rowspan="2">墙</th><th colspan="2">毛料石</th><th colspan="2">粗料石</th><th>细料石</th></tr>
<tr><th>基础</th><th>墙</th><th>基础</th><th>墙</th><th>墙、柱</th></tr>
<tr><td colspan="2">轴线位置</td><td>20</td><td>15</td><td>20</td><td>15</td><td>15</td><td>10</td><td>10</td><td rowspan="9">每检验批抽查不应少于 5 处</td><td>经纬仪和钢尺量测，或用其他测量仪器量测</td></tr>
<tr><td colspan="2">基础和墙砌体顶面标高</td><td>±25</td><td>±15</td><td>±25</td><td>±15</td><td>±15</td><td>±15</td><td>±10</td><td>水准仪和钢尺量测</td></tr>
<tr><td colspan="2">砌体厚度</td><td>+30</td><td>+20
−10</td><td>+30</td><td>+20
−10</td><td>+15</td><td>+10
−5</td><td>+10
−5</td><td>钢尺量测</td></tr>
<tr><td rowspan="2">墙面垂直度</td><td>每层</td><td>—</td><td>20</td><td>—</td><td>20</td><td>—</td><td>10</td><td>7</td><td rowspan="2">经纬仪、吊线和钢尺量测，或用其他测量仪器量测</td></tr>
<tr><td>全高</td><td>—</td><td>30</td><td>—</td><td>30</td><td>—</td><td>25</td><td>10</td></tr>
<tr><td rowspan="2">表面平整度</td><td>清水墙、柱</td><td>—</td><td>—</td><td>—</td><td>20</td><td>—</td><td>10</td><td>5</td><td rowspan="2">细料石用 2 m 靠尺和楔形塞尺量测，其他用两直尺垂直于灰缝拉 2 m 线和钢尺量测</td></tr>
<tr><td>混水墙、柱</td><td>—</td><td>—</td><td>—</td><td>20</td><td>—</td><td>15</td><td>—</td></tr>
<tr><td colspan="2">消水墙水平灰缝平直度</td><td>—</td><td>—</td><td>—</td><td>—</td><td>—</td><td>10</td><td>5</td><td>10 m 线和钢尺量测</td></tr>
</table>

4.5.13 石砌体的组砌形式应符合下列规定：

1 内外搭砌，上下错缝，拉结石、丁砌石交错设置。

2 毛石墙拉结石每 0.7 m^2 墙面不应少于 1 块。

检验数量：每检验批抽查不应少于 5 处。

检验方法：观察检查。

4.5.14 石砌体表面应洁净，砌体分层砌筑勾缝应坚固，无脱落，交接处平顺宽度、深度应均匀，砌缝宽度、位置的允许偏差、检验数量和检验方法应符合表 4.5.14 的要求。

表 4.5.14 砌缝宽度、位置的允许偏差、检验数量及检验方法

<table>
<tr><th colspan="2" rowspan="2">检验项目</th><th rowspan="2">允许值
(mm)</th><th colspan="2">检验数量</th><th rowspan="2">检验方法</th></tr>
<tr><th>范围</th><th>点数</th></tr>
<tr><td rowspan="3">表面砌缝宽度</td><td>浆砌片石</td><td>≤40</td><td rowspan="5">每个构筑物、每个砌筑面或两条伸缩缝之间为一检验批</td><td rowspan="5">10</td><td rowspan="5">钢尺量测</td></tr>
<tr><td>浆砌块石</td><td>≤30</td></tr>
<tr><td>浆砌料石</td><td>15～20</td></tr>
<tr><td colspan="2">三块石料相接处的空隙</td><td>≤70</td></tr>
<tr><td colspan="2">两层间竖向错缝</td><td>≥80</td></tr>
</table>

5 路基工程

5.1 一般规定

5.1.1 路基工程施工的质量验收，除应符合本标准规定外，尚应符合现行行业标准《城镇道路工程施工与质量验收规范》CJJ 1 的规定。

5.1.2 施工前，应根据工程地质勘察报告和工程需要按现行国家标准《土工试验方法标准》GB/T 50123 的规定，对路基土进行天然含水量、液限、塑限、标准击实、CBR 等试验；必要时，应做颗粒分析、有机质含量、易溶盐含量、冻膨胀和膨胀量等试验。工程验收时，应复核相关实验报告和记录。

5.2 软土路基

5.2.1 软土路基承载力的验收应符合现行国家标准《复合地基技术规范》GB/T 50783 和现行行业标准《建筑地基处理技术规范》JGJ 79 的规定。

Ⅰ 主控项目

5.2.2 软土路基处理所采用的材料应符合设计要求。

检验数量：全数检查。

检验方法：检查实验报告。

5.2.3 软土路基上路堤设置的位移和沉降观测点应符合设计要求。

检验数量：全数检查。

检验方法：测量检查。

Ⅱ 一般项目

5.2.4 软土路基处理的允许偏差、检验数量及检验方法应符合表 5.2.4 的规定。

表 5.2.4 软土路基处理的允许偏差、检验数量及检验方法

检验项目		允许偏差(mm)	检验数量	检验方法
原地面处理	边线	±50	沿路线纵向每 200 m 抽样检验 5 处	测量检查，钢尺量测
换填	坡脚线位置	−50	沿路线纵向每 100 m 抽样检验 5 处	
	顶面高程	±50		
砂、石垫层	铺设范围及厚度	不小于设计要求值	沿路线纵向每 100 m 抽样检验 5 处	
	顶面高程	−20～+50		
	板位	±50		
混凝土预制桩	桩长	符合设计要求	按成桩总数的 3%且不少于 30 根抽样检验	
	桩位	±50		
混凝土灌注桩、树根桩	桩长	符合设计要求	按成桩总数的 3%且不少于 30 根抽样检验	
	桩位	±50		
砂(碎石)桩	打入深度	符合设计要求	按成桩总数的 3%且不少于 30 根抽样检验	
	桩位	±50		
搅拌桩、旋喷桩或 CFG 桩	打入深度	符合设计要求	按成桩总数的 1%且不少于 10 根抽样检验	
	强度	符合设计要求		
	桩位	±50		

5.3 路 堑

Ⅰ 主控项目

5.3.1 路堑基床换填厚度及换填填料、排水设施和边坡防护应符合设计要求。

检验数量：全数检查。

检验方法：观察检查，钢尺量测。

5.3.2 路堑基床压实度应满足设计要求。

检验数量：每200 m每压实层检查4处。

检验方法：灌砂法、核子仪法。

Ⅱ 一般项目

5.3.3 路堑允许偏差、检验数量及检验方法应符合表5.3.3的规定。

表5.3.3 路堑允许偏差、检验数量及检验方法

检验项目		允许偏差	检验数量	检验方法
边坡坡率		不陡于设计规定值	每100 m检查2点	测量检查，钢尺量测
变坡点位置		±100 mm	每100 m检查3点	
高程		±50 mm	每100 m检查3点	
宽度		不小于设计规定值	每100 m检查3点	
光面爆破或预裂爆破	倾斜坡面坡率	±3%	每100 m检查6点	
	垂直坡面坡率	0°～2°		

5.4 路 堤

Ⅰ 主控项目

5.4.1 路堤施工前的地表清理应符合设计要求。

检验数量：全数检查。

检验方法：观察检查，检查施工记录。

5.4.2 每层路堤填筑的压实度应符合设计要求及表5.4.2的规定。

表 5.4.2 路堤压实度标准

<table>
<tr><th colspan="2">填挖类型</th><th>路床以下深度(m)</th><th>压实度(%)</th><th>检验数量</th><th>检验方法</th></tr>
<tr><td rowspan="4">路堤</td><td>上路床</td><td>0～0.3</td><td>≥96</td><td rowspan="5">每 1 000 m² 每压实层测 3 处</td><td rowspan="5">灌砂法,核子仪法</td></tr>
<tr><td>下路床</td><td>0.3～0.8</td><td>≥96</td></tr>
<tr><td>上路堤</td><td>0.8～1.5</td><td>≥94</td></tr>
<tr><td>下路堤</td><td>>1.5</td><td>≥91</td></tr>
<tr><td colspan="3">零填路基</td><td>≥96</td></tr>
</table>

注:表中压实度以重型击实试验为准。

5.4.3 路基填料的强度(CBR)值应符合设计要求,其最小强度值应符合现行行业标准《城镇道路工程施工与质量验收规范》CJJ 1的规定。

检验数量:每种土质检查 1 次。

检验方法:CBR 值测定仪现场检查。

Ⅱ 一般项目

5.4.4 路堤允许偏差、检验数量及检验方法应符合表 5.4.4 的规定。

表 5.4.4 路堤允许偏差、检验数量及检验方法

<table>
<tr><th colspan="2">检验项目</th><th>允许偏差</th><th>检验数量</th><th>检验方法</th></tr>
<tr><td colspan="2">纵断高程</td><td>－20～＋10 mm</td><td>每 200 m 测 4 点</td><td rowspan="7">测量检查,钢尺量测</td></tr>
<tr><td colspan="2">中线偏位</td><td>不大于 30 mm</td><td>每 200 m 测 4 点,弯道加 2 点</td></tr>
<tr><td colspan="2">宽度</td><td>不小于设计规定值或规范值</td><td>每 200 m 测 4 点</td></tr>
<tr><td rowspan="2">平整度</td><td>土方路基</td><td>15 mm</td><td rowspan="2">每 200 m 测 4 点</td></tr>
<tr><td>石方路基</td><td>20 mm</td></tr>
<tr><td colspan="2">横坡</td><td>±0.3%</td><td>每 200 m 测 4 点</td></tr>
<tr><td colspan="2">边坡</td><td>不陡于设计规定值</td><td>每 200 m 测 4 点</td></tr>
</table>

5.5 路基支挡与防护

5.5.1 砌体砌筑应符合现行国家标准《砌体结构工程施工质量验收规范》GB 50203 的规定。

5.5.2 钢筋混凝土支挡和防护的钢筋、模板、混凝土工程的质量验收应符合本标准第4章的要求。

Ⅰ 主控项目

5.5.3 路基防护施工前，基底及坡面坡度应符合设计要求，路堤边坡的压实度应符合本标准第5.5.2条的规定。

检验数量：全数检查。

检验方法：测量检查，压实度检测。

5.5.4 地基承载力、基础埋置深度、沉降缝、泄水孔、反滤层的设置应符合设计要求。沉降缝填缝应无空鼓、裂缝、漏水现象。

检验数量：全数检查。

检验方法：检查承载力报告，观察检查，钢尺量测。

5.5.5 混凝土不应有蜂窝、裂缝、露筋和空洞。

检验数量：全数检查。

检验方法：观察检查。

5.5.6 植物防护种类和数量、基材和厚度应符合设计要求。

检验数量：全数检查。

检验方法：观察检查，钢尺量测。

Ⅱ 一般项目

5.5.7 砌体挡墙防护的允许偏差、检验数量及检验方法应符合表5.5.7的规定。

表 5.5.7 砌体挡墙防护的允许偏差、检验数量及检验方法

检验项目	允许偏差	检验数量	检验方法
平面位置	±50 mm	每 20 m 检查 3 处	测量检查，钢尺量测
顶面高程	±20 mm	每 20 m 检查 1 处	
垂直度或坡度	0.5%	每 20 m 检查 2 处	
断面尺寸	不小于设计规定值	每 20 m 检查 2 处	
底面高程	±50 mm	每 20 m 检查 1 处	
平整度	20 mm	每 20 m 检查 3 处	

5.5.8 混凝土挡墙防护的允许偏差、检验数量及检验方法应符合表 5.5.8 的规定。

表 5.5.8 混凝土挡墙防护的允许偏差、检验数量及检验方法

检验项目	允许偏差	检验数量	检验方法
平面位置	±30 mm	每 20 m 检查 3 处	测量检查，钢尺量测
顶面高程	±20 mm	每 20 m 检查 1 处	
垂直度或坡度	0.3%	每 20 m 检查 2 处	
断面尺寸	不小于设计规定值	每 20 m 检查 2 处	
底面高程	±30 mm	每 20 m 检查 1 处	
平整度	5 mm	每 20 m 检查 3 处	

5.5.9 骨架和植草防护的允许偏差、检验数量及检验方法应符合表 5.5.9 的规定。

表 5.5.9 骨架和植草防护的允许偏差、检验数量及检验方法

检验项目	允许偏差	检验数量	检验方法
平面位置	±50 mm	每段检查 4 处	测量检查，钢尺量测
顶面高程	±20 mm	每段检查 3 处	
骨架净距	±50 mm	每段检查 6 处	
骨架断面尺寸	不小于设计规定值	每段检查 6 处	
底面高程	±50 mm	每段检查 3 处	

续表5.5.9

检验项目	允许偏差	检验数量	检验方法
平整度	40 mm	每段检查 4 处	测量检查，钢尺量测
植草基材和厚度	符合设计要求	每段检查 3 处	
植物覆盖率	一般地区:85%	每段检查 1 处	
	干旱地区:65%	每段检查 1 处	
	寒冷地区:80%	每段检查 1 处	

注:以每 50 m 护坡为一段进行检查。

5.6 排　水

5.6.1 钢筋混凝土排水沟的钢筋、模板、混凝土工程的质量验收应符合本标准第 4 章的要求。

5.6.2 砌体砌筑应符合现行国家标准《砌体结构工程施工质量验收规范》GB 50203 的规定。

5.6.3 排水管道的施工应符合现行国家标准《给水排水管道工程施工及验收规范》GB 50268 的规定。

Ⅰ　主控项目

5.6.4 排水工程地基应密实、平整，且无杂物和积水，基底压实度应符合设计要求。

检验数量:每 1 000 m^2 检查 3 个点。

检验方法:测量检查，压实度检测。

5.6.5 垫层、反滤层的材料和设置应符合设计要求。

检验数量:全数检查。

检验方法:观察检查，测量检查。

5.6.6 混凝土不应有蜂窝、裂缝、露筋和空洞。

检验数量:全数检查。

检验方法:观察检查。

Ⅱ　一般项目

5.6.7　路基排水工程的允许偏差、检验数量及检验方法应符合表5.6.7的规定。

表 5.6.7　路基排水工程的允许偏差、检验数量及检验方法

检验项目	允许偏差(mm)		检验数量	检验方法
	浆砌	现浇		
中线位置	±50	±50	每 100 m 检查 5 处	测量检查，钢尺量测
底面高程	±20	±10	每 100 m 检查 5 处	
顶面高层	—	−20～0	每 100 m 检查 5 处	
断面尺寸	±30	±20	每 100 m 检查 5 处	
沟底坡度	±5%设计文件规定值	±5%设计文件规定值	每 100 m 检查 5 处	
沟底平整度	25	12	每 100 m 检查 5 处	
铺砌厚度	−10	−10	每 100 m 检查 5 处	
垫层尺寸	不小于设计规定值	不小于设计规定值	每 100 m 检查 5 处	

5.7　涵　洞

5.7.1　钢筋混凝土涵洞的钢筋、模板、混凝土工程的质量验收应符合本标准第 4 章的要求。

5.7.2　砌体砌筑应符合现行国家标准《砌体结构工程施工质量验收规范》GB 50203 的规定。

Ⅰ　主控项目

5.7.3　地基承载力、基础埋置深度及沉降缝的设置应符合设计要求，沉降缝填缝应无空鼓、裂缝、漏水现象。

检验数量：全数检查。

检验方法：观察检查。

5.7.4 洞身应顺直，进出口、洞身、沟槽衔接应平顺，应无阻水现象。

检验数量：全数检查。

检验方法：观察检查。

5.7.5 涵洞防水使用的材料、工艺、施作防水层的部位、保护层的做法应符合设计要求。

检验数量：全数检查。

检验方法：检查材料质量证明，观察检查和检查施工记录。

Ⅱ 一般项目

5.7.6 混凝土涵洞的允许偏差、检验数量及检验方法应符合表5.7.6的规定。

表5.7.6 混凝土涵洞的允许偏差、检验数量及检验方法

检验项目	允许偏差(mm)	检验数量	检验方法
中线位置	±20	检查2处	测量检查，钢尺量测
顶面高程	±15	不小于5处	
结构厚度	±15	不小于5处	
断面净空尺寸	±20	不小于5处	
变形缝直顺度	15	不小于5处	
涵长	−50～+100	不小于5处	
结构平整度	15	不小于5处	

5.7.7 砌石涵洞的允许偏差、检验数量及检验方法应符合表5.7.7的规定。

表 5.7.7 砌石涵洞的允许偏差、检验数量及检验方法

检验项目	允许偏差(mm)		检验数量	检验方法
	片石	块石		
中线位置	±30	±20	检查 2 处	测量检查，钢尺量测
顶面高程	±15	±15	不小于 4 处	
砌体厚度	±20	±15	不小于 4 处	
断面净空	±20	±20	不小于 4 处	
涵长	−50～+100	−50～+100	不小于 4 处	
相邻切块错台	—	15	不小于 4 处	

5.7.8 涵洞采用卷材或涂料防水层，与基层的粘接、防水层的厚度、搭接尺寸和保护层质量检验应符合现行国家标准《地下防水工程质量验收规范》GB 50208 的规定。

5.8 附属工程

Ⅰ 主控项目

5.8.1 混凝土路缘石强度应符合设计要求。

检验数量：每种、每检验批 1 组(3 块)。

检验方法：查出厂检验报告并复验。

5.8.2 雨水支管与雨水口应符合下列规定：

1 管材应符合现行国家标准《混凝土和钢筋混凝土排水管》GB 11836 的有关规定。

检验数量：每种、每检验批。

检验方法：查合格证和出厂检验报告。

2 基础混凝土强度应符合设计要求。

检验数量：每 100 m^3 取 1 组(3 块)，不足 100 m^3 取 1 组。

检验方法：查试验报告。

3 砌筑砂浆强度应符合现行国家标准《砌体结构工程施工质量验收规范》GB 50203 的规定。

4　回填土应符合设计要求。

检验数量：全数检查。

检验方法：查检验报告（环刀法、灌砂法或灌水法）。

5.8.3　排水沟或截水沟应符合下列规定：

1　预制砌块强度应符合设计要求。

检验数量：每种、每检验批 1 组。

检验方法：查试验报告。

2　预制盖板的钢筋品种、规格、数量，混凝土的强度应符合设计要求。

检验数量：同类构件，抽查 1/10，且不少于 3 件。

检验方法：钢尺量测，查出厂检验报告。

3　砂浆强度应符合本标准第 5.5.1 条的规定。

5.8.4　隔离墩应符合下列规定：

1　隔离墩混凝土强度应符合设计要求。

检验数量：每种、每批（2 000 块）1 组。

检验方法：查出厂检验报告。

2　隔离墩预埋件焊接应牢固，焊缝长度、宽度、高度均应符合设计要求，且无夹渣、裂纹、咬肉现象。

检验数量：全数检查。

检验方法：查隐蔽验收记录。

5.8.5　护栏应符合下列规定：

1　护栏质量应符合设计要求。

检验数量：每种、每批 1 次。

检验方法：查出厂检验报告。

2　护栏立柱质量应符合设计要求。

检验数量：每种、每批（2 000 根）1 次。

检验方法：查检验报告。

3　护栏柱基础混凝土强度应符合设计要求。

检验数量：每 100 m^3 取 1 组（3 块）。

检验方法:查试验报告。

4 护栏柱置入深度应符合设计规定。

检验数量:全数检查。

检验方法:观察检查,钢尺量测。

Ⅱ 一般项目

5.8.6 路缘石安砌应符合下列规定:

1 路缘石应砌筑稳固、砂浆饱满、勾缝密实,外露面清洁、线条顺畅,平缘石不阻水。

检验数量:全数检查。

检验方法:观察检查。

2 立缘石、平缘石安砌允许偏差、检验数量及检验方法应符合表 5.8.6 的规定。

表 5.8.6 立缘石、平缘石安砌允许偏差、检验数量及检验方法

检验项目	允许偏差(mm)	检验数量		检验方法
		范围(m)	点数	
直顺度	≤10	100	1	20 m 线和钢尺量量测①
相邻块高差	≤3	20	1	钢板尺和塞尺量量测①
缝宽	±3	20	1	钢尺量测①
顶面高程	±10	20	1	水准仪测量

注:1 ①表示随机抽样,量 3 点取最大值。
2 曲线段缘石安装的圆顺度允许偏差应结合工程具体制定。

5.8.7 雨水支管与雨水口应符合下列规定:

1 雨水口内壁勾缝应直顺、坚实,无漏勾、脱落。井框、井箅应完整、配套,安装平稳、牢固。

检验数量:全数检查。

检验方法:观察检查。

2 雨水支管安装应直顺,无错口、反坡、存水,管内清洁,接口处内壁无砂浆外露及破损现象。管端面应完整。

检验数量：全数检查。

检验方法：观察检查。

3 雨水支管与雨水口允许偏差、检验数量及检验方法应符合表5.8.7的规定。

表5.8.7 雨水支管与雨水口允许偏差、检验数量及检验方法

检验项目	允许偏差(mm)	检验数量		检验方法
		范围	点数	
井框与井壁吻合	≤10	每座	1	钢尺量测
井框与周边路面吻合	－10～0		1	直尺靠量
雨水口与路边线间距	≤20		1	钢尺量测
井内尺寸	0～＋20		1	钢尺量测最大值

5.8.8 排水沟或截水沟应符合下列规定：

1 砌筑砂浆饱满度不得小于80％。

检验数量：每100 m或每班抽查不少于3点。

检验方法：观察检查。

2 砌筑水沟沟底应平整、无反坡、凹兜，边墙应平整、直顺、勾缝密实，与排水构筑物衔接畅顺。

检验数量：全数检查。

检验方法：观察检查。

3 砌筑排水沟或截水沟允许偏差、检验数量及检验方法应符合表5.8.8的规定。

表5.8.8 砌筑排水沟或截水沟允许偏差、检验数量及检验方法

检验项目	允许偏差(mm)		检验数量		检验方法
			范围(m)	点数	
轴线偏位	≤30		100	2	经纬仪和钢尺量测
沟断面尺寸	砌石	±20	40	1	钢尺量测
	砌块	±10			
沟底高程	砌石	±20	20	1	水准仪测量
	砌块	±10			

续表5.8.8

检验项目	允许偏差(mm)		检验数量		检验方法
			范围(m)	点数	
墙面垂直度	砌石	≤30	40	2	垂线、钢尺量测
	砌块	≤15			
墙面平整度	砌石	≤30		2	2 m 钢尺、塞尺量测
	砌块	≤10			
边线直顺度	砌石	≤20		2	20 m 小线和钢尺量测
	砌块	≤10			
盖板压墙长度	±20			2	钢尺量测

4 土沟断面应符合设计要求，沟底、边坡应坚实，无贴皮、反坡和积水现象。

检验数量：全数检查。

检验方法：观察检查。

5.8.9 隔离墩应符合下列规定：

1 隔离墩安装应牢固、位置正确、线型美观，墩表面整洁。

检验数量：全数检查。

检验方法：观察检查。

2 隔离墩安装允许偏差、检验数量及检验方法应符合表 5.8.9 的规定。

表 5.8.9 隔离墩安装允许偏差、检验数量及检验方法

检验项目	允许偏差(mm)	检验数量		检验方法
		范围	点数	
直顺度	≤5	每 20 m	1	20 m 线和钢尺量测
平面偏位	≤4	每 20 m	1	经纬仪和钢尺量测
预埋件位置	≤5	每件	2	经纬仪和钢尺量测
断面尺寸	±5	每 20 m	1	钢尺量测
相邻高差	≤3	抽查 20%	1	钢板尺和钢尺量测
缝宽	±3	每 20 m	1	钢尺量测

5.8.10 护栏安装应符合下列规定：

1 护栏安装应牢固、位置正确、线型美观。

检验数量：全数检查。

检验方法：观察检查。

2 护栏安装允许偏差、检验数量及检验方法应符合表5.8.10的规定。

表5.8.10 护栏安装允许偏差、检验数量及检验方法

检验项目	允许偏差	检验数量		检验方法
		范围(m)	点数	
顺直度	≤5(mm/m)	20	1	20 m线和钢尺量测
中线偏位	≤20(mm)		1	经纬仪和钢尺量测
立柱间距	±5(mm)		1	钢尺量测
立柱垂直度	≤5(mm)		1	垂线、钢尺量测
横栏高度	±20(mm)		1	钢尺量测

6 桥梁工程

6.1 一般规定

6.1.1 桥梁结构中轨道、供电、通信、信号、声屏障、排水等预埋件的加工精度、安装位置应符合设计要求。

6.1.2 桥梁结构采用拱桥、悬索桥及顶进箱涵等桥型施工时，应按现行行业标准《城市桥梁工程施工与质量验收规范》CJJ 2 的规定进行质量验收。

6.1.3 桥梁结构的质量验收除应符合本标准规规定外，还应符合现行国家标准《混凝土结构工程施工质量验收规范》GB 50204 和现行行业标准《城市桥梁工程施工与质量验收规范》CJJ 2 的相关规定。

6.2 基坑开挖与回填

6.2.1 基坑应自上而下分层、分段依次开挖。放坡开挖基坑应随基坑开挖的同时刷坡，坡度应符合设计要求；不放坡开挖时，围护结构应满足设计文件和相关规范要求。

Ⅰ 主控项目

6.2.2 基坑用机械开挖至基底应预留 0.2 m～0.3 m 厚土层采用人工开挖，不应扰动基底土层；如发生超挖时，应按设计文件要求处理。

检验数量：每个基坑全数检查。

检验方法：观察检查，钢尺量测。

6.2.3 基底应经过验槽后,方可进行结构施工。

检验数量:全数检查。

检验方法:观察检查,检查验槽记录。

Ⅱ 一般项目

6.2.4 基坑开挖允许偏差、检验数量及检验方法应符合表 6.2.4 的要求。

表 6.2.4 基坑开挖允许偏差、检验数量及检验方法

检验项目	允许偏差	检验数量		检验方法
		范围	点数	
轴线位置	±50 mm	纵横轴线	4	经纬仪或全站仪测量
长、宽	文件规定值,外放值符合设计文件规定	整个基坑	4	钢尺量测
基底标高	+20 mm	每断面(10 m 一个断面)	5	水准仪测量
边坡	不陡于设计规定值	每 5 m～10 m	1	坡度尺量测

6.3 钻孔灌注桩

Ⅰ 主控项目

6.3.1 灌注桩的混凝土强度应符合设计要求。

检验数量:结构灌注桩直径大于 1 m 或单桩混凝土量超过 25 m^3 的桩,每根桩应留置 1 组试件;直径小于或等于 1 m 或单桩混凝土量不超过 25 m^3 的桩,每灌注台班不应少于 1 组试件。

检验方法:检查抗压强度试验报告。

Ⅱ 一般项目

6.3.2 钻孔灌注桩的成孔允许偏差、检验数量及检验方法应符合

表 6.3.2 的规定。

表 6.3.2　钻孔灌注桩成孔允许偏差、检验数量及检验方法

检验项目	允许偏差	检验数量	检验方法
桩位(mm)	群桩:100;单桩或排桩:50		
孔深(mm)	摩擦桩:不小于设计规定值; 端承桩:−20～+50		
孔径(mm)	不小于设计规定值		
垂直度(mm)	≤1%桩长,且不大于 500		
沉渣厚度(mm)	不大于设计规定值; 且摩擦桩不大于 300,端承桩不大于 100	全数检查	测量检查,钢尺量测
清孔后泥浆指标	相对密度:1.10～1.20; 黏度:20 s～25 s;含砂率:<4%		
钢筋骨架底面高程(mm)	±50		

6.4　承　台

6.4.1　承台的钢筋、模板、混凝土质量验收应分别符合本标准第 4章的规定。

Ⅰ　主控项目

6.4.2　混凝土表面应平整,棱角平直,不应有露筋和空洞。

检验数量:全数检查。

检验方法:观察检查。

6.4.3　蜂窝麻面面积不应超过单面面积的 0.5%,深度不应超 10 mm,混凝土的裂缝控制应符合现行国家标准《混凝土结构工程施工质量验收规范》GB 50204 的规定。

检验数量:全数检查。

检验方法:观察检查,钢尺量测。

Ⅱ 一般项目

6.4.4 承台的允许偏差、检验数量及检验方法应符合表 6.4.4 的规定。

表 6.4.4 承台的允许偏差、检验数量及检验方法

检验项目	允许偏差(mm)	检验数量	检验方法
断面尺寸	±20	检查 2 个断面	测量检查,钢尺量测
顶面高程	±10	检查 8 处～10 处	
轴线偏位	±15	纵横各检查 2 点	
结构高度	±20	检查 8 处～10 处	
平整度	8	每 20 m^2 检查 1 处	

6.5 扩大基础

6.5.1 扩大基础的钢筋、模板、混凝土工程质量验收应分别符合本标准第 4 章的规定。

6.5.2 桩基础的钢筋、混凝土工程质量验收应符合本标准第 4 章的规定。

Ⅰ 主控项目

6.5.3 基坑内地基承载力应符合设计要求。

检验数量:全数检查。

检验方法:检查地基承载力检验报告。

Ⅱ 一般项目

6.5.4 扩大基础的允许偏差、检验数量及检验方法应符合表 6.5.4 的规定。

表 6.5.4　扩大基础的允许偏差、检验数量及检验方法

<table>
<tr><th colspan="2">检验项目</th><th>允许偏差(mm)</th><th>检验数量</th><th>检验方法</th></tr>
<tr><td colspan="2">平面尺寸</td><td>±20</td><td>长宽各检查 3 处</td><td rowspan="5">水准仪检查，钢尺量测</td></tr>
<tr><td rowspan="2">基础底面高程</td><td>土质</td><td>±50</td><td rowspan="2">检查 5 点～8 点</td></tr>
<tr><td>石质</td><td>−200～+50</td></tr>
<tr><td colspan="2">基础顶面高程</td><td>±10</td><td>检查 5 点～8 点</td></tr>
<tr><td colspan="2">轴线偏位</td><td>±15</td><td>纵横各检查 2 点</td></tr>
</table>

6.6　墩　台

6.6.1　预制和现浇墩台的钢筋、模板、混凝土质量验收应分别符合本标准第 4 章的规定。

Ⅰ　主控项目

6.6.2　混凝土表面应平整，棱角平直，不应有露筋和空洞。

检验数量：全数检查。

检验方法：观察检查。

6.6.3　蜂窝麻面面积不应超过单面面积的 0.5%，深度不应超 10 mm，混凝土的裂缝控制应符合现行国家标准《混凝土结构工程施工质量验收规范》GB 50204 的规定。

检验数量：全数检查。

检验方法：观察检查，钢尺量测。

Ⅱ　一般项目

6.6.4　墩身、台身的允许偏差、检验数量及检验方法应符合表 6.6.4 规定。

6.6.5　墩帽、台帽和盖梁的允许偏差、检验数量及检验方法应符合表 6.6.5 的规定。

表 6.6.4 墩身、台身的允许偏差、检验数量及检验方法

检验项目	允许偏差(mm)	检验数量	检验方法
断面尺寸	±10	检查 3 个断面	测量检查,钢尺量测
垂直度	0.25%H 且不大于 25	检查 2 点	
顶面高程	±10	检查 3 点	
轴线偏位	±10	检查 2 点	
错台	5	检查 4 点	
平整度	8	每 20 m^2 检查 1 处	

注:H 为墩身、台身高度。

表 6.6.5 墩帽、台帽和盖梁的允许偏差、检验数量及检验方法

检验项目	允许偏差(mm)	检验数量	检验方法
断面尺寸	−10～+20	检查 3 个断面	测量检查,钢尺量测
轴线偏位	±10	检查 2 点	
顶面高程	±10	检查 3 点	

6.7 支 座

Ⅰ 主控项目

6.7.1 支座的材料、规格和形式应符合设计要求。

检验数量:全数检查。

检验方法:检查出厂合格证及检验报告。

6.7.2 支座垫石混凝土表面应平整、光洁,棱角线平直,不应有露筋、空洞、蜂窝、麻面及裂缝。

检验数量:全数检查。

检验方法:观察检查。

6.7.3 支座的安装方向应符合设计要求。

检验数量:全数检查。

检验方法:观察检查。

Ⅱ 一般项目

6.7.4 支座垫石的允许偏差、检验数量及检验方法应符合表 6.7.4 的规定。

表 6.7.4 支座垫石的允许偏差、检验数量及检验方法

<table>
<tr><th>检验项目</th><th>允许偏差(mm)</th><th>检验数量</th><th>检验方法</th></tr>
<tr><td>轴线偏位</td><td>±5</td><td>纵横检查 2 点</td><td rowspan="4">测量检查，钢尺量测</td></tr>
<tr><td>断面尺寸</td><td>±5</td><td>纵横检查 1 个断面</td></tr>
<tr><td>顶面高程</td><td>±2</td><td>检查中心及四角</td></tr>
<tr><td>预埋件位置</td><td>±5</td><td>每件检查</td></tr>
</table>

6.7.5 桥梁支座安装的允许偏差、检验数量及检验方法应符合表 6.7.5的规定。

表 6.7.5 桥梁支座安装的允许偏差、检验数量及检验方法

<table>
<tr><th colspan="2">检验项目</th><th>允许偏差(mm)</th><th>检验数量</th><th>检验方法</th></tr>
<tr><td colspan="2">支座横桥向偏差</td><td>±2</td><td rowspan="3">每支座</td><td rowspan="5">测量检查，钢尺量测</td></tr>
<tr><td colspan="2">支座纵桥向偏差</td><td>±10</td></tr>
<tr><td colspan="2">支座标高</td><td>±5</td></tr>
<tr><td rowspan="2">支座四角高差</td><td>承压力≤500 kN</td><td>1</td><td rowspan="2">每支座</td></tr>
<tr><td>承压力>500 kN</td><td>2</td></tr>
</table>

6.8 支架现浇混凝土梁(板)

6.8.1 钢筋原材料、加工、连接和安装应符合本标准第 4 章的规定。

6.8.2 模板验收应符合本标准第 4 章的规定。

6.8.3 现浇上部结构混凝土验收应符合本标准第 4 章的规定。

Ⅰ 主控项目

6.8.4 钢筋表面不应有裂纹及其他损伤，安装应平直。

检验数量：全数检查。

检验方法：观察检查。

6.8.5 预埋件的设置和固定应符合设计要求。

检验数量：全数检查。

检验方法：观察检查，钢尺量测。

Ⅱ 一般项目

6.8.6 现浇梁（板）的允许偏差、检验数量及检验方法应符合表6.8.6的规定。

表 6.8.6 现浇梁(板)的允许偏差、检验数量及检验方法

<table>
<tr><th colspan="2">检验项目</th><th>允许偏差(mm)</th><th>检验数量</th><th>检验方法</th></tr>
<tr><td colspan="2">轴线偏位</td><td>±10</td><td>检查 3 处</td><td rowspan="8">测量检查，钢尺量测</td></tr>
<tr><td colspan="2">梁(板)顶面标高</td><td>±10</td><td>检查 3 处</td></tr>
<tr><td rowspan="4">断面尺寸</td><td>高度</td><td>−10～+5</td><td rowspan="4">检查 3 个断面</td></tr>
<tr><td>顶宽</td><td>±30</td></tr>
<tr><td>箱梁底宽</td><td>±20</td></tr>
<tr><td>顶、底、腹板或梁肋厚度</td><td>0～+5</td></tr>
<tr><td colspan="2">长度</td><td>−10～+5</td><td>每梁</td></tr>
<tr><td colspan="2">平整度</td><td>8</td><td>每面</td></tr>
</table>

6.9 构件的预制与安装

6.9.1 钢筋混凝土结构的质量验收应符合本标准第 4 章的规定。

Ⅰ 主控项目

6.9.2 预制墩台柱与基础连接处混凝土面应接触严密，钢筋或钢构件焊接应牢固，现浇混凝土灌注应密实，混凝土强度应符合设计要求。

检验数量：全数检查。

检验方法：观察检查，检查施工记录和混凝土强度报告。

6.9.3 预制构件安装时，结构混凝土强度和预应力孔道砂浆强度应达到设计文件要求强度的75％以上。

检验数量：全数检查。

检验方法：检查强度试验报告。

Ⅱ 一般项目

6.9.4 梁（板）预制的允许偏差、检验数量及检验方法应符合表6.9.4的规定。

表6.9.4 梁(板)预制的允许偏差、检验数量及检验方法

<table>
<tr><th colspan="3">检验项目</th><th>允许偏差(mm)</th><th>检验数量</th><th>检验方法</th></tr>
<tr><td colspan="3">梁(板)长度</td><td>−10～0</td><td>每梁</td><td rowspan="14">钢尺量测</td></tr>
<tr><td rowspan="4">宽度</td><td colspan="2">干接缝(梁翼缘、板)</td><td>±10</td><td rowspan="4">检查3处</td></tr>
<tr><td colspan="2">湿接缝(梁翼缘、板)</td><td>±20</td></tr>
<tr><td rowspan="2">箱梁</td><td>顶宽</td><td>±30</td></tr>
<tr><td>底宽</td><td>±20</td></tr>
<tr><td rowspan="2">高度</td><td colspan="2">梁、板</td><td>±5</td><td rowspan="2">检查2处</td></tr>
<tr><td colspan="2">箱梁</td><td>±5</td></tr>
<tr><td rowspan="3">断面尺寸</td><td colspan="2">顶板厚</td><td>0～+5</td><td rowspan="3">检查3个断面</td></tr>
<tr><td colspan="2">底板厚</td><td>0～+5</td></tr>
<tr><td colspan="2">腹板或梁肋</td><td>±5</td></tr>
<tr><td colspan="3">侧向弯曲</td><td>10</td><td>每个构件2点</td></tr>
<tr><td colspan="3">平整度</td><td>5</td><td>每面</td></tr>
<tr><td colspan="3">预埋件位置</td><td>±5</td><td>每件</td></tr>
</table>

6.9.5 梁(板)安装的允许偏差、检验数量及检验方法应符合表 6.9.5 的规定。

表 6.9.5 梁(板)安装的允许偏差、检验数量及检验方法

检验项目	允许偏差	检验数量	检验方法
倾斜度	1.2%	每跨检查 3 片梁(板)	测量检查,钢尺量测
梁板顶面高程(mm)	−5～+8	每跨检查 2 片梁(板)	
相邻梁(板)顶面高差(mm)	8	每相邻 2 片梁(板)	

6.9.6 墩、柱预制的允许偏差、检验数量及检验方法应符合表 6.9.6 的规定。

表 6.9.6 墩、柱预制的允许偏差、检验数量及检验方法

检验项目	允许偏差(mm)	检验数量	检验方法
断面尺寸	±5	每个构件检查 4 个点	测量检查,钢尺量测
高度	±10	每个构件检查 2 个点	
预应力筋孔道位置	≤10	每个孔道检查 1 点	
侧向弯曲	$H/750$	每个构件检查 1 个点	
平整度	≤3	每个构件检查 4 个点	

注:H 为墩、柱高度(mm)。

6.9.7 墩、柱安装的允许偏差、检验数量及检验方法应符合表 6.9.7 的规定。

表 6.9.7 墩、柱安装的允许偏差、检验数量及检验方法

检验项目	允许偏差(mm)	检验数量	检验方法
平面位置	≤10	每个构件检查 2 个点	测量检查,钢尺量测
埋入基础深度	不小于设计要求	每个构件检查 1 个点	
相邻间距	±10	每个构件检查 1 个点	
垂直度	0.5%H,且≤20	每个构件检查 2 个点	
墩柱顶面高程	±10	每个构件检查 1 个点	
节段间错台	3	每个构件检查 4 个点	

注:H 为墩、柱高度(mm)。

6.9.8 预制构件表面应无孔洞、露筋、蜂窝、麻面和缺棱掉角等现象。

检查数量：全数检查。

检验方法：观察检查。

6.10 桥梁悬臂浇筑与拼装

6.10.1 桥梁悬臂拼装预制构件应符合本标准第6.9节的规定。

Ⅰ 主控项目

6.10.2 悬臂浇筑与拼装应对称进行。

检验数量：全数检查。

检验方法：观察检查。

6.10.3 合龙时，两侧梁体的高差应符合设计要求。

检验数量：全数检查。

检验方法：测量检查。

6.10.4 混凝土表面不应有蜂窝麻面，节段线形应平顺，梁顶面应平整，各段应无明显折变，相邻节段宜色泽一致，接缝应平整密实。

检验数量：全数检查。

检验方法：观察检查。

Ⅱ 一般项目

6.10.5 悬臂浇筑梁的允许偏差、检验数量及检验方法应符合表6.10.5的规定。

6.10.6 悬臂拼装梁的允许偏差、检验数量及检验方法应符合表6.10.6的规定。

表 6.10.5　悬臂浇筑梁的允许偏差、检验数量及检验方法

检验项目		允许偏差 (mm)	检验数量	检验方法
轴线偏位	$L \leqslant 100$ m	±10	每个节段检查 2 处	测量检查，钢尺量测
	$L > 100$ m	$L/10\ 000$		
顶面高程	$L \leqslant 100$ m	±20	每个节段检查 2 处	
	$L > 100$ m	$\pm L/5\ 000$		
	相邻节段高差	10	检查 3 处～5 处	
断面尺寸	高度	−10～+5	每个节段检查 1 个断面	
	顶宽	±30		
	底宽	±20		
	顶底腹板厚	0～+10		
合龙后同跨对称点高程差	$L \leqslant 100$ m	20	每跨检查 5 处～7 处	
	$L > 100$ m	$L/5\ 000$		
平整度		8	检查竖直、水平两个方向，每侧面每 10 m 梁长 1 处	

注：L 为梁跨径。

表 6.10.6　悬臂拼装梁的允许偏差、检验数量及检验方法

检验项目		允许偏差 (mm)	检验数量	检验方法
轴线偏位	$L \leqslant 100$ m	±10	每个节段检查 2 处	测量检查，钢尺量测
顶面高程	$L > 100$ m	$L/10\ 000$		
	$L \leqslant 100$ m	±20	每个节段检查 2 处	
	$L > 100$ m	$\pm L/5\ 000$		
合龙后同跨对称点高程差	相邻节段高差	10	检查 3 处～5 处	
	$L \leqslant 100$ m	20	每跨检查 5 处～7 处	
	$L > 100$ m	$L/5\ 000$		

注：L 为梁跨径。

6.11 预应力工程

6.11.1 预应力筋、锚具、夹具、管道、连接器的各项技术性能及预应力混凝土结构的质量验收应符合现行国家标准《混凝土结构工程施工质量验收规范》GB 50204 的规定。

Ⅰ 主控项目

6.11.2 预应力钢筋进场时应分批验收。验收时,除应对其质量证明书、包装、标志和规格等进行检查外,还应符合下列规定:

1 钢丝检验时,形状、尺寸、外观、抗拉强度、弯曲和伸长率应符合设计要求。

检验数量:每批重量应为 60 t,不足 60 t 按一批计。

检验方法:每批中抽检 5%且不少于 3 盘,进行形状、尺寸、外观检查,如检查不合格,则将该批钢丝逐盘检查。在上述检查合格的钢丝中抽取 5%,且不少于 3 盘,在每盘钢丝的两端取样进行抗拉强度、弯曲和伸长率的试验。试验结果如有 1 项不合格时,则不合格盘报废,并从同批未试验过的钢丝盘中取双倍数量的试样进行复验,如仍有 1 项不合格,则该批钢丝判定为不合格。

2 钢绞线检验时,外观质量、直径偏差和力学性能应符合设计文件规定。

检验数量:每批重量应为 60 t,不足 60 t 按一批计。

检验方法:从每批钢绞线中任取 3 盘,并从每盘所选的钢绞线端部正常部位截取 1 根试样进行表面质量、直径偏差和力学性能试验。如每批少于 3 盘,则应逐盘取样进行上述试验,试验结果如有 1 项不合格时,则不合格盘报废,并再从该批未试验过的钢绞线中取双倍数量的试样进行该不合格项的复验,如仍有 1 项不合格,则该批钢绞线为不合格。

3 精轧螺纹钢筋检验时,外观、拉伸试验性能应符合设计要求。

检验数量：每批重量应为60 t，不足60 t按一批计。

检验方法：对表面质量应逐根目视检查，外观检查合格后在每批中任选2根钢筋截取试件进行拉伸试验。试验结果如有1项不合格时，则另取双倍数量的试件重做全部各项试验；如仍有1项不合格，则该批钢筋为不合格。

6.11.3 锚具、夹具和连接器应有厂家提供的产品质量保证书、产品技术手册、锚固区传力性能型式检验报告，以及夹片式锚具的锚口摩擦损失测试报告或参数，并应符合下列规定：

1 外形尺寸应符合产品质量证明文件的尺寸范围，且表面不应有裂纹及锈蚀。

检验数量：在同种材料和同一生产工艺的条件下，锚具和夹片应以不超过1 000套为一个验收批；连接器应以不超过500套为一个验收批。

检验方法：应从每批中抽取10%且不少于10套的锚具，进行外形尺寸、表面裂纹及锈蚀情况的外观检查。如有1套表面有裂纹或超过产品标准及设计文件要求的允许偏差，则应另取双倍数量的锚具重新检查，如仍有1套不符合要求，则应全数检查，合格者方可使用。

2 有硬度要求的零件硬度应符合设计要求。

检验数量：在同种材料和同一生产工艺的条件下，锚具和夹片应以不超过1 000套为一个验收批；连接器应以不超过500套为一个验收批。

检验方法：应从每批中抽取5%且不少于5套的锚具，对多孔夹片式锚具的夹片，每套至少抽取5片。每个零件测试3点，其硬度应在设计文件要求的范围内，如有1个零件不合格，则应另取双倍数量的零件重新试验，如仍有1个零件不合格，则应逐个检查，合格者方可使用。

3 静载锚固性能应符合设计要求。

检验数量：在同种材料和同一生产工艺的条件下，锚具和夹片应以不超过 1 000 套为一个验收批；连接器应以不超过 500 套为一个验收批。

检验方法：应在外形检验和硬度检验均合格的同批次产品中抽取样品，与相应规格和强度等级的预应力筋组成 3 个预应力筋一锚具组装件，进行静载锚固性能试验。如有 1 个试件不符合要求，则应另取双倍数量的试件重做试验，若全部试件合格，即可判定本批产品合格；如仍有 1 个试件不合格，则判定该批产品不合格。静载锚固性能试验方法应符合现行国家标准《预应力筋用锚具、夹具和连接器》GB/T 14370 的规定。

Ⅱ　一般项目

6.11.4　先张法钢丝、钢绞线的允许偏差、检验数量及检验方法应符合表 6.11.4 的规定。

表 6.11.4　先张法钢丝、钢绞线的允许偏差、检验数量及检验方法

检验项目		允许偏差	检验数量	检验方法
墩头钢丝同束长度相对差	$L>20$ m	$L/5\,000$ 及 ± 5 mm	每批抽查 2 束	钢尺量测，观察检查
	20 m $\geqslant L \geqslant$ 6 m	$L/3\,000$		
	$L<6$ m	2 mm		
张拉力值		符合设计要求	每束	
张拉伸长率		符合设计要求值，设计文件无要求时 $\pm 6\%$	每束	
同一构件内断丝根数不超过钢丝总数的百分数		不大于1%且断丝束不大于1丝	每束	

注：L 为钢束长度。

6.11.5　先张法粗钢筋的允许偏差、检验数量及检验方法应符合表 6.11.5的规定。

表 6.11.5 先张法粗钢筋的允许偏差、检验数量及检验方法

检验项目	允许偏差	检验数量	检验方法
冷拉钢筋接头在同一平面内的轴线偏差	2 mm，且不大于 1/10 直径	抽查 30%	钢尺量测，观察检查
中心偏差	4%短边，且不大于 5 mm	全部	
张拉应力值	符合设计要求	全部	
张拉伸长值	符合设计要求值，设计文件无要求时为±6%	全部	

6.11.6 后张法工艺的允许偏差、检验数量及检验方法应符合表 6.11.6 的规定。

表 6.11.6 后张法工艺的允许偏差、检验数量及检验方法

检验项目		允许偏差(mm)	检验数量	检验方法
管道位置	梁长方向	±30	抽查 30% 每根查 10 个点	钢尺量测，观察检查
	梁高方向	±10		
管道间距	同排	±10	抽查 30% 每根查 5 个点	
	上下层	±10		
张拉应力值		符合设计要求	全部	
张拉伸长率		符合设计要求值，设计文件无要求时为±6%	全部	
断丝滑丝数	钢束	每束 1 丝，且每断面不超过钢丝总数的 1%	每根(束)	
	钢筋	不允许		

6.12 钢 梁

6.12.1 钢梁及梁段的质量验收应符合现行国家标准《钢结构工程施工质量验收规范》GB 50205、《钢结构工程施工规范》GB 50755 的规定。

Ⅰ 主控项目

6.12.2 钢梁及梁段采用的钢材和焊接材料的品种规格、化学成分及力学性能应符合现行国家标准《钢结构焊接规范》GB 50661 的规定，应具有完整的出厂质量合格证明。

检验数量：全数检查。

检验方法：检查出厂质量证明、试验报告。

6.12.3 高强螺栓扭矩允许偏差应为±10%。

检验数量：检查 5%，且不少于 2 个。

检验方法：扭力扳手检查。

6.12.4 钢梁梁段应进行试组装，并应符合现行国家标准《钢结构工程施工质量验收规范》GB 50205 的规定。

检验数量：全数检查。

检验方法：检查梁段产品合格证。

6.12.5 钢梁内外表面不应有凹陷、划痕、焊疤、电弧擦伤，外露边缘应无毛刺。

检验数量：全数检查。

检验方法：观察检查。

6.12.6 焊缝均应平滑，应无裂纹、未熔合、夹渣、未填满弧坑、焊瘤等外观缺陷，焊缝探伤等级的检验结果应符合设计要求。

检验数量：超声探伤检查全部，射线探伤检验数量应符合设计文件规定，并不应小于 10%。

检验方法：观察检查，检查探伤报告。

6.12.7 钢梁(梁段)应按设计文件规定的程序进行安装，安装线形应平顺、无明显折变。

检验数量：全数检查。

检验方法：观察检查，挂线用钢尺量测。

6.12.8 高强螺栓连接摩擦面的抗滑移系数应对随梁发送的试板进行检验，检验结果应符合设计要求。

检验数量：全数检查。

检验方法：检查试验报告，并对厂方每出厂批提供的3组试件进行复验。

6.12.9 防护涂装材料的品种、规格、技术性能指标应符合设计要求，并应具有完整的出厂质量合格证明。

检验数量：全数检查。

检验方法：检查出厂质量证明或试验报告。

6.12.10 防护涂装遍数应符合设计要求，每一道涂层的最小厚度不应小于设计要求厚度的90％，涂装干膜总厚度不得小于设计要求厚度。

检验数量：按设计规定数量检查，设计无规定时，每10 m^2 检测5处，每处的数值为3个相距50 mm的测点涂层干漆膜厚度平均值。

检验方法：用干膜测厚仪检查。

6.12.11 防护涂装后的漆膜颜色应一致，涂层表面应完整光洁、均匀一致，不应有破损、气泡、裂纹、针孔、凹陷、麻点、流挂和皱皮等缺陷。

检验数量：全数检查。

检验方法：观察检查。

Ⅱ 一般项目

6.12.12 焊接钢梁制作的允许偏差、检验数量及检验方法应符合表6.12.12的规定。

表6.12.12 焊接钢梁制作的允许偏差、检验数量及检验方法

检验项目		允许偏差(mm)	检验数量	检验方法
梁高	主梁≤2 m	±2	检查两端腹板处高度	
	主梁>2 m	±4		
	横梁	±1.5		
	纵梁	±1		

续表 6.12.12

检验项目		允许偏差(mm)	检验数量	检验方法
跨度		±8	测量两支座中心距离	钢尺量测
梁长	全长	±10	中心线处	
	纵梁	−1.5～+0.5	检查两端角钢背与背之间的距离	
	横梁	±1.5		
纵、横梁旁弯		3	梁立置时在腹板一侧距主焊缝 100 mm 处拉线测量:检查中部 1 处	
	主梁	−1.5～+0.5 (不设拱度)	梁卧置时在下盖板外侧拉线测量:检查中部 1 处	
		−1.5～+0.5 (设拱度)		
	两片主梁拱度差	4	分别测量两片主梁拱度,求差值	
平面度	主梁腹板	≤8	测量中部 1 处	
	纵、横梁腹	≤5		
主梁、纵横梁盖板对腹板的垂直度	有孔部位	0.5	测量 3 处～5 处	
	其余部位	1.5		
连接	焊缝尺寸	符合设计文件要求	检查全部	

6.12.13 钢桁架制作的允许偏差、检验数量及检验方法应符合表 6.12.13的规定。

表 6.12.13 钢桁架制作的允许偏差、检验数量及检验方法

检验项目	允许偏差(mm)	检验数量	检验方法
节段长度	±5	每节段检查 4 处～6 处	
节段高度	±2	每节段检查 4 处	
节段宽度	±3	每节段检查 4 处	

续表 6.12.13

检验项目	允许偏差(mm)	检验数量	检验方法
节间长度	±2	检查每个节间	钢尺量测
对角线长度	±3	每节段检查1处	
桁片平面度	3	每节段检查1处	
拱度	±3	每节段检查1处	
焊缝尺寸	符合设计要求	检查全部	

6.12.14 钢箱梁制作的允许偏差、检验数量及检验方法应符合表 6.12.14的规定。

表 6.12.14 钢箱梁制作的允许偏差、检验数量及检验方法

检验项目		允许偏差(mm)	检验数量	检验方法
梁高 h	≤2 m	±2	检查两端腹板处高度	钢尺量测
	>2 m	±4		
跨度 L		±(5+0.15L)	测量两支点中心距离	
全长		±15	测量两支点中心距离	
腹板中心距		±3	检查两腹板中心距	
盖板宽度		±4	检查两端断面	
横断面对角线差		4	检查两端断面	
旁弯		3+0.1L	检查跨中位置	
拱度		−5～+10	检查跨中位置	
腹板平面度		且≤8	检查跨中位置	
扭曲		每米≤1, 且每段≤10	置于平台,四角中有三角接触平台,用尺量另一角与平台间隙	
焊缝尺寸		符合设计要求	全数检查	

注:L 为梁长,以 m 计。

6.12.15 钢梁安装的允许偏差、检验数量及检验方法应符合表 6.12.15的规定。

表 6.12.15 钢梁安装的允许偏差、检验数量及检验方法

<table>
<tr><th colspan="2">检验项目</th><th>允许偏差(mm)</th><th>检验数量</th><th>检验方法</th></tr>
<tr><td rowspan="2">钢梁中线</td><td>轴线偏位</td><td>±10</td><td>测量 2 处</td><td rowspan="7">测量检查,钢尺量测,扭力扳手检查</td></tr>
<tr><td>两孔相邻横梁中线相对偏位</td><td>±5</td><td>每支座 1 处,每横梁 2 处</td></tr>
<tr><td rowspan="2">梁底高程</td><td>墩台处梁底</td><td>±10</td><td rowspan="2">检查全部</td></tr>
<tr><td>两孔相邻横梁相对高差</td><td>5</td></tr>
<tr><td rowspan="3">连接</td><td>焊缝尺寸</td><td rowspan="2">符合设计要求</td><td>检查全部</td></tr>
<tr><td>焊缝探伤</td><td>超声:检查全部
射线:按设计文件规定,并不少于 10%</td></tr>
<tr><td>高强螺栓扭矩</td><td>±10%</td><td>检查 5%,且不少于 2 个</td></tr>
</table>

6.12.16 钢梁防护涂装的允许偏差、检验数量及检验方法应符合表 6.12.16的规定。

表 6.12.16 钢梁防护涂装的允许偏差、检验数量及检验方法

<table>
<tr><th colspan="2">检验项目</th><th>允许偏差</th><th>检验数量</th><th>检验方法</th></tr>
<tr><td colspan="2">除锈清洁度</td><td>Sa2.5(St3)</td><td>100%</td><td rowspan="5">检查试验报告</td></tr>
<tr><td rowspan="2">粗糙度</td><td>外表面</td><td>70 μm～100 μm</td><td>按设计文件规定检查,并用粗糙度仪检查,每段检查 6 点,取平均值</td></tr>
<tr><td>内表面</td><td>40 μm～80 μm</td><td>按设计文件要求检查</td></tr>
<tr><td colspan="2">总干膜厚度(μm)</td><td>符合设计要求</td><td>按设计文件要求检查</td></tr>
<tr><td colspan="2">附着力(MPa)</td><td>符合设计要求</td><td>按设计文件要求检查</td></tr>
</table>

注:1 每 10 m^2 取 3 个～5 个点,每个点附近测 3 次,取平均值,每个点的最小测值如小于设计规定值应加涂一层涂料。
2 每涂完一层后,应检测干膜总厚度。

6.13 钢混组合梁

6.13.1 钢筋混凝土、预应力混凝土工程的质量验收应符合本标准第 4 章的规定。

6.13.2 钢梁制作、涂装及安装的质量验收应符合本标准第 6.12节的规定。

Ⅰ 主控项目

6.13.3 剪力连接器应无变形、锈蚀等缺陷。

检验数量：全数检查。

检验方法：观察检查。

Ⅱ 一般项目

6.13.4 钢混组合梁的允许偏差、检验数量及检验方法应符合表 6.13.4的规定。

表 6.13.4 钢混组合梁的允许偏差、检验数量及检验方法

<table>
<tr><th>检验项目</th><th>允许偏差(mm)</th><th>检验数量</th><th>检验方法</th></tr>
<tr><td>桥梁全长</td><td>±15</td><td>检查桥面及钢梁</td><td></td></tr>
<tr><td>梁高</td><td>−5～+15</td><td>检查梁端桥面板顶至钢梁底</td><td rowspan="6">测量检查，钢尺量测</td></tr>
<tr><td>桥面板厚度</td><td>−5～+10</td><td>检查跨中及两端</td></tr>
<tr><td>桥面板中心线与钢梁中心线</td><td>±10</td><td rowspan="2">检查梁端和跨中</td></tr>
<tr><td>桥面防护墙内侧宽度</td><td>−5～+10</td></tr>
<tr><td>桥面平整度</td><td>10</td><td>不小于 5 处</td></tr>
<tr><td>上拱度</td><td>−3～+10</td><td>检查跨中</td></tr>
</table>

6.14 桥面及附属设施

Ⅰ 主控项目

6.14.1 伸缩缝所用的原材料、形式、规格尺寸应符合设计要求。

检验数量：全数检查。

检验方法：观察检查，检查质量证明文件。

6.14.2 伸缩缝安装应无阻塞、渗漏、变形现象。

检验数量：全数检查。

检验方法：观察检查。

6.14.3 护栏线应顺直美观，混凝土表面应平整密实，不应出现蜂窝麻面，不应有露筋和空洞，护栏节段间应平滑顺接，混凝土强度应符合设计要求。

检验数量：全数检查。

检验方法：观察检查，检查混凝土强度检验报告。

6.14.4 栏杆杆件不应有弯曲或断裂现象。栏杆安装应牢固，其杆件焊接应符合设计要求。

检验数量：全数检查。

检验方法：观察检查，检查焊接试验报告。

6.14.5 泄水孔的细部处理、泄水管接头的连接方式应符合设计要求，接头应严密、连接牢固。

检验数量：全数检查。

检验方法：观察检查。

6.14.6 排水设施安装位置应符合设计要求，部件应齐全，应无破损、无漏水。

检验数量：全部检查。

检验方法：观察检查。

6.14.7 声屏障所使用的焊接材料和紧固件应符合设计要求并符合现行国家标准《钢结构工程施工质量验收规范》GB 50205 的规定，焊接不应有裂纹、未熔合、夹渣和未填满弧坑等缺陷。

检验数量：全数检查。

检验方法：观察检查，检查材料质量证明文件。

6.14.8 声屏障的固定螺栓的紧固、位置和数量应符合设计要求。

检验数量：全数检查。

检验方法：观察检查，扭力扳手检查。

6.14.9 声屏障屏体与基础的连接缝、屏体与立柱及屏体间的缝隙应密实。

检验数量:全数检查。

检验方法:观察检查,检查施工记录。

6.14.10 声屏障立柱镀(涂)层应均匀,镀(涂)层剥落面、出现气泡、未镀(涂)面、刻痕、划伤面等不应超过该构件表面积的0.1%。

检验数量:全数检查。

检验方法:观察检查,钢尺量测。

6.14.11 声屏障降噪效果应符合设计要求。

检验数量:全数检查。

检验方法:检查噪声检测报告。

6.14.12 人行步道应平整,并应按设计文件规定留置排水坡度。

检验数量:全数检查。

检验方法:观察检查,水平尺检查。

6.14.13 缘石应固定牢固、位置正确。

检验数量:全数检查。

检验方法:观察检查。

Ⅱ 一般项目

6.14.14 伸缩缝安装的允许偏差、检验数量及检验方法应符合表6.14.14的规定。

表 6.14.14 伸缩缝安装的允许偏差、检验数量及检验方法

检验项目	允许偏差(mm)	检验数量	检验方法
长度	符合设计要求	每道	测量检查,钢尺量测
缝宽	符合设计要求	每道2处	
两端高差	2	每侧3处～7处	
横向平整度	3	每道	

6.14.15 栏杆安装的允许偏差、检验数量及检验方法应符合表 6.14.15的规定。

表 6.14.15 栏杆安装的允许偏差、检验数量及检验方法

检验项目	允许偏差(mm)	检验数量	检验方法
平面偏位	±4	每 30 m 检查 1 处	测量检查，钢尺量测
高度	±10	每 30 m 检查 1 处	
竖直度	4	每 30 m 检查 1 处	
焊缝两侧高差	3	每 30 m 检查 1 处	
预埋件位置	±5	每件	
混凝土护栏断面尺寸	±5	每 100 m 检查 3 处	

6.14.16 排水设施安装的允许偏差、检验数量及检验方法应符合表 6.14.16的规定。

表 6.14.16 排水设施安装的允许偏差、检验数量及检验方法

检验项目	允许偏差	检验数量	检验方法
品种及规格	符合设计要求	20%抽查	观察检查，钢尺量测和坡度尺量测
安装位置(mm)	±20	20%抽查	
坡度(%)	±0.15	每 30 m 检查 3 处	

6.14.17 声屏障安装的允许偏差、检验数量及检验方法应符合表 6.14.17的规定。

表 6.14.17 声屏障安装的允许偏差、检验数量及检验方法

检验项目	允许偏差	检验数量	检验方法
与路肩边线位置偏移(mm)	±20	检查 30%	测量检查，钢尺量测，检查检验报告
顶面高程(mm)	±20	检查 30%	
金属立柱中距(mm)	±10	检查 30%	
金属立柱竖直度(mm/m)	5	检查 30%	
镀(涂)层厚度	不小于设计规定值	检查 20%	
屏体厚度(mm)	±2	检查 15%	
屏体宽度、高度(mm)	±10	检查 15%	

6.14.18 人行步道平整度允许偏差应小于 3 mm。

检验数量：全数检查。

检验方法：3 m 靠尺检查。

6.14.19 缘石平整度允许偏差应小于 3 mm。

检验数量：全数检查。

检验方法：3 m 靠尺检查。

6.14.20 灯杆安装允许偏差应符合下列规定：

1 平面位置纵向允许偏差应为±100 mm，横向允许偏差应为±20 mm。

2 垂直度应小于 2‰。

检验数量：全数检查。

检验方法：测量检查，挂线坠钢尺量测检查。

7 车站工程

7.1 一般规定

7.1.1 本章适用于高架及地面车站工程质量验收,其中结构主体工程的模板、钢筋、混凝土等相关分项工程的质量验收参见本标准第 4 章的规定。

7.1.2 屋面防水等级和设防要求应符合现行国家标准《屋面工程技术规范》GB 50345 的有关规定。

7.1.3 屋面工程所用的防水、保温材料应有产品合格证书和性能检测报告,材料的品种、规格、性能等应符合国家现行成品标准和设计要求。

7.1.4 钢结构的制作应符合现行国家标准《钢结构工程施工质量验收规范》GB 50205 的有关规定。

7.1.5 钢构件采用的防火涂料,性能、涂层厚度及质量要求应符合设计要求和国家现行有关标准的规定,防火涂料厚度应通过耐火试验确定。

7.1.6 砌体工程应符合本标准第 4.5 节的相关规定。

7.2 地基与基础

Ⅰ 主控项目

7.2.1 基坑开挖施工应符合下列规定:

1 基坑开挖的轴线、长宽、边坡坡率及基底标高的检验应符合表 7.2.1 的规定。

表 7.2.1 基坑开挖检验标准

检验项目	允许偏差(mm)	检验数量		检验方法
		范围	点数	
轴线位置	±50	纵横轴线	4	经纬仪测量
长、宽	以轴线控制,不小于设计值	整个基坑	6	经纬仪、钢尺测量
基底标高	+10, −20	每一基底分段	5	水准仪测量,每 5 m 长为一分段
边坡坡率	不小于设计值	每一边坡断面	1	观察或坡度尺量

2 当基坑用机械开挖至基底时,要预留 0.3 m~0.5 m 厚土层用人工开挖,以控制基底超挖,并不可扰动基底土;如发生超挖,应按设计规定处理。

检验数量:全数检查。

检验方法:观察检查,钢尺量测。

3 基坑开挖完成后,应由监理会同勘察、设计部门、建设单位及施工单位进行基底验槽,并做好验槽记录。

检验数量:全数检查。

检验方法:观察检查。

7.2.2 基坑回填土路基施工应符合下列规定:

1 基坑回填的土质、含水率等应符合设计要求。

检验数量:全数检查。

检验方法:检查土质试验报告,实地查看。

2 基坑回填应分层、水平压实,分层压实系数应符合设计要求;结构两侧应水平、对称同时填压;基坑回填高程不一致时,应从低处逐层填压;基坡分段回填接茬处,已填土坡应挖台阶,其宽度不得小于 1 m,高度应不大于 0.5 m。

检验数量:每层填土按基坑长度每 25 m 为 1 组,每组取样点不少于 3 个,其中中部和两边各取 1 个。

检验方法:观察检查,钢尺量测。

7.2.3 灰土地基施工应符合下列规定：

1 灰土地基的地基压实系数应符合设计要求。

检验数量：全数检查。

检验方法：检查试验检测报告，现场实测。

2 灰土地基的原材料及配合比应符合设计要求。

检验数量：全数检查。

检验方法：检查拌合时的体积比及试验配合比报告。

3 灰土地基的石灰粒径、土颗粒粒径、含水量、有机质含量和分层厚度允许偏差、检验方法和检验数量应符合表 7.2.3 的规定。

表 7.2.3　灰土地基质量检验标准

检验项目	允许偏差或允许值		检验数量	检验方法
	单位	数值		
石灰粒径	mm	≤5	全数检查	筛分法
土料有机质含量	%	≤5		试验室焙烧法
土颗粒粒径	mm	≤5		筛分法
含水量（与要求的最优含水量比较）	%	±2		烘干法
分层厚度偏差（与设计要求比较）	mm	±50		水准仪

7.2.4 砂和砂石地基施工应符合下列规定：

1 砂、石等原材料质量、配合比应符合设计要求，砂、石应搅拌均匀。

检验数量：按原材料进场有关规定进行检验。

检验方法：检查产品出厂合格证、检测报告。

2 砂、砂石地基的压实系数应符合设计要求。

检验数量：每层 10 m 等间距检查 1 个断面，每个断面左、中、右各 1 点。

检验方法：检查试验检测报告，现场实测。

Ⅱ 一般项目

7.2.5 基坑基底应平整压实，其平整度允许偏差应为 20 mm，并在 1 m 范围内不得多于 1 处。

检验数量：全数检查。

检验方法：水准仪、2 m 靠尺和楔形塞尺检查。

7.2.6 基坑回填土路基施工应符合下列规定：

1 基坑顶面标高应符合设计要求，其允许偏差为 −50 mm；表面应平整，平整度允许偏差为 20 mm。

检验数量：沿基坑长度每 10 m 抽查 1 点。

检验方法：水准仪、2 m 靠尺和楔形塞尺检查。

2 基坑回填分层厚度应符合设计要求。

检验数量：按分层每 10 m 长度抽查 1 点。

检验方法：水准仪检查。

7.2.7 砂及砂石地基质量允许偏差应符合表 7.2.7 的规定。

表 7.2.7 砂及砂石地基质量检验标准

检验项目	允许偏差或允许值		检验数量	检验方法
	单位	数值		
砂石料有机质含量	%	≤5	全数检查	筛分法
砂石料含泥量	%	≤5		试验室焙烧法
石料粒径	mm	≤100		筛分法
含水量(与最优含水量比较)	%	±2		烘干法
分层厚度(与设计要求比较)	%	±50		水准仪

7.3 地基防水

Ⅰ 主控项目

7.3.1 防水层施工应符合下列规定：

1　防水层和保护层所用原材料的品种、规格、性能等应符合设计要求。

检验数量：全数检查。

检验方法：检查产品合格证、试验报告，观察检查。

2　防水层施工部位、构造形式、坡度和细部做法应符合设计要求。

检验数量：全数检查。

检验方法：观察检查，尺量和检查隐蔽工程验收记录。

3　防水层不得渗水。

检验数量：全数检查。

检验方法：观察检查。

Ⅱ　一般项目

7.3.2　防水层施工应符合下列规定：

1　防水层的基层应平整、清洁、干燥，不得有空鼓、松动、蜂窝麻面、浮渣、浮土和油污。

检验数量：全数检查。

检验方法：观察检查。

2　防水层的表面质量应达到涂层厚薄一致，卷材粘贴牢固，搭接封口正确，不得有滑移、翘边、起泡、损伤等现象。

检验数量：全数检查。

检验方法：观察检查。

3　防水层的允许偏差、检验数量及检验方法应符合表7.3.2的规定。

表7.3.2　防水层的允许偏差、检验数量及检验方法

检验项目	允许偏差(mm)	检验数量	检验方法
表面平整度	3	检查不少于5处	1 m靠尺检查
卷材纵、横搭接长度	−10		钢尺量测

7.4 钢筋混凝土结构工程

7.4.1 模板的安装与拆除应符合本标准第 4.2.1 条的规定。

7.4.2 钢筋的原材料、加工、连接及安装应符合本标准第 4.3.1 条的规定。

7.4.3 混凝土的原材料、配合比、土施工、外观质量、尺寸偏差应符合本标准第 4.4.1 条、第 4.4.3 条、第 4.5.1 条、第 4.5.2 条的规定。

7.5 钢结构安装工程

Ⅰ 主控项目

7.5.1 建筑物的定位轴线、基础轴线和标高、地脚螺栓的规格及其紧固应符合设计要求。

检验数量：全数检查，按柱基数抽查 10%，且不应少于 3 个。

检验方法：经纬仪、水准仪、全站仪和钢尺现场实测。

7.5.2 基础顶面直接作为柱的支承面和基础顶面预埋钢板或支座作为柱的支承面时，其支承面、地脚螺栓（锚栓）位置的允许偏差应符合表 7.5.2 的规定。

表 7.5.2 支承面、地脚螺栓（锚栓）位置的允许偏差

检验项目		允许偏差(mm)
支承面	位置	15
	顶面标高	−3～0
	水平度	$L/1\,000$
地脚螺栓（锚栓）	螺栓中心偏移	±5.0
预留孔中心偏移		10.0

检验数量：按柱基数抽查 10%，且不应少于 4 个。

检验方法:经纬仪、水准仪、全站仪测量,钢尺量测。

7.5.3 钢构件应符合设计要求和现行国家标准《钢结构工程施工质量验收规范》GB 50205 的规定。运输、堆放和吊装等造成钢构件变形及涂层脱落,应进行矫正和修补。

检验数量:按构件数抽查 10%,且不应少于 3 个。

检验方法:拉线、钢尺量测,观察检查。

7.5.4 钢屋(托)架、桁架、梁及受压杆件的垂直度和侧向弯曲矢高的允许偏差应符合表 7.5.4 的规定。

表 7.5.4 钢屋(托)架、桁架、梁及受压杆件的垂直度和侧向弯曲矢高的允许偏差

检验项目	允许偏差(mm)	
跨中的垂直度	$H/250$,且不应大于 15.0	
侧向弯曲矢高	$L \leqslant 30$ m	$L/1\ 000$,且不应大于 10.0
	30 m $< L \leqslant 60$ m	$L/1\ 000$,且不应大于 30.0
	$L > 60$ m	$L/1\ 000$,且不应大于 50.0

检验数量:按同类构件数抽查 10%,且不应少于 3 件。

检验方法:吊线、拉线、经纬仪测量,钢尺量测。

7.5.5 单层钢结构主体结构的整体垂直度和整体平面弯曲的允许偏差应符合表 7.5.5 的规定。

表 7.5.5 整体垂直度和整体平面弯曲的允许偏差

检验项目	允许偏差(mm)
主体结构的整体垂直度	$H/1\ 000$,且不应大于 25.0
主体结构的整体平面弯曲	$L/1\ 500$,且不应大于 50.0

检验数量:对主要的立面全数检查。对每个所检查的立面,除 2 列角柱外,尚应至少选取 1 列中间柱。

检验方法:经纬仪、全站仪测量。

7.5.6 车站顶棚悬臂梁和桁架安装应符合设计要求。

检验数量：全数检查。

检验方法：构件直立，在两端支承后，用水准仪和钢尺量测。

7.5.7 钢构件钻电缆孔尺寸、外观应符合设计要求。

检验数量：全数检查。

检验方法：观察检查，钢尺量测。

7.5.8 当车站钢结构需安装刚性充电轨时，用于固定充电轨的钢梁的拉出值及基于轨面标高应符合设计要求，且偏差不超过±5 mm。

检验数量：全数检查。

检验方法：导高测试仪测量。

Ⅱ 一般项目

7.5.9 高强度螺栓连接摩擦面应保持干燥、整洁，不应有飞边、毛刺、焊接飞溅物、焊疤、氧化铁皮、污垢等；除设计要求外，摩擦面不应涂漆。

检验数量：全数检查。

检验方法：观察检查。

7.5.10 螺栓孔孔距的允许偏差应符合表 7.5.10 的规定。

表 7.5.10 螺栓孔孔距的允许偏差

螺栓孔孔距范围(mm)	<500	501～1 200	1 201～3 000	>3 000
同一组内任意两孔间距离(mm)	±1.0	±1.5	—	—
相邻两组的端孔间距离(mm)	±1.5	±2.0	±2.5	±3.0

注：1 在节点中连接板与一根杆件相连的所有螺栓孔为 1 组。
2 对接接头在拼接板一侧的螺栓孔为 1 组。
3 在两相邻节点或接头间的螺栓孔为 1 组，但不包括上述 2 款所规定的螺栓孔。
4 受弯构件翼缘上的连接螺栓孔，每米长度范围内的螺栓孔为 1 组。

检验数量：按钢构件数量抽查 10%，且不应少于 3 件。

检验方法：钢尺量测。

7.5.11 安装焊缝坡口的允许偏差应符合表7.5.11的规定。

表7.5.11 安装焊缝坡口的允许偏差

检验项目	允许偏差
坡口角度	±5°
钝边	±1.0 mm

检验数量:按坡口数量抽查10%,且不应少于3条。

检验方法:焊缝量规检查。

7.5.12 钢构件的外观质量应符合:钢构件表面无明显的凹面和损伤,划痕深度不大于0.5 mm,疤痕、飞溅物、毛刺应清理干净。

检验数量:全数检查。

检验方法:观察检查。

7.5.13 钢结构外形尺寸的允许偏差应符合表7.5.13的规定。

表7.5.13 钢结构外形尺寸的允许偏差

检验项目	允许偏差(mm)
单层柱、梁、桁架受力支托(支承面)表面至第一个安装孔距离	±1.0
多节柱铣平面至第一个安装孔距离	±1.0
实腹梁两端最外侧安装孔距离	±3.0
构件连接处的截面几何尺寸	±3.0
柱、梁连接处的腹板中心线偏移	2.0
受压构件(杆件)弯曲矢高	L/1 000,且不应大于10.0

注:L为构件(杆件)长度。

检验数量:全数检查。

检验方法:钢尺量测。

7.5.14 钢柱等主要构件的中心线及标高基准点等标记应齐全。

检验数量:按同类构件数抽查10%,且不应少于3件。

检验方法:观察检查。

7.5.15 当钢桁架(或梁)安装在混凝土柱上时,其支座中心对定位轴线的偏差不应大于 10 mm；当采用大型混凝土屋面板时，钢桁架(或梁)间距的偏差不应大于 10 mm。

检验数量：按同类构件数抽查 10%，且不应少于 3 榀。

检验方法：拉线和钢尺量测。

7.5.16 钢结构表面应干净，结构主要表面不应有疤痕、泥浆等污垢。

检验数量：按同类构件数抽查 10%，且不应少于 3 件。

检验方法：观察检查。

7.5.17 焊接各种钢构件的质量验收应符合现行国家标准《钢结构工程施工质量验收规范》GB 50205 第 5 章焊接工程的规定。

7.6 屋面工程

Ⅰ 主控项目

7.6.1 找坡层和找平层所用材料的质量及配合比应符合设计要求。

检验数量：全数检查。

检验方法：检查出厂合格证、质量检验报告。

7.6.2 屋面工程(含天沟、檐沟)找坡层和找平层的排水坡度应符合设计要求。

检验数量：全数检查。

检验方法：坡度尺检查。

7.6.3 屋面保护层应符合下列规定：

1 保护层所用材料的质量及配合比应符合设计要求。

检验数量：全数检查。

检验方法：检查出厂合格证、质量检验报告。

2 块体材料、水泥砂浆或细石混凝土保护层的强度等级应符合设计要求。

检验数量：全数检查。

检验方法:检查块体材料、水泥砂浆或混凝土抗压强度试验报告。

3 保护层的排水坡度应符合设计要求。

检验数量:每屋面每 10 m 取 1 个点,不足 10 m 也取 1 个点。

检验方法:坡度尺检查。

7.6.4 屋面保温层应符合下列规定:

1 保温材料的堆积密度或表观密度、导热系数及板材的强度吸水率应符合设计要求。

检验数量:全数检查。

检验方法:检查出厂合格证、出厂检验报告和现场抽样复验报告。

2 保温层的含水率应符合设计要求。

检验数量:全数检查。

检验方法:检查现场抽样复验报告。

7.6.5 卷材防水层应符合下列规定:

1 防水卷材及其配套材料的质量应符合设计要求。

检验数量:全数检查。

检验方法:检查出厂合格证、出厂检验报告和进场检验报告。

2 卷材防水层不得有渗漏和积水现象。

检验数量:全数检查。

检验方法:雨后观察或淋水、蓄水试验。

3 卷材防水层在檐口、檐沟、天沟、水落口、泛水、变形缝和伸出屋面管道的防水构造应符合设计要求。

检验数量:全数检查。

检验方法:观察检查。

7.6.6 涂膜防水层应符合下列规定:

1 防水涂料和胎体增强材料的质量应符合设计要求。

检验数量:全数检查。

检验方法:检查出厂合格证、出厂检验报告和进场检验报告。

2　涂膜防水层不得有渗漏和积水现象。

检验数量：全数检查。

检验方法：雨后观察或淋水、蓄水试验。

3　涂膜防水层在檐口、檐沟、天沟、水落口、泛水、变形缝和伸出屋面管道的防水构造应符合设计要求。

检验数量：全数检查。

检验方法：观察检查。

4　涂膜防水层的平均厚度应符合设计要求，且最小厚度不得小于设计厚度的80%。

检验数量：每屋面每10 m取1个点，不足10 m也取1个点。

检验方法：针测法或取样量测。

7.6.7　接缝密封防水施工应符合下列规定：

1　密封材料及其配套材料的质量应符合设计要求。

检验数量：全数检查。

检验方法：检查出厂合格证、质量检验报告和进场检验报告。

2　密封材料嵌填应密实、连续、饱满，粘结牢固，不得有气泡、开裂、脱落等缺陷。

检验数量：全数检查。

检验方法：观察检查。

7.6.8　金属板材屋面施工应符合下列规定：

1　金属板材与辅助材料的规格和质量应符合设计要求。

检验数量：全数检查。

检验方法：检查出厂合格证和质量检验报告。

2　金属板材的连接和密封处理应符合设计要求，不得有渗漏现象。

检验数量：全数检查。

检验方法：观察检查和雨后或淋水检验。

7.6.9　玻璃采光顶施工应符合下列规定：

1　采光顶玻璃及其配套材料的质量应符合设计要求。

检验数量：全数检查。

检验方法：检查出厂合格证、出厂检测报告。

2 玻璃采光顶不得有渗漏现象。

检验数量：全数检查。

3 硅酮耐候密封胶的打注应密实、连续、饱满，粘结应牢固，不得有气泡、开裂、脱落等缺陷。

检验数量：全数检查。

检验方法：观察检查。

Ⅱ 一般项目

7.6.10 找平层应抹平、压光，不得有酥松、起砂、起皮现象。

检验数量：全数检查。

检验方法：观察检查。

7.6.11 卷材防水层的基层与突出屋面结构的交接处，以及基层的转角处，找平层应做成圆弧形，且应整齐平顺。

检验数量：全数检查。

检验方法：观察检查。

7.6.12 找平层分格缝的宽度和间距均应符合设计要求。

检验数量：全数检查。

检验方法：观察检查，钢尺量测。

7.6.13 找坡层表面平整度的允许偏差为 7 mm，找平层表面平整度的允许偏差为 5 mm。

检验数量：每屋面每 10 m 取 1 个点。

检验方法：2 m 靠尺和塞尺检查。

7.6.14 屋面保护层施工应符合下列规定：

1 块体材料保护层表面应干净，接缝应平整，周边应顺直，镶嵌应正确，应无空鼓现象。

检验数量：全数检查。

检验方法：小锤轻击和观察检查。

2 水泥砂浆、细石混凝土保护层不得有裂纹、脱皮、麻面和起砂等现象。

检验数量：全数检查。

检验方法：观察检查。

3 防水涂料应与防水层粘结牢固，厚薄应均匀，不得漏涂。

检验数量：全数检查。

检验方法：观察检查。

4 保护层的允许偏差和检验方法应符合表7.6.14的规定。

表7.6.14 保护层的允许偏差和检验方法

检验项目	允许偏差(mm)			检验方法
	块体材料	水泥砂浆	细石混凝土	
表面平整度	4.0	4.0	5.0	2 m靠尺和塞尺检查
缝格平直	3.0	3.0	3.0	拉线和钢尺量测
接缝高低差	1.5	—	—	直尺和塞尺检查
板块间隙宽度	2.0	—	—	钢尺量测
保护层厚度	设计厚度的10%，且不得大于5 mm			钢针插入测量和钢尺量测

7.6.15 屋面保温层施工应符合下列规定：

1 保温层的铺设应符合下列规定：

1）松散保温材料：分层铺设，压实适当，表面平整，找坡正确。

2）板状保温材料：紧贴（靠）基层，铺平垫稳，拼缝严密，找坡正确。

3）整体现浇保温层：拌和均匀，分层铺设，压实适当，表面平整，找坡准确。

检验数量：全数检查。

检验方法：观察检查。

2 保温层厚度的允许偏差：松散保温材料和整体现浇保温

层为5%～10%；板状保温材料为+5%，且不得大于4 mm。

检验数量：全数检查。

检验方法：钢针插入和钢尺量测。

7.6.16 卷材防水层施工应符合下列规定：

1 卷材的搭接缝应粘结或焊接牢固，密封应严密，不得扭曲、皱折和翘边。

检验数量：全数检查。

检验方法：观察检查。

2 卷材防水层的收头应与基层粘结，钉压应固定，密封应严密。

检验数量：全数检查。

检验方法：观察检查。

3 卷材防水层的铺贴方向应正确，卷材搭接宽度的允许偏差为−10 mm。

检验数量：每屋面每10 m取1个点，不足10 m也取1个点。

检验方法：观察检查，钢尺量测。

4 屋面排气构造的排气道应纵横贯穿，不得堵塞；排气管应安装牢固，位置应正确，封闭应严密。

检验数量：全数检查。

检验方法：观察检查。

7.6.17 涂膜防水层施工应符合下列规定：

1 涂膜防水层与基层应粘结牢固，表面应平整，涂布应均匀，不得有流淌、皱折、起泡和露胎体等缺陷。

检验数量：全数检查。

检验方法：观察检查。

2 涂膜防水层的收头应用防水涂料多遍涂刷。

检验数量：全数检查。

检验方法：观察检查。

3 铺贴胎体增强材料应平整顺直，搭接尺寸应准确，应排除气泡，并应与涂料粘结牢固。胎体增强材料搭接宽度的允许偏差为±10 mm。

检验数量：每屋面每 10 m 取 1 个点，不足 10 m 也取 1 个点。

检验方法：观察检查，钢尺量测。

7.6.18 接缝密封防水施工应符合下列规定：

1 密封防水部位的基层应符合国家标准《屋面工程质量验收规范》GB 50207—2012 第 7.5.1 条的规定。

检验数量：全数检查。

检验方法：观察检查。

2 接缝宽度和密封材料的嵌填深度应符合设计要求，接缝宽度的允许偏差为±10%。

检验数量：全数检查。

检验方法：钢尺量测。

3 嵌填的密封材料表面应平滑，缝边应顺直，应无明显不平和周边污染现象。

检验数量：全数检查。

检验方法：观察检查。

7.6.19 现浇混凝土屋面施工执行本标准第 4.4 节的要求。

7.6.20 金属板材屋面施工应符合下列规定：

1 金属板材屋面应安装平整，固定方法正确，密封完整；排水坡度应符合设计要求。

检验数量：每屋面每 10 m 取 1 个点，不足 10 m 也取 1 个点。

检验方法：观察检查，钢尺量测。

2 金属板材屋面的檐口线、泛水段应顺直，无起伏现象。

检验数量：全数检查。

检验方法：观察检查。

7.6.21 玻璃采光顶施工应符合下列规定：

1 玻璃采光顶铺装应平整、顺直；排水坡度应符合设计要求。

检验数量：每屋面每 10 m 取 1 个点，不足 10 m 也取 1 个点。

检验方法:观察检查,坡度尺检查。

2 玻璃采光顶的冷凝水收集和排除构造应符合设计要求。

检验数量:全数检查。

检验方法:观察检查。

3 明框玻璃采光顶的外露金属框或压条应横平竖直,压条安装应牢固;隐框玻璃采光顶的玻璃分格拼缝应横平竖直,均匀一致。

检验数量:全数检查。

检验方法:观察检查,手扳检查。

4 点支承玻璃采光顶的支承装置应安装牢固、配合严密;支承装置不得与玻璃直接接触。

检验数量:全数检查。

检验方法:观察检查。

5 采光顶玻璃的密封胶缝应横平竖直,深浅一致,宽窄应均匀,应光滑顺直。

检验数量:全数检查。

检验方法:观察检查。

6 明框玻璃采光顶铺装的允许偏差和检验方法应符合表7.6.21-1的规定。

表 7.6.21-1 明框玻璃采光顶铺装的允许偏差和检验方法

检验项目		允许偏差(mm)		检验方法
		铝构件	钢构件	
通长构件水平度(纵向或横向)	构件长度≤30 m	10	15	水准仪检查
	构件长度≤60 m	15	20	
	构件长度≤90 m	20	25	
	构件长度≤150 m	25	30	
	构件长度>150 m	30	35	
单一构件直线度(纵向或横向)	构件长度≤2 m	2	3	拉线和尺量检查
	构件长度>2 m	3	4	

续表 7.6.21-1

检验项目		允许偏差(mm)		检验方法
		铝构件	钢构件	
相邻构件平面高低差		1	2	直尺和塞尺检查
通长构件直线度（纵向或横向）	构件长度≤35 m	5	7	经纬仪检查
	构件长度>35 m	7	9	
分隔框对角线差	对角线长度≤2 m	3	4	钢尺量测
	对角线长度>2 m	3.5	5	

7 隐框玻璃采光顶铺装的允许偏差和检验方法应符合表 7.6.21-2的规定。

表 7.6.21-2 隐框玻璃采光顶铺装的允许偏差和检验方法

检验项目		允许偏差(mm)	检验方法
通长接缝水平度（纵向或横向）	接缝长度≤30 mm	10	水准仪检查
	接缝长度≤60 mm	15	
	接缝长度≤90 mm	20	
	接缝长度≤150 mm	25	
	接缝长度>150 mm	30	
相邻板块的平面高差		1	直尺和塞尺检查
相邻板块的接缝直线度		2.5	拉线和钢尺量测
通长接缝直线度（纵向或横向）	接缝长度≤35 mm	5	经纬仪检查
	接缝长度>35 mm	7	
玻璃间接缝宽度（与设计尺寸）	2		钢尺量测

8 点支承玻璃采光顶铺装的允许偏差和检验方法应符合表 7.6.21-3 的规定。

表 7.6.21-3 点支承玻璃采光顶铺装的允许偏差和检验方法

检验项目		允许偏差(mm)	检验方法
通长接缝水平度（纵向或横向）	接缝长度≤30 mm	10	水准仪检查
	接缝长度≤60 mm	15	
	接缝长度≤90 mm	20	
相邻板块的平面高差		1	直尺和塞尺检查
相邻板块的接缝直线度		2.5	拉线和钢尺量测
通长接缝直线度（纵向或横向）	接缝长度≤35 mm	5	经纬仪检查
	接缝长度>35 mm	7	
玻璃间接缝宽度（与设计尺寸）		2	钢尺量测

7.7 车站站台铺装

Ⅰ 主控项目

7.7.1 站台面板(砖)块所用砂、水泥等原材料的规格、质量应符合设计要求。

检验数量:对每一批购进的相同规格、品种材料执行本标准要求。

检验方法:检查出厂合格证和质量检验报告。

7.7.2 站台面板(砖)块的规格、质量应符合设计要求。

检验数量:对每一批购进的相同规格、品种、颜色、图案的材料检查 5 块。

检验方法:检查试验检测报告,观察检查,钢尺量测。

7.7.3 站台面板(砖)块所用的砂浆强度等级应符合设计要求。

检验数量:每 100 m^3 砌体制作试件 1 组,不足 100 m^3 取 1 组。

检验方法:抗压强度试验。

7.7.4 站台盲道位置、规格应符合设计要求。

检验数量：全数检查。

检验方法：观察检查，钢尺量测。

Ⅱ 一般项目

7.7.5 站台面板（砖）块的细部处理应光滑、平顺，接缝均匀，面砖铺贴牢固、无空鼓。

检验数量：全数检查。

检验方法：观察检查，钢尺量测。

7.7.6 站台面板（砖）块铺贴的允许偏差、检验数量和检验方法应符合表7.7.6的规定。

表7.7.6 站台面块材铺贴的允许偏差、检验数景和检验方法

检验项目	允许偏差（mm）	检验数量	检验方法
高程	+10/0	每100 m查5处	水准测量
平整度	5		2 m靠尺及塞尺量测
接缝直线度	3		通线检查
接缝高低差	1		靠尺及塞尺量测
接缝宽度	±1		塞尺量测

7.8 站台附属设施

Ⅰ 主控项目

7.8.1 站台牌的规格、质量和位置应符合设计要求，并应安装牢固。

检验数量：全数检查。

检验方法：观察检查，钢尺尺量。

7.8.2 安全线位置、规格应符合设计要求。

检验数量：全数检查。

检验方法：观察检查，钢尺尺量。

7.8.3 站台上安全防护设施的材料质量、结构形式、设置位置、安装方法应符合设计要求及行业有关技术标准的规定。

检验数量：全数检查。

检验方法：检查试验检测报告，观察检查，钢尺量测。

7.8.4 座椅、灯箱、广告牌、电子显示屏、金属外包等设置的位置和规格应符合设计要求。

检验数量：全数检查。

检验方法：观察检查，钢尺尺量。

7.8.5 站台两端坡道台阶位置、坡道应符合设计要求。

检验数量：全数检查。

检验方法：测量检查。

7.8.6 站台防护栏数量、规格、高度应符合设计要求。

检验数量：全数检查。

检验方法：观察检查，钢尺量测。

Ⅱ 一般项目

7.8.7 站台附属设施外观质量应符合设计要求，并应符合下列规定：

1 安全线涂刷醒目，顺直。安全线应镶嵌平整、稳固、顺直、间距均匀。

2 站名牌字迹清晰，牌面洁净，油漆色泽鲜明。

检验数量：全数检查。

检验方法：观察检查。

7.8.8 站台牌及安全线的允许偏差、检验数量和检验方法应符合表 7.8.8 的规定。

表 7.8.8 站名牌及安全线的允许偏差、检验数量和检验方法

检验项目		允许偏差(mm)	检验数量	检验方法
安全线偏离规定轴线		30	每 10 m 抽查 1 处	钢尺量测
站牌名	长度、宽度	±20	每个牌各量 1 处	钢尺量测
	离地面高度	+50	每个牌量 1 处	钢尺量测

8 车辆基地

8.1 一般规定

8.1.1 有轨电车车辆基地（含车辆段、停车场）特殊构筑物、工艺设备、车辆基地功能质量的验收应符合本章规定。

8.1.2 车辆基地内房屋建筑、给水排水、道路、绿化、庭院广场、消防、暖通、室外照明、电梯等工程质量验收应符合国家现行有关标准的规定。

8.2 基地构筑物

Ⅰ 主控项目

8.2.1 电缆槽沟槽中心线及端部允许偏差应小于10 mm；底面坡度允许偏差应为设计文件坡度值的±0.1%。

检验数量：全数检查。

检验方法：观察检查，钢尺量测。

8.2.2 预埋件及变形缝等电缆沟防水质量应符合设计要求。

检验数量：全数检查。

检验方法：观察检查。

8.2.3 检查坑开挖方式和支护形式应符合设计要求。

检验数量：全数检查。

检验方法：观察检查。

8.2.4 检查坑基底土质应符合设计要求。

检验数量：全数检查。

检验方法:观察检查。

8.2.5 检查坑的模板、钢筋、混凝土验收应符合本标准第 4 章的规定。

8.2.6 检修平台土方挖后的基底标高应符合设计要求。

检验数量:全数检查。

检验方法:钢尺量测。

8.2.7 检修平台基底的长度、宽度尺寸应符合设计要求。

检验数量:全数检查。

检验方法:经纬仪测量、拉线、钢尺量测并检查施工测量记录。

8.2.8 检修平台基底土的均匀性、承载力及变形性能应符合设计要求。

检验数量:全数检查。

检验方法:观察检查,基底承载力试验。

8.2.9 检修平台边坡坡度应符合设计或施工方案要求。

检验数量:全数检查。

检验方法:坡度尺检查。

8.2.10 检修平台的钢筋、模板、混凝土验收应符合本标准第 4 章的规定。

8.2.11 检修平台边缘距线路中心线的距离应符合设计要求,允许偏差应为 0 mm～15 mm,并不应侵入限界。

检验数量:每 20 m 抽查 1 处。

检验方法:水准仪测量。

8.2.12 卸车平台的基底地质条件应符合设计要求。

检验数量:全数检查。

检验方法:观察检查。

8.2.13 卸车平台边缘距线路中心线的距离和顶面高程应符合设计要求,允许偏差应分别为 0 mm～+15 mm 和±10 mm,且不应侵入限界。

检验数量:每 20 m 抽查 1 处。

检验方法:钢尺量测,水准仪测量。

8.2.14　卸车平台混凝土站台面伸缩缝的设置位置、塞缝质量、缝宽应符合设计要求。

检验数量:全数检查。

检验方法:观察检查,钢尺量测。

8.2.15　卸车平台的伸缩缝的填缝材料应符合设计要求,填缝应密实饱满。

检验数量:全数检查。

检验方法:观察检查,检查质量证明文件。

8.2.16　车顶防护网所用原材料、杆件的规格、质量应符合设计要求。

检验数量:全数检查。

检验方法:观察检查,钢尺量测,检查质量证明文件。

8.2.17　车顶防护网安装应牢固、稳定,花式图案应符合设计要求。

检验数量:全数检查。

检验方法:观察检查。

8.2.18　车顶防护网限界应符合设计要求。

检验数量:全数检查。

检验方法:测量仪器检查。

8.2.19　悬挂标志安装应符合下列规定:

1　埋件和结构骨架的材质、规格、数量、安装做法及防锈处理应符合设计要求。

2　安装应牢固可靠,可调式挂件应有锁止装置。

检验数量:全数检查。

检验方法:观察检查,钢尺量测,手扳,检查拉拔试验记录及施工记录,检查产品合格证、进场验收记录、性能检测报告和复试报告。

8.2.20　附着标志安装应符合下列规定:

1　嵌入墙面或地面的内部照明标志安装,导线应连接正确、可靠,基层应采取防火隔离措施。

2　粘贴方式安装的标志应紧密、平整,应无破损、褶皱、起泡等缺陷。

3 标志安装应牢固。

检验数量:全数检查。

检验方法:观察检查,钢尺量测,检查产品质量证明文件。

8.2.21 落地式标志安装应符合下列规定:

1 埋件和结构骨架的材质、规格、数量、安装做法及防锈处理应符合设计要求。

2 安装应牢固可靠。

检验数量:全数检查。

检验方法:观察检查,钢尺量测,手扳,检查施工试验记录及施工记录。

Ⅱ 一般项目

8.2.22 电缆沟土方开挖的允许偏差、检验数量及检验方法应符合表 8.2.22 的规定。

表 8.2.22 电缆沟土方开挖的允许偏差、检验数量及检验方法

检验项目	允许偏差(mm)	检验数量	检验方法
表面标高	−50～0	全数检查	用水准仪检查
长度、宽度	±30		经纬仪测量、钢尺量测
边坡坡底	大于设计规定值		坡度尺检查

8.2.23 电缆沟混凝土的允许偏差应符合表 8.2.23 的规定。

表 8.2.23 电缆沟混凝土的允许偏差

检验项目	允许偏差(mm)
基础中心线(纵横)与厂房轴线位移	20
基础标高	−20～0
基础外形尺寸	±20
沟道中心线的位移	20

续表8.2.23

检验项目		允许偏差(mm)
沟道顶面的标高		−10～0
沟道底面坡度(按设计文件坡度计)		10%
沟道壁厚		±5
预留孔洞、预埋件	中心线位移	10
	倾斜度	2%
电缆排管混凝土	中心位置	50
	位置	20
直埋螺栓的偏差	标高(顶部)	0～+20
	中心位置	2
盖板的偏差	长度(企口)/(直铺)	−5～+10
	宽度	±5
	厚度	0～+5

检验数量:全数检查。

检验方法:测量检查,钢尺量测。

8.2.24 电缆沟回填土的压实度标准应符合设计要求,并应符合表 8.2.24的规定。

表 8.2.24 电缆沟回填土的压实度标准

回填部位	压实度(%)
沟底填土	≥95
侧壁填土	≥92
沟顶板上 50 cm 以内	≥90
沟顶板 50 cm 以上	≥95

检验数量:每 50 m 每层填土检查 1 处。

检验方法:压实度实验。

8.2.25 检查坑基坑位置和尺寸的允许偏差、检验数量及检验方法应符合表 8.2.25 的规定。

表 8.2.25 检查坑基坑位置和尺寸的允许偏差、检验数量及检验方法

检验项目	允许偏差(mm)	检验数量	检验方法
基坑边至设计文件规定的中线距离	−10～20	每边至少 2 点	钢尺量测
基底高程	±20	至少 3 点	水准测量
基坑长	−20～50	坑底、坑顶各 1 点	钢尺量测

8.2.26 排水暗沟(管)位置和规格应符合设计要求,暗沟(管)的接头应严密,排水应顺畅。

检验数量:全数检查。

检验方法:观察检查。

8.2.27 检查坑外形尺寸的允许偏差、检验数量及检验方法应符合表 8.2.27 的规定。

表 8.2.27 检查坑外形尺寸的允许偏差、检验数量及检验方法

检验项目	允许偏差(mm)	检验数量	检验方法
中线位置	10	不少于 4 处	测量检查,钢尺量测
坑壁、坑底平整度	8	不少于 3 处	
坑顶高程	±5	不少于 5 点	
坑深	±20	不少于 4 点	
预留孔洞(井)位置	±15	每孔	
预留孔洞(井)尺寸	0～+10	每孔	
预埋件中心位置	5	每件	

8.2.28 检修平台基底表面平整度应符合设计要求。

检验数量:全数检查。

检验方法:用 2 m 靠尺和坡度尺检查。

8.2.29 检修平台外形尺寸的允许偏差、检验数量及检验方法应符合表 8.2.29 的规定。

表 8.2.29 检修平台外形尺寸的允许偏差、检验数量及检验方法

检验项目		允许偏差(mm)	检验数量	检验方法
轴线位置	独立基础	10	全数检查	钢尺量测
	梁、柱	8		
标高	层高	±5		水准仪测量或拉线、钢尺量测
	全高	±10		
表面平整度		8		2 m 靠尺和塞尺检查
截面尺寸		−5～8		钢尺量测
预埋件中心位置	预埋件	10		钢尺量测
	预埋管	5		
平台板外沿至线路中线距离		0～15		钢尺量测和水准仪测量

8.2.30 卸车平台面应表面平整、色泽均匀，且应排水通畅、无积水。

检验数量：全数检查。

检验方法：观察检查。

8.2.31 卸车平台结构尺寸的允许偏差、检验数量及检验方法应符合表 8.2.31 的规定。

表 8.2.31 卸车平台结构尺寸的允许偏差、检验数量及检验方法

检验项目	允许偏差	检验数量	检验方法
厚度	±20 mm	每 100 m 查 1 处	挖验或钻心取样检测
坡度	0.15%	每 100 m 查 5 处	坡度尺
平整度	7 mm		2 m 靠尺

8.2.32 车顶防护网安装位置和结构尺寸的允许偏差、检验数量及检验方法应符合表 8.2.32 的规定。

表 8.2.32 车顶防护网安装位置和结构尺寸的允许偏差、检验数量及检验方法

检验项目	允许偏差(mm)	检验数量	检验方法
轴线位置	10	每 20 m 测 1 处	钢尺量测
顶面高层	±10	每 20 m 测 1 处	水准测量
立柱间距	±5	每 20 m 测 1 处	钢尺量测

8.2.33 悬挂标志安装应符合下列规定：

1 标志应平整、方正，表面应洁净，应无污渍、划痕、破损现象。

2 穿过吊顶的标志与吊顶的交接线应顺直、清晰、美观。

3 悬挂标志的安装允许偏差、检验数量及检验方法应符合表8.2.33的规定。

表8.2.33 悬挂标志的安装允许偏差、检验数量及检验方法

检验项目	允许偏差(mm)	检验数量	检验方法
平整度	±2	全数检查	水平尺检查
垂直度	±2	全数检查	靠尺检查
定位偏差	±5	全数检查	经纬仪检查
高度偏差	0～+5	全数检查	水准仪检查

8.2.34 附着式标志安装应符合下列规定：

1 标志应平整、方正，表面应洁净，应无污渍、划痕、破损现象；接缝应严密、吻合。

2 边口处应整齐、光滑，做法及尺寸应符合设计要求。

3 附着标志的安装允许偏差、检验数量及检验方法应符合表8.2.34的规定。

表8.2.34 附着标志的安装允许偏差、检验数量及检验方法

检验项目	允许偏差(mm)	检验数量	检验方法
平整度	2	全数检查	水平尺检查
垂直度	2	全数检查	靠尺检查
定位偏差	±5	全数检查	钢尺检查
墙面嵌入高低差	±3	全数检查	钢直尺和楔形塞尺检查
地面嵌入高低差	±2	全数检查	钢直尺和楔形塞尺检查

8.2.35 落地标志安装应符合下列规定：

1 标志安装应平整。

2　落地标志的安装允许偏差、检验数量及检验方法应符合表8.2.35的规定。

表8.2.35　落地标志的安装允许偏差、检验数量及检验方法

检验项目	允许偏差(mm)	检验数量	检验方法
平整度	±2	全数检查	水平尺检查
垂直度	±2	全数检查	靠尺检查
定位偏差	±5	全数检查	钢尺检查

8.3　工艺设备安装工程

Ⅰ　主控项目

8.3.1　不落轮镟床应符合下列规定：

1　不落轮镟床空载待机运转状态下，测试各运动部件应功能正常，动作到位，并应符合设计要求。

检验数量：全数检查。

检验方法：试运转检查。

2　在正常的装夹状态下，不落轮镟床应装夹平稳、可靠，装夹定位功能和精度应符合设计要求。

检验数量：全数检查。

检验方法：试运转检查。

3　不落轮镟床起始状态不应入侵车辆限界。

检验数量：全数检查。

检验方法：钢尺量测。

4　不落轮镟床电气保护等级不应低于设计要求，设备电机绝缘等级不应低于设计要求。

检验数量：全数检查。

检验方法：查阅资料。

5　不落轮镟床在试运转时，应按技术文件要求逐项复核，检验其性能指标并不应发生异样现象。

检验数量:全数检查。

检验方法:操作检验。

6 不落轮镟床应进行断排屑装置检验,断排屑应顺畅、无异声。

检验数量:全数检查。

检验方法:操作检验。

7 不落轮镟床安装应交付包括图纸、技术规格书、操作手册、维护维修手册、配件列表、外购件说明等资料。

检验数量:全数检查。

检验方法:表单记录。

8 不落轮镟床设备加工精度应满足设计要求,并按此要求进行逐项复核检查。

检验数量:全数检查。

检验方法:对试切轮对进行试切检查。

9 不落轮镟床防杂散电流措施应符合设计要求。

检查数量:全数检查。

检验方法:观察检查。

10 不落轮镟床设备应满足蓄电池公铁两用车的互锁功能。

检验数量:全数检查。

检验方法:互锁操作检查。

8.3.2 地下固定式架车机应符合下列规定:

1 地下固定式架车机安装应检查转向架起升架的同步性,其高度允许偏差应为±4 mm;若车体支承架具有举升功能,其同步允许误差应为±4 mm。

检验数量:全数检查。

检验方法:钢尺量测。

2 地下固定式架车机设备不允许有裂缝、未焊透、凸瘤、未填满或弧坑、焊脚不均匀、疏松、灰渣等缺陷,焊缝表面应光洁美观。

检验数量:全数检查。

检验方法:观察检查,探伤检查。

3 地下固定式架车机的转向架起升架和车体支承架安全区功能应符合设计要求,转向架起升架和车体支撑架在下降到安全区时应能够自动停止运行,每个转向架起升架和车体支承架的安全区距离的允许误差范围应为±10 mm。

检验数量:全数检查。

检验方法:钢尺量测。

4 地下固定式架车机作业时,按下设备上的急停按钮,设备应立即停止作业并经程序复位后,才能重新运行。

检验数量:全数检查。

检验方法:操作检查。

5 地下固定式架车机安全监护控制器功能应正常可靠。

检查数量:全数检查。

检验方法:操作检查。

8.3.3 列车清洗机应符合下列规定:

1 列车清洗机设备安装应进行限界检查,在洗车机关闭的情况下,列车与洗车机不应发生触碰。洗车机的洗刷部件在不工作时应有位置锁定和监控。

检验数量:全数检查。

检验方法:实际操作,观察检查。

2 列车清洗机应在手动模式下清洗列车,测试每个工位的功能与清洗效果,应符合下列规定:

1)各传感器功能应正常,感应时间应在额定值内。

2)各电机传动部分转速应正常,应无异响。

3)各动作阀反应应敏捷,反应时间应在额定值内。

4)各毛刷应摆动到位,响应时间应正常;各水管喷水应正常,应无堵塞,且喷水范围效果应符合技术文件要求。

5）端部清洗作业应有效可靠，端刷工作不应造成列车雨刮器的损坏。

6）列车清洗机过冷保护应安全可靠。

7）应按设计要求检查防杂散电流措施。

检验数量：全数检查。

检验方法：实际操作，观察检查。

3 列车清洗机电气保护等级不应低于设计要求，设备电机绝缘等级不应低于设计要求。

检验数量：全数检查。

检验方法：查阅资料。

4 列车清洗机安装工程应交付包括图纸、技术规格书、操作手册、维护维修手册、配件列表、外购件说明等资料。

检验数量：全数检查。

检验方法：表单记录。

8.3.4 自动化立体仓库应符合下列规定：

1 自动化立体仓库应进行信息系统功能、效率、设备抗电磁干扰及光干扰性、噪声、各类人机命令及接口、数据处理系统上位计算机的通信功能、模拟故障、自诊断测试，并应符合设计要求。

2 自动化立体仓储设备应进行 24 h 连续运转试验，并应符合设计要求。

检验数量：全数检查。

检验方法：实际操作，观察检查。

8.3.5 移车台应符合下列规定：

1 移车台的两个司机室除紧急停车情况下，电气互锁功能应与设计文件要求一致。

2 移车台走行与渡桥电动缸位置连锁保护功能应符合设计要求。

3 移车台快进、慢进及点动功能应符合设计要求，在起动、停止时应保证平稳、无抖动或两端不同步现象。

4 移车台自动对位功能应符合设计要求;移车台移动到目的轨道对位完成后,自动制动及锁死功能应符合设计要求。

5 移车台走行极限位置保护功能应符合设计要求。

6 移车台短路保护功能应符合设计要求。

7 移车台大梁端部及中部紧急停车按钮和两个司机室内紧急停车按钮功能应正常。

8 室内移车台各外部指示灯、蜂鸣器工作应正常。

9 室内移车台重载检验应符合下列规定:

1)起动停车应平稳、无异声。

2)轨道对位偏差应在±2 mm 范围内。

3)单道作业效率不应小于 15 min/辆。

检验数量:全数检查。

检验方法:实际操作,操作检验,钢尺量测。

8.3.6 车顶检修平台安全门连锁系统、安全带悬挂装置应进行安装检查。

检验数量:全数检查。

检验方法:操作检验。

Ⅱ 一般项目

8.3.7 不落轮镟床应符合下列规定:

1 不落轮镟床设备表面油漆应均匀光亮,各联接部位应紧固可靠。水平度允许偏差不应大于 0.04 mm/m,水平方向与轨道中心线允许偏差不应大于 1 mm。

检验数量:全数检查。

检验方法:观察检查,测量检查。

2 机床轨道系统与不落轮线连接轨道的接缝允许偏差不应大于 3 mm。

检验数量:全数检查。

检验方法:钢尺量测。

3　机床轨道系统安装的水平度允许偏差应为±0.02 mm/m，直线度允许偏差应为±0.5 mm/m，导向轨道、固定轨、滑动轨内侧面应重合。

检验数量：全数检查。

检验方法：观察检查，测量仪器检查。

4　不落轮镟床测量标准轮对与实际轮对，人机界面应显示测量结果；测量装置的测量精度应符合设计要求；不落轮镟床的重复测量精度应符合设计要求。

检验数量：全数检查。

检验方法：测量检查。

8.3.8　地下固定式架车机应符合下列规定：

1　地下固定式架车机设备在最低位时，架车机每个轨桥与地面轨道的接头间隙应符合下列规定：

1）纵向间隙应小于或等于 5 mm。

2）接头高低差应小于或等于 1 mm。

3）接头侧向错位应小于或等于 2 mm。

检验数量：全数检查。

检验方法：钢尺量测。

2　地下固定式架车机架填平板完全升起后，每个补平与地面轨道的接头间隙应符合本条第 1 款的规定。

3　地下固定式架车机在转向架起升架完全升起后，每根立柱相对地面的垂直度允许偏差应为±5 mm。

检验数量：全数检查。

检验方法：钢尺量测。

4　地下固定式架车机车体支撑柱撑起列车后，每根立柱相对地面的垂直度偏差不应超出±5 mm。

检验数量：全数检查。

检验方法：钢尺量测。

5　在传动螺母与保护螺母间隙中塞入 2.0 mm 的塞片，保护微动开关应触发，并能停止架车运行。

检验数量：全数检查。

检验方法：观察检查。

6 地下固定式架车机设备正常运行时的噪声应小于或等于80 dB(A)。

检验数量：全数检查。

检验方法：噪声测量仪测量。

7 地下固定式架车机各电机绝缘电阻应大于或等于0.5 MΩ。

检验数量：全数检查。

检验方法：500 V 摇表测量。

8 地下固定式架车机转向架起升架和车体支承架（有举升功能）上升/下降时，电机电流不应超过额定电流的5%。

检验数量：全数检查。

检验方法：钳式电流表测量。

9 地下固定式架车机用秒表计时，测量1 min内转向架起升架上升/下降的距离，计算转向架起升架上升/下降速度的允许偏差不应超过±10 mm/min。

检验数量：全数检查。

检验方法：秒表量测。

10 地下固定式架车机起始状态下各部件尺寸不应侵入车辆限界。

检验数量：全数检查。

检验方法：钢尺量测。

11 地下固定式架车机联动抬升功能检验，分别进行一、二、三节编组至所有编组作业，各连续抬升5次，检验转向架举升机、车体支承装置顶升速度，抬升到位时各装置相对偏差应符合设计要求。

检验数量：全数检查。

检验方法:操作检验。

12 地下固定式架车机连锁保护功能检验应符合设计要求。

检验数量:全数检查。

检验方法:操作检验。

8.3.9 列车清洗机应符合下列规定:

1 列车清洗机指示牌、信号灯安装位置应符合设计要求。

检验数量:全数检查。

检验方法:观察检查。

2 列车清洗机的水路系统应安装牢固、路径清晰;各弯管接头应无漏水。各出水口和各喷淋工位的水压值应符合设计要求。

检验数量:全数检查。

检验方法:实际操作,观察检查。

3 列车清洗机的气路系统应安装牢固;气管应状态良好,干燥除尘装置应运转良好,无漏气现象。各出气口的压力值应符合设计要求。

检验数量:全数检查。

检验方法:实际操作,观察检查。

4 列车清洗机上的每个急停按钮应灵敏可靠。

检验数量:全数检查。

检验方法:实际操作,观察检查。

5 清洗剂的 pH 值应符合设计要求,不应对设备造成腐蚀,实际洗车效果应符合设计要求。

检验数量:全数检查。

检验方法:pH 值测量,观察检查。

8.3.10 不落轮镟床和地下固定式架车机、洗车机所配的电器柜,应进行防小动物入侵检查。

检验数量:全数检查。

检验方法:观察检查。

8.3.11 清洗每列车的清洁自来水用量、总用水量和循环水的利用率应符合设计要求。

检验数量:全数检查。

检验方法:查验水表。

8.3.12 堆垛机应符合下列规定:

1 堆垛机载货尺寸、货箱尺寸应符合设计要求。

检验数量:全数检查。

检验方法:钢尺量测。

2 堆垛机货叉行程应符合设计要求。

检验数量:全数检查。

检验方法:实际操作,钢尺量测。

3 堆垛机应进行走行、升降、伸叉定位精度检验,相应部件运行 3 次至同一停止位置,允许偏差应为±3 mm。

检验数量:全数检查。

检验方法:实际操作,钢尺量测。

4 堆垛机运行时,用分贝计测量噪声值应小于 75 dB。

检验数量:全数检查。

检验方法:噪声测量仪测量。

8.3.13 输送机应进行定位精度检验,运行额定重物 3 次至同一停止位置,偏差应为±5 mm。

检验数量:全数检查。

检验方法:实际操作,钢尺量测。

8.3.14 单元货物尺寸、载荷重量应与技术文件要求一致。

检验数量:全数检查。

检验方法:实际操作,观察检查。

8.3.15 立柱料厚、安装垂直度、总高误差、宽度误差、孔距累积误差应符合技术文件要求。

检验数量:全数检查。

检验方法:钢尺量测。

8.3.16 托盘横梁料厚应与技术文件要求一致。

检验数量:全数检查。

检验方法:钢尺量测。

8.3.17 横梁挠度、安装水平误差应符合技术文件要求。

检验数量:全数检查。

检验方法:钢尺量测。

8.3.18 移车台与库内轨道应符合下列规定:

1 渡桥端与库内轨道之间的距离的纵向轨缝应小于或等于 10 mm。

2 接头处轨顶面高低差的允许偏差应为±2 mm。

3 侧向错位的允许偏差应为±2 mm。

检验数量:全数检查。

检验方法:钢尺量测。

8.3.19 移车台车辆走行轨精度应符合下列规定:

1 左右股钢轨高低差的允许偏差应为±2 mm。

2 轨距偏差的允许偏差应为±3 mm。

检验数量:全数检查。

检验方法:钢尺量测。

8.3.20 设备主体安装质量应符合下列规定:

1 移车台主体结构对角线差应小于或等于 10 mm。

2 移车台主体结构的旁弯度应小于或等于 10 mm。

3 移车台走行轮的水平偏斜 $\tan\phi$ 应小于或等于 0.001。

检验数量:全数检查。

检验方法:测量仪器检查,钢尺量测。

9 轨道工程

9.1 一般规定

9.1.1 线下工程施工完成后,建设单位负责轨道铺设条件的评估工作,并组织勘察设计、施工、监理和咨询等单位实施。评估过程中各方应明确职责,密切配合,确保观测数据及评估结果的真实、可靠。线下工程沉降变形符合要求后方可进行轨道工程施工。

9.1.2 铺轨控制基桩测设前,应对线路测量控制点进行复核;铺轨施工测量前,应对铺轨综合设计图和线路设计资料等进行全面的复核。

9.1.3 与轨道工程相关的接口工程施工质量应符合设计及相关标准的要求,相关单位应做好接口衔接配合工作。

9.2 线路基标

Ⅰ 主控项目

9.2.1 基标的形式、设置位置及数量应符合设计文件要求。

检验数量:全数检查。

检验方法:观察检查。

9.2.2 铺轨控制基标及加密基标的测设精度应符合现行国家标准《城市轨道交通工程测量规范》GB/T 50308 的规定。

检验数量:全数检查。

检验方法:仪器测量。

9.2.3 基标标志应设置牢固。

检验数量:全数检查。

检验方法:观察检查。

Ⅱ 一般项目

9.2.4 基标标示应设置齐全、清晰完整。

检验数量:全数检查。

检验方法:观察检查。

9.3 无砟道床

Ⅰ 主控项目

9.3.1 钢轨、轨枕、扣件及其连接配件进场时,应对其类型、规格、外观进行验收,其质量应符合设计要求。

检验数量:全数检查。

检验方法:查验产品合格证、质量证明文件,观察检查。

9.3.2 轨枕预埋套管抗拔力应符合设计要求。

检验数量:每 1 km 抽检 3 个轨枕。

检验方法:抗拔力试验。

9.3.3 轨道采用的钢轨、轨枕、扣件铺设的类型、位置及数量应符合设计要求。

检验数量:全数检查。

检验方法:观察检查。

9.3.4 轨道上个别插入的短轨,正线轨道不应小于 6 m,配线不应小于 4.5 m。道岔间插入的短轨应符合设计要求。

检验数量:全数检查。

检验方法:观察检查,钢尺量测。

9.3.5 在信号机处的两钢轨绝缘接头应为相对式,绝缘轨缝宜设于两轨枕之间,距轨枕边缘不应小于 100 mm,轨缝宽度应符合设计要求。

检验数量:全数检查。

检验方法：观察检查，钢尺量测。

9.3.6 钢筋进场时，力学性能和重量偏差检验应符合本标准第4.3节的规定。

检验数量：按进场的批次和产品的抽样检验方案确定。

检验方法：检查产品合格证、出厂检验报告和进场复验报告。

9.3.7 钢筋品种、级别、规格和数量应符合设计要求。

检验数量：全数检查。

检验方法：观察检查。

9.3.8 道床混凝土浇筑前轨排铺设允许偏差应符合表9.3.8-1的规定。

表9.3.8-1 无砟道床混凝土浇筑前轨排铺设允许偏差

检查项目	允许偏差
轨距	－1 mm～＋2 mm，变化率不应大于1‰
水平	2 mm
轨向	直线不应大于2 mm/10 m弦
高低	直线不应大于2 mm/10 m弦
中线	5 mm
高程	±5 mm
轨底坡	1/35～1/45

注：表中“轨向”为曲线时，应符合表9.3.8-2的规定。

表9.3.8-2 轨道曲线正矢调整允许偏差

<table>
<tr><th>曲线半径(m)</th><th>缓和曲线正矢与计算正矢差(mm)</th><th>圆曲线正矢连续差(mm)</th><th>圆曲线正矢最大与最小值差(mm)</th><th>采用弦长(m)</th></tr>
<tr><td>$R<100$</td><td>3</td><td>4</td><td>5</td><td>5</td></tr>
<tr><td>$100\leqslant R\leqslant 250$</td><td>3</td><td>4</td><td>5</td><td>10</td></tr>
<tr><td>$250<R\leqslant 350$</td><td>3</td><td>5</td><td>7</td><td rowspan="4">20</td></tr>
<tr><td>$350<R\leqslant 450$</td><td>2</td><td>4</td><td>5</td></tr>
<tr><td>$450<R\leqslant 650$</td><td>2</td><td>3</td><td>4</td></tr>
<tr><td>$R>650$</td><td>1</td><td>2</td><td>3</td></tr>
</table>

检验数量：每施工段检查 10 个测点，曲线正矢全数检查。

检验方法：万能道尺、钢尺量测。

9.3.9 道床混凝土的强度应符合设计要求。

检验数量：一次浇筑段不超过 100 m 或 100 m^3 时，取样不应少于 1 次。

检验方法：检查产品质量证明文件和试验报告。

9.3.10 混凝土应采用预拌混凝土，混凝土工程的施工质量验收应符合本标准第 4.4 节的规定。

Ⅱ 一般项目

9.3.11 轨枕间距允许偏差应为±10 mm。

检验数量：每施工段检查 10 个测点。

检验方法：钢尺量测。

9.3.12 扣件螺栓、垫板同轨枕连接螺栓的扭矩应符合设计要求。

检验数量：全数检查。

检验方法：测力扳手检测。

9.3.13 钢筋的加工、安装、连接应符合本标准第 4.3 节的规定。

9.3.14 道床钢筋安装时，钢筋网的焊接、端子引出应符合设计文件的要求。

检验数量：全数检查。

检验方法：观察检查，钢尺量测。

9.3.15 道床变形缝宜设于两轨枕中间，距轨枕边缘不应小于 100 mm。

检验数量：每施工段抽检 10 处。

检验方法：钢尺量测。

9.3.16 道床外形尺寸允许偏差应符合表 9.3.16 的规定。

表 9.3.16 道床外形尺寸允许偏差

项目		允许偏差(mm)
地下线	水沟位置	±20
	水沟宽度	±10
非地下线	宽度	±10
	长度(沿线路方向)	±10
道床顶面与承轨台面相对高差		±5
平整度		3/1 000

检验数量:每施工段抽检10处。

检验方法:钢尺、1 m靠尺量测。

9.4 有砟道床

Ⅰ 主控项目

9.4.1 底砟进场时,应对其品种、外观等进行验收,其质量应符合现行行业标准《铁路碎石道床底砟》TB/T 2897的规定。

检验数量:全数检查。

检验方法:检查生产及出厂检验报告和产品合格证。

9.4.2 道砟进场时,应对其材质、品种、级别、外观等进行验收,其质量应符合现行行业标准《铁路碎石道砟》TB/T 2140的规定。

检验数量:全数检查。

检验方法:检查生产检验报告和产品合格证。

9.4.3 道砟进场时应对其粒径级配、颗粒形状及清洁度进行检验,其质量应符合现行行业标准《铁路碎石道砟》TB/T 2140的规定。

检验数量:同一产地、级别且连续进场的道砟,每2 000 m^3 为一批,不足2 000 m^3 时为一批,每批抽检1次。

检验方法:每批等距间隔4处取样,每次35 kg拌和均匀,分别进行粒径级配、针状指数、片状指数和杂质含量试验。

9.4.4 钢轨、轨枕轨道部件进场检验应符合本标准第9.3.1条的规定。

9.4.5 扣件锚固螺栓锚固时,抗拔力不应小于60 kN。

检验数量:每1 km抽检3个锚固螺栓。

检验方法:进行抗拔试验。

Ⅱ 一般项目

9.4.6 底砟厚度允许偏差为±50 mm,半宽允许偏差为0 mm~50 mm。

检验数量:每500 m抽检1处。

检验方法:钢尺量测。

9.4.7 正线道床压实密度不应小于1.7 g/cm^3。

检验数量:每5 km抽检5处,每处测1个点位。

检验方法:试验检测或压道测量记录。

9.4.8 道床整理砟肩宽度允许偏差应为0 mm~+50 mm,厚度允许偏差为±50 mm。

检验数量:正线每2 km抽检10个点,站线每股道抽检5个点。

检验方法:钢尺量测。

9.4.9 铺轨时,扣件安装应符合设计要求。

检验数量:正线每2 km抽检2个轨排,各检查5个扣件;站线每股道抽检10个扣件。

检验方法:观察检查,扭力扳手检测。

9.4.10 整道后的线路、道岔应道床饱满、捣固密实。

检验数量:全数检查。

检验方法:观察检查。

9.5 无砟道岔铺设

Ⅰ 主控项目

9.5.1 道岔应在工厂内试组装并验收。出厂时，制造厂应对产品零部件依据相关条件进行检验，并提供产品合格证、铺设图和发货明细表。

检验数量：施工单位、监理单位全数检查。

检验方法：查验产品合格证、质量证明文件，观察检查。

9.5.2 道岔及岔枕的类型、规格和质量应符合设计要求。

检验数量：全数检查。

检验方法：查验产品合格证和质量证明文件，观察检查。

9.5.3 岔枕预埋螺旋套管抗拔力应符合设计要求。

检验数量：每组道岔抽检 3 个岔枕。

检验方法：进行抗拔力试验。

9.5.4 查照间隔（辙叉心作用面至护轨头部外侧的距离）和护背距离（翼轨作用面护轨头部外侧的距离）应符合道岔设计和产品标准要求，测量位置应符合设计要求。

检验数量：全数检查。

检验方法：钢尺量测。

9.5.5 导曲线不应有反超高。

检验数量：全数检查。

检验方法：万能道尺量测。

9.5.6 钢筋进场检验、规格、型号应符合本标准第 4.3 节的规定。

9.5.7 无缝道岔道床混凝土浇筑前道岔铺设允许偏差应符合表 9.5.7的规定。

表 9.5.7 无缝道岔道床混凝土浇筑前道岔铺设允许偏差

检验项目	允许偏差
水平	2 mm
高低	2 mm/10 m 弦
方向	2 mm/10 m 弦
道岔转辙器部分轨距	−1 mm～＋2 mm
尖轨底面与尖轨槽（或滑床台）之间最大间隙（直、曲）	1 mm
尖轨尖端至第一牵引点前与基本轨密贴	缝隙≤0.5 mm
尖轨其余部分与基本轨密贴	缝隙≤1 mm
尖轨座外延轨跟端支距（直、曲）	±2 mm
尖轨和顶铁之间间隙（直、曲）	≤1 mm
转辙机部位最小轮缘槽宽度	满足设计要求
导曲线支距	±2 mm
辙叉趾、跟端开口支距	±2 mm
辙叉咽喉宽度	±1 mm
护轨平直段轮缘槽宽	±1 mm
辙叉部分轨距	满足设计要求
尖轨动程	±3
道岔头、尾接头相错量	≤10
岔枕间距、偏斜	±10
尖轨尖端相错量	≤10
道岔全长	±10 mm

检验数量：全数检查。

检验方法：万能道尺、钢尺量测。

9.5.8 有缝道岔铺设允许偏差应符合表 9.5.8 的规定。

表 9.5.8　有缝道岔铺设允许偏差

检验项目		允许偏差(mm)	
方向	直线(10 m 弦量)	3	
	导曲线支距	±2	
高低(10 m 弦量)		3	
水平(10 m 弦量)		3	
轨距	尖轨尖端	±1	
	其他部位	−2～+3	
顶铁与尖轨轨腰的间隙		≤1	
滑床板与尖轨间隙		缝隙小于 1 mm 且大于或等于 1 mm 缝隙不应连续出现	≤2(每侧允许 1 处大于 2 mm)
尖轨非工作边最小轮缘槽(mm)		≥0	
尖轨跟端非工作边与基本轨工作边开口距离(mm)		+2，−2	
护轨轮缘槽宽度		平直段−0.5～+1；其余±2	−1～+2
接头	错牙、错台	≤1	≤2
	头尾接头相错量	≤10	≤15
	轨缝实测平均值与设计文件规定值差	±2	
岔枕间距、偏斜		±10	
尖轨尖端相错量		≤10	

检验数量：全数检查。

检验方法：万能道尺、钢尺量测。

9.5.9　道床混凝土的强度、混凝土工程施工质量验收应符合本标准第 4.4 节的规定。

Ⅱ　一般项目

9.5.10　扣件螺栓、接头螺栓、铁垫板螺栓的扭矩应符合设计要求，并应涂油。

检验数量：每组道岔抽检扣件、接头、铁垫板螺栓各 5 个，涂油全数检查。

检验方法：扭力扳手检测，观察检查。

9.5.11 钢筋的加工、安装、连接、安装位置应符合本标准第 4.3节的规定。

9.6 有砟道岔铺设

Ⅰ 主控项目

9.6.1 道岔及岔枕的类型、规格和质量应符合设计要求。

检验数量：全数检查。

检验方法：查验产品合格证和质量证明文件，观察检查。

9.6.2 预埋螺旋套管抗拔力应符合设计要求。

检验数量：每组道岔抽检 3 个螺旋套管。

检验方法：进行抗拔力试验。

9.6.3 道岔组装质量应符合本标准第 9.5.3 条～第 9.5.5 条的规定。

9.6.4 道砟的材质、品种、级别、外观、级配、颗粒形状及清洁度应符合本标准第 9.4.1 条～第 9.4.3 条的规定。

9.6.5 整道后的道岔应道床饱满、捣固密实。

检验数量：全数检查。

检验方法：观察检查。

Ⅱ 一般项目

9.6.6 有缝道岔铺设允许偏差应符合本标准第 9.5.8 条的规定。

9.6.7 道床整理砟肩宽度允许偏差应为 0 mm～50 mm，厚度允许偏差为±50 mm。

检验数量：每组道岔测 5 个点。

检验方法：钢尺量测。

9.7 钢轨伸缩调节器铺设

Ⅰ 主控项目

9.7.1 钢轨伸缩调节器种类、型号及技术条件应符合设计要求。

检验数量：全数检查。

检验方法：查验产品合格证和质量证明文件，观察检查。

9.7.2 钢轨伸缩调节器铺设位置及方向应符合设计要求。

检验数量：全数检查。

检验方法：钢尺量测。

9.7.3 钢轨伸缩调节器铺设形位偏差应符合下列规定：

1 尖轨刨切范围应与基本轨密贴，缝隙应满足设计和产品标准要求。

2 基本轨、尖轨的密贴边应圆顺、无硬弯。

3 直线度应符合表9.7.3的规定。

表9.7.3 基本轨、尖轨直线度要求

检验项目	直线度
基本轨工作边	0.3 mm/1 m
基本轨直线段轨顶面	0.3 mm/1 m
尖轨工作边	0.3 mm/1 m、1.5 mm/10 m
尖轨非降低值轨顶面	0.3 mm/1 m

检验数量：全数检查。

检验方法：万能道尺、钢尺量测。

9.7.4 钢轨伸缩调节器铺设调整后，应达到基本轨伸缩无障碍，尖轨锁定不应爬行。

检验数量：全数检查。

检验方法：观察检查。

9.7.5 钢轨伸缩调节器区段的无砟道床施工应符合本标准

第9.3节的规定。

9.7.6 钢轨伸缩调节器轨道整理后应符合设计及产品组装技术要求的规定。

检验数量：每组全数检查。

检验方法：观察检查，钢尺量测。

Ⅱ 一般项目

9.7.7 钢轨伸缩调节器铺设应符合下列规定：

1 垫板、轨撑及螺栓安装齐全，螺栓的扭矩应符合设计要求。

2 伸缩调节器两端、尖轨尖端、尖轨轨头刨切起点处，轨距允许偏差应为±1 mm。

检验数量：全数检查。

检验方法：钢尺量测，塞尺量测，测力扳手检测。

9.8 无缝线路

Ⅰ 主控项目

9.8.1 待焊钢轨的类型、规格、质量应符合设计要求。

检验数量：全数检查。

检验方法：查验产品合格证、质量证明文件，观察检查。

9.8.2 钢轨工地钢轨闪光焊、铝热焊接接头的型式检验、生产检验应分别符合设计及相关规范的规定。

检验数量：施工单位按设计所采用相关规范的规定数量进行检验。

检验方法：施工单位按设计所采用相关规范的规定方法进行检验。

9.8.3 钢轨焊头应进行探伤检查。焊头不应有未焊透、过烧裂纹、气孔夹渣等有害缺陷。

检验数量：施工单位及第三方全数检查。

检验方法:超声波探伤仪检查。

9.8.4 钢轨焊缝两侧各 100 mm 范围内不应有明显压痕、碰痕、划伤等缺陷,焊头不应有电击伤。

检验数量:全数检查。

检验方法:观察检查。

9.8.5 轨底上表面焊缝两侧各 150 mm 范围内及距两侧轨底角边缘各 35 mm 范围内应打磨平整,不应打亏。

检验数量:全数检查。

检验方法:钢尺量测。

9.8.6 钢轨焊接接头应纵向打磨平顺,不应有低接头,钢轨焊接接头平直度允许偏差应符合表 9.8.6 的规定,轨颚和轨腰处应打磨平顺,不应出现台阶和毛刺。

表 9.8.6 钢轨焊接接头外观要求

检验项目	要求
平直度	垂直方向:0～0.3 mm
	水平方向:－0.5 mm～0.5 mm
表面质量	表面不平度不应大于 0.2 mm;焊接接头及周边槽型钢轨表面不应有裂纹、划伤、碰伤、打磨灼伤等缺陷

检验数量:全数检查。

检验方法:直尺(1 m)测量,观察检查。

9.8.7 钢轨冻结接头的类型、规格、质量应符合设计要求。

检验数量:全数检查。

检验方法:查验产品合格证,观察检查。

9.8.8 钢轨冻结接头的安装应符合设计要求及产品规格的规定。

检验数量:全数检查。

检验方法:观察检查,扭力扳手检测。

9.8.9 钢轨胶接绝缘接头的类型、规格应符合设计要求,质量验收参照现行行业标准《胶接绝缘钢轨技术条件》TB/T 2975 的要求执行。

检验数量:全数检查。

检验方法:检查产品合格证,观察检查,钢尺量测,专用仪器检测接头绝缘性能。

9.8.10 单元轨节锁定前应按设计文件要求设置好钢轨位移观测桩,位移观测桩应设置齐全、牢固、不易损坏并易于观测。

检验数量:全数检查。

检验方法:观察检查。

9.8.11 线路锁定轨温应在设计文件锁定轨温范围内。

检验数量:全数检查。

检验方法:轨温计测定并留有影像记录。

9.8.12 左右两股钢轨及相邻单元轨节的锁定轨温差均不应大于5 ℃。

检验数量:全数检查。

检验方法:轨温计测定并记录。

9.8.13 线路锁定后,应及时在钢轨上设置纵向位移观测的"零点"标记。定期观测钢轨位移量并做好记录。任何一个位移观测桩处位移量不应超过20 mm。

检验数量:全数检查。

检验方法:钢尺量测。

Ⅱ 一般项目

9.8.14 闪光焊焊接焊头推凸后,打磨处理前,接头错边最大允许值应符合表9.8.14的规定。

表9.8.14 接头错边最大允许值

接头错边的位置	接头错边最大允许值(mm)
钢轨顶面纵向中心线的垂直方向	0.3
工作侧面轨顶面下16 mm的水平方向	0.3
轨脚边缘的水平方向	2.0

检验数量:全数检查。

检验方法：直尺（1 m）测量计算。

9.8.15 经打磨后的铝热焊接头轨头部位应符合下列规定：

1 不应出现裂纹。

2 可出现 1 个最大尺寸不超过 1 mm 的气孔。

3 在轨头下颚与焊筋边缘交界处半径为 2 mm 的区域内可出现 1 个最大尺寸不超过 1 mm 的气孔、夹渣或夹砂。

检验数量：施工单位全部检查。

检验方法：观察检查，钢尺量测。

9.8.16 铝热焊接头焊筋表面应符合下列规定：

1 最多可出现 3 个最大尺寸不超过 2 mm 的气孔。

2 焊筋表面夹渣或夹砂等缺陷的最大尺寸应符合表 9.8.16 的规定，这些缺陷不应侵入钢轨的横断面内。

表 9.8.16 焊筋表面夹渣或夹砂等缺陷的最大尺寸

缺陷面积（mm^2）	缺陷深度（mm）
≤10	≤3
≤15	≤2
≤20	≤1

检验数量：全数检查。

检验方法：观察检查，钢尺量测。

9.8.17 钢轨铝热焊焊缝距离承轨台边缘不应小于 100 mm，困难条件下不小于 40 mm。

检验数量：全数检查。

检验方法：钢尺量测。

9.8.18 单元轨节锁定焊接头宜相对，相错量不应大于 100 mm。

检验数量：施工单位全部检查。

检验方法：钢尺量测。

9.8.19 钢轨及焊接接头编号标记应齐全，字迹应清楚，记录应完整。

检验数量:全数检查。

检验方法:检查记录,观察检查。

9.8.20 位移观测桩应编号,每对位移观测桩基准点连线与线路中线应垂直。

检验数量:每单元轨节抽检 2 对。

检验方法:观察检查。

9.8.21 缓冲区的钢轨接头螺栓扭矩应达到 900 N·m,接头处钢轨面高低差及轨距线错牙偏差不应超过 1 mm。接头轨缝应按设计文件要求预留。

检验数量:全数检查。

检验方法:扭力扳手检测,钢尺量测。

9.8.22 有砟轨道整理作业后,轨道静态几何尺寸允许偏差应符合表 9.8.22-1 的规定。

表 9.8.22-1 轨道静态几何尺寸允许偏差

检查项目	允许偏差
轨距	−2 mm～4 mm
水平	4 mm
扭曲	4 mm(6.25 m 基长)
轨向	直线不应大于 4 mm/10 m 弦
高低	直线不应大于 4 mm/10 m 弦
中线	10 mm
高程	±10 mm
轨底坡	1/30～1/50

注:表中“轨向”为曲线时,应符合表 9.8.22-2 的规定。

表 9.8.22-2 轨道静态几何尺寸允许偏差

曲线半径(m)	缓和曲线正矢与计算正矢差(mm)	圆曲线正矢连续差(mm)	圆曲线正矢最大与最小值差(mm)	采用弦长(m)
$R<100$	3	4	5	5
$100\leqslant R<250$	3	4	5	10

续表 9.8.22-2

曲线半径(m)	缓和曲线正矢与计算正矢差(mm)	圆曲线正矢连续差(mm)	圆曲线正矢最大与最小值差(mm)	采用弦长(m)
250≤R≤350	5	10	15	20
350<R≤450	4	8	12	
450<R≤650	3	6	9	
R>650	3	6	9	

检验数量:每 1 km 抽检 2 处,每处抽检 10 个点,曲线正矢全数检查。

检验方法:万能道尺、钢尺量测。

9.8.23 无砟轨道整理作业后,其检验指标应符合表 9.8.23-1 的规定。

表 9.8.23-1 轨道静态几何尺寸允许偏差

检查项目	允许偏差
轨距	−2 mm～2 mm
水平	4 mm
轨向	直线不应大于 4 mm/10 m 弦
扭曲	4 mm(6.25 m 基长)
高低	直线不应大于 4 mm/10 m 弦
中线	10 mm
高程	±10 mm
轨底坡	1/30～1/50

注:表中“轨向”为曲线时,应符合表 9.8.23-2 的规定。

表 9.8.23-2 轨道静态几何尺寸允许偏差

曲线半径(m)	缓和曲线正矢与计算正矢差(mm)	圆曲线正矢连续差(mm)	圆曲线正矢最大与最小值差(mm)	采用弦长(m)
R<100	3	3	4	5
100≤R<250	2	3	4	10

续表 9.8.23-2

曲线半径(m)	缓和曲线正矢与计算正矢差(mm)	圆曲线正矢连续差(mm)	圆曲线正矢最大与最小值差(mm)	采用弦长(m)
$250 \leqslant R \leqslant 350$	4	8	12	
$350 < R \leqslant 450$	3	6	9	20
$R > 450$	3	6	9	

检验数量:每 1 km 抽检 2 处,每处抽检 10 个点,曲线正矢全数检查。

检验方法:万能道尺、钢尺量测。

9.9 有缝线路

Ⅰ 主控项目

9.9.1 钢轨、轨枕轨道部件进场检验应符合本标准第 9.3.1 条的规定。

9.9.2 钢轨绝缘接头的类型、规格、质量应符合设计要求。

检验数量:全数检查。

检验方法:查验产品合格证,观察检查。

9.9.3 钢轨绝缘接头的安装应符合设计要求。

检验数量:全数检查。

检验方法:查验产品合格证,观察检查。

9.9.4 绝缘接头轨缝宽度应符合设计要求。

检验数量:全数检查。

检验方法:钢尺量测。

9.9.5 有缝线路钢轨普通(绝缘)接缝宜设于两轨枕中间,距扣件垫板边缘不应小于 100 mm。

检验数量:全数检查。

检验方法:钢尺量测。

Ⅱ 一般项目

9.9.6 轨枕间距、扣件螺栓扭矩应符合本标准第 9.3.11 条和第 9.3.12条的规定。

9.9.7 有缝线路钢轨接头轨顶及工作边应平顺，正线错台、错牙允许偏差不应大于 1 mm，车场线错台、错牙不应大于 2 mm。

检验数量：每 1 km 测 10 个点。

检验方法：钢尺量测。

9.9.8 有缝线路轨道，每检查段内实际轨缝的平均值，应以计算轨缝为标准，允许偏差应为±2 mm，不应出现最大构造轨缝。轨温小于当地历史最高轨温时，不应有连续 3 个及以上的瞎缝。

检验数量：每施工段检查 10 个点。

检验方法：钢尺量测。

9.9.9 有缝线路轨道整理后，轨道静态几何尺寸允许偏差值和检验方法应符合本标准第 9.8.22 条的相关要求。

9.10 钢轨防护

Ⅰ 主控项目

9.10.1 柔性包裹材料材质、规格、各项物理性能及精度应符合设计及供货技术规格书要求。

检验数量：全数检查。

检验方法：查验产品合格证、质量证明文件，观察检查。

9.10.2 柔性包裹材料与钢轨粘结部位应干燥、无灰尘、无油脂及锈层，有锈层的钢轨表面安装前应打磨除锈，防护材料应与钢轨贴合紧密，不得出现松动。

检验数量：全数检查。

检验方法：观察检查。

9.10.3 柔性包裹材料之间的纵向接缝应采取密封处理措施，并应符合设计文件的要求。

检验数量：全数检查。

检验方法：观察检查。

9.10.4 扣件罩型式、数量、密封、排水、防腐蚀、防杂散电流性能应符合设计要求。

检验数量：同一厂家、同一批次抽查10%。

检验方法：查验出厂合格证、质量证明文件。

9.10.5 扣件罩观感质量合格，无变形、裂纹，无缺棱掉角。

检验数量：全数检查。

检验方法：观察检查。

9.10.6 轨顶密封胶进场时，应对其类型、规格、外观进行验收，其质量应符合设计要求。

检验数量：全数检查。

检验方法：查验产品合格证、质量证明文件，观察检查。

9.10.7 轨顶密封胶热熔温度应满足产品规格要求，现场热熔允许温差±3 ℃，并在施工全过程维持该温度。

检验数量：全数检查。

检验方法：数控面板观察检查。

9.10.8 柔性包裹材料胶粘剂性能应符合设计文件和技术规格书的要求。

检验数量：同一厂家、同一批次抽查10%。

检验方法：观察检查。

Ⅱ 一般项目

9.10.9 柔性包裹材料表面平整、无裂纹，边缘整齐，不允许缺角，毛边不大于5 mm。

检验数量：同一厂家、同一批次抽查10%。

检验方法：观察检查，钢尺量测。

9.10.10 扣件罩安装固定牢固，无偏移。

检验数量：全数检查。

检验方法：观察检查。

9.10.11 轨顶密封胶灌注槽应等宽、连续、平整、干燥、清洁，切槽宽度应满足设计要求，误差控制在±5 mm。

检验数量：全数检查。

检验方法：观察检查，钢尺量测。

9.10.12 轨侧与轨顶密封层接触面应进行打磨除锈。

检验数量：全数检查。

检验方法：观察检查。

9.10.13 背衬铺装应与槽体下方的橡胶包裹材料粘结良好，贴服平整，背衬上方底涂喷洒应均匀。

检验数量：全数检查

检验方法：观察检查。

9.10.14 密封胶的灌注完成面应低于钢轨面 5 mm，误差控制在−2 mm～1 mm。

检验数量：全数检查。

检验方法：观察检查，钢尺量测。

9.11 铺装工程

9.11.1 沥青铺装、道板砖铺装施工及验收应符合现行行业标准《城镇道路工程施工与质量验收规范》CJJ 1 的相关规定。

9.11.2 绿化铺装工程施工及验收应符合现行行业标准《园林绿化工程施工及验收规范》CJJ 82 的相关规定。

9.12 轨道安全及附属设施

Ⅰ 主控项目

9.12.1 线路、信号标志的材质、规格、图案字样均应符合设计要求。

检验数量:全数检查。

检验方法:观察检查,钢尺量测。

9.12.2 标志的数量、位置、高度应符合设计要求。

检验数量:全数检查。

检验方法:观察检查,钢尺量测。

9.12.3 标志设置应牢固,标示方向应正确。

检验数量:全数检查。

检验方法:观察检查。

9.12.4 车挡及连接配件的规格、型号、质量应符合设计要求。

检验数量:全数检查。

检验方法:查验产品合格证,观察检查。

Ⅱ 一般项目

9.12.5 各种标志应设置端正,涂料应均匀、色泽鲜明,图像字迹应清晰完整。

检验数量:全数检查。

检验方法:观察检查。

9.12.6 车挡安装位置、固定螺栓扭矩应符合设计要求。

检验数量:全数检查。

检验方法:钢尺量测,扭力扳手检测。

10 供电工程

10.1 一般规定

10.1.1 变电所及接触网受电启动应制定相应的送电开通方案。

10.1.2 供电工程施工质量验收应符合现行国家标准《电气装置安装工程 高压电器施工及验收规范》GB 50147、《电气装置安装工程 电力变压器、油浸变压器、互感器施工及验收规范》GB 50148、《电气装置安装工程 盘、柜及二次回路接线施工及验收规范》GB 50171及现行行业标准《铁路电力工程施工质量验收标准》TB 10420、《铁路电力牵引供电工程施工质量验收标准》TB 10421 的规定。

10.1.3 额定电压低于 400 V 及以下的低压交直流开关柜安装施工质量验收应符合现行国家标准《电气装置安装工程 低压电器施工及验收规范》GB 50254、《建筑电气工程施工质量验收规范》GB 50303 的规定，且应符合产品技术文件要求。

10.1.4 架空充电轨或架空接触网的各种零部件安装应齐全、牢固，接触悬挂带电部分至所有接地部分之间的安全距离符合规定值。

10.1.5 接触网各线材的张力应符合设计要求。

10.1.6 牵引供电系统应进行牵引网的近端及远端短路试验，试验由建设单位组织，由施工、监理、设计、建设、运营等单位共同实施。

10.1.7 低压配电及动力照明参照现行国家标准《地下铁道工程施工质量验收标准》GB/T 50299 第 19.13 节“低压配电及动力照明”执行。

10.1.8 供电系统联调参照现行国家标准《地下铁道工程施工质量验收标准》GB/T 50299 第 19.14 节“供电系统联调”执行。

10.2 基础预埋与接地安装

Ⅰ 主控项目

10.2.1 设备基础预埋件的安装应符合下列规定：

1 设备基础预埋件的材质、型号、规格、尺寸、制作应符合设计要求，基础预埋件表面防腐处理应符合设计要求。

2 预埋件应可靠接地，接地方式和数量应符合设计要求。

3 走行轨回流系统或设置轨电位限制装置的系统，安装在有轨电车结构或高架桥梁上的金属预埋件应按有轨电车杂散电流腐蚀防护的设计文件要求，与结构钢筋电气绝缘。

检验数量：全数检查。

检验方法：观察检查。

10.2.2 设备基础预埋件安装允许偏差应符合表 10.2.2 的规定。

表 10.2.2 设备基础预埋件安装允许偏差

检验项目			允许偏差(mm)
基础型钢	顶部平直度	每米	1
		全长	5
	侧面平直度	每米	1
		全长	5

检验数量：全数检查。

检验方法：钢尺量测。

10.2.3 变电所接地装置穿越墙壁或楼板后应封堵严密，暗敷在地面下的接地干线或分支接地线与明敷部分应采用搭接焊，焊接应牢固无虚焊。

检验数量：全数检查。

检验方法:观察检查。

10.2.4 接地网安装完成后,应进行接地电阻测试,接地电阻值应小于1 Ω。

检验数量:全数检查。

检验方法:接地电阻测试仪测量检查。

10.2.5 当接地网的接地体(线)为铜与铜或铜与钢的连接采用热熔焊时,其熔接接头应符合下列规定:

1 被连接的导体应完全包在接头里。

2 连接部位的金属应完全熔化且连接牢固。

3 热熔焊接头的表面应平滑。

4 热熔焊接头应无贯穿性的气孔。

检验数量:全数检查。

检验方法:观察检查。

10.2.6 每个电气装置的接地应以单独的接地线与接地汇流排或接地干线相连接。

检验数量:全数检查。

检验方法:观察检查,仪表测量检查。

10.2.7 开关柜内装设的避雷器接地应符合设计要求。

检验数量:全数检查。

检验方法:观察检查,仪表测量检查。

10.2.8 接触网接地极应避开地下电缆。当接地引线与通信电缆无法避免交叉时,交叉垂直距离不应小于0.5 m,交叉角度应为90°。

检验数量:全数检查。

检验方法:观察检查,钢尺量测。

10.2.9 高土壤电阻率地区采用化学方法降低土壤电阻率时,应符合设计要求。

检验数量:全数检查。

检验方法:观察检查,仪表测量检查。

10.2.10 当变电所接地干线穿墙敷设时，接地干线保护措施应符合设计要求。

检验数量：全数检查。

检验方法：观察检查。

10.2.11 变电所室内接地线敷设应符合下列规定：

1 接地线应便于检查，其位置不应妨碍设备装卸及维修。

2 支撑件间的距离，水平直线段宜为 0.5 m～1.5 m，垂直段宜为 1.5 m～3.0 m，弯曲段宜为 0.3 m～0.5 m。

3 当沿建筑墙壁水平敷设时，离地面距离宜为 250 mm～350 mm，地线与墙壁距离宜为 20 mm～25 mm。

4 接地线应水平或垂直敷设。

5 当接地线跨越建筑物伸缩缝、沉降缝时，补偿措施应符合设计文件要求。

检验数量：全数检查。

检验方法：观察检查，钢尺量测。

10.2.12 变电所接地的明敷接地线，在导体的全长度或区间段及每个连接部位附近的表面，应涂以 20 mm～100 mm 宽度相等的绿色和黄色相间的条纹标识。当使用胶带时，应使用双色胶带。中性线宜涂淡蓝色标识。

检验数量：全数检查。

检验方法：观察检查，钢尺量测。

10.3 变电所设备安装

Ⅰ 主控项目

10.3.1 干式变压器安装前应进行下列检验：

1 变压器的型号、规格应符合设计要求。

2 同一牵引变电所的两台整流变压器的接线组别与相位应正确，并应符合设计要求，其变压比及阻抗电压的差值应符合设计要求和合同的规定。

3 环氧浇注体应无裂缝及破损，引线绝缘包扎应完好、固定牢固、无毛刺尖角，铁芯应无多点接地现象。

检验数量：全数检查。

检验方法：检查实物和质量证明文件。

10.3.2 干式变压器安装应符合下列规定：

1 变压器就位时安装方向应符合设计要求。

2 变压器单芯电缆应采用非导磁卡子固定，同一回路的三相电缆应全部穿入同一闭合金属结构中。

3 整流变压器至整流器间的连接电缆应在电源侧单端接地。

4 绕组应完好、内部干净、表面光滑。

检验数量：全数检查。

检验方法：观察检查。

10.3.3 交流配电装置(柜)安装应符合下列规定：

1 交流配电装置(柜)的金属框架应可靠接地，接地母线应从成列柜的两端与接地干线可靠连接。

2 机械闭锁、电气闭锁与连锁功能应符合设计要求，动作应准确、可靠。防止电气误操作的“五防”装置应齐全。同型号手车应能互换。

3 当进行GIS柜母线连接时，应检查母线插座和母线本体的插头；当母线连接镀银时，不应使用钢锉和砂纸打磨；连接时应采取措施避免灰尘、湿气及其他污秽物对连接处产生影响；连接母线端部应采用专用堵头可靠密封。

4 手车式开关柜插接头应准确到位，动触头与静触头的中心线应一致，触头应接触紧密。

5 带气压指示设备的气压值应符合产品技术文件要求，当GIS柜补充气体时，气源应符合现行国家标准《六氟化硫电气设备中气体管理和检测导则》GB/T 8905的规定。

6 投运前，应对六氟化硫的湿度进行检测。20 ℃时，灭弧室不得大于 150 μL/L,非灭弧室不得大于 250 μL/L。

7 当电缆通过穿芯电流互感器时,地线连接位置应在互感器外侧。

检验数量:全数检查。

检验方法:观察检查,查看气体合格证明书。

10.3.4 手车式直流牵引设备不应与开关柜同体搬运或安装。

检验数量:全数检查。

检验方法:随工检查。

10.3.5 直流开关柜安装应符合下列规定:

1 柜体采取绝缘安装时,应符合下列规定:

1) 柜体与基础槽钢应采用绝缘方式连接,且防松零件应齐全。

2) 绝缘板露出柜体四周每侧的长度不应小于 10 mm,柜体对地绝缘标准应符合设备技术文件要求,整体框架对地绝缘电阻值不宜小于 1 MΩ。

3) 应与同一台框架泄漏保护连接的直流配电柜体单点接地。

4) 所有电缆的铠装层、屏蔽层、N 线或 PE 线均不应与直流开关柜的框架连接。

5) 进入直流系统设备的电缆金属屏蔽层应采用单端接地方式。

2 机械闭锁、电气闭锁应动作准确、可靠。

3 手车推拉应灵活轻便,触头应接触紧密,同型号手车应能互换。

4 手车与柜体的二次回路连接插件应接触良好,辅助开关的切换接点动作准确、接触可靠。

检验数量:全数检查。

检验方法:观察检查,钢尺量测,兆欧表测量,操作检查。

10.3.6 整流器安装应符合下列规定：

1 整流器柜外形尺寸、柜内设备及元器件的规格、型号、安装位置应符合设计要求，元器件应完整无损，整流管接线端的极性应正确且相同。

2 整流器柜体绝缘安装应符合本标准第10.3.5条的规定。

3 整流器管单个参数、配对结果应符合设计要求，快速熔断器表面应无裂纹、破损，绝缘部件应完整。

检验数量：全数检查。

检验方法：观察检查，兆欧表测量。

10.3.7 低压开关柜(屏、盘、台、箱)安装应符合下列规定：

1 手车、抽出式成套配电柜应推拉灵活，无卡阻碰撞现象。

2 动触头与静触头的中心线应一致，且触头接触紧密，投入时，接地触头应先于主触头接触；退出时，接地触头应后于主触头脱开。

3 辅助开关切换应与主开关动作一致。

4 相同型号规格的手车、抽屉应能互换。

5 闭锁装置应动作准确、可靠。

6 柜、屏、台、箱、盘上应标明被控设备编号及名称或操作位置，接线端子应有编号，并应清晰、工整、不易脱色。

检验数量：全数检查。

检验方法：观察检查，查验施工记录。

10.3.8 低压开关柜(屏、盘、台、箱)的交接试验应符合下列规定：

1 每路控制开关及保护装置的规格、型号、保护设置和设定值，应符合设计要求。

2 每路电气仪表测量的电流、电压、电能等参数应正确，相互对应，测量的允许误差应符合仪表本身精度要求。

3 线间和线对地间的绝缘电阻值应大于0.5 MΩ，柜、屏间线路的线间和线对地间绝缘电阻值，馈电线路应大于0.5 MΩ；二次回路应大于1 MΩ。

4 低压交流开关柜、屏间二次回路交流绝缘测试，当绝缘电阻值大于10 MΩ时，用2 500 V兆欧表测1 min，应无闪络击穿现象；当绝缘电阻值在1 MΩ～10 MΩ时，用1 000 V兆欧表摇测1 min，应无闪络击穿现象。

5 回路中的电子元件不应参加交流工频耐压试验；48 V及以下回路可不做交流工频耐压试验。

检验数量：全数检查。

检验方法：观察检查，兆欧表测量检查。

10.3.9 交直流屏蓄电池的安装、充放电应符合现行国家标准《电气装置安装工程蓄电池施工及验收规范》GB 50172的规定及产品说明书的要求。

检验数量：全数检查。

检验方法：观察检查。

10.3.10 钢轨电位限制装置的柜体、主回路应分别与接地干线、接地母排可靠连接。

检验数量：全数检查。

检验方法：观察检查。

10.3.11 盘、柜安装的垂直度、水平度、盘、柜面和盘、柜间接缝的安装质量应符合现行国家标准《电气装置安装工程盘、柜及二次回路接线施工及验收规范》GB 50171的规定，其允许偏差应符合表10.3.11的规定。

表10.3.11 盘、柜安装的允许偏差

检验项目		允许偏差(mm)
每米垂直度		<1.5
水平偏差	相邻两柜顶部	<2
	成列柜顶部	<5
柜面偏差	相邻两柜边	<1
	成列柜面	<5
盘、柜间接缝		<2

检验数量：全数检查。

检验方法：观察检查，钢尺量测。

10.3.12 二次回路接线除应符合现行国家标准《电气装置安装工程盘、柜及二次回路接线施工及验收规范》GB 50171 的规定及产品技术文件要求外，还应符合下列规定：

1 二次回路电缆连接应符合设计要求，接线应正确。

2 柜内控制电缆应固定牢固，二次回路固定后不应妨碍手车开关或抽出式部件拉出或推入。

3 二次回路接线应采用线把或线槽形式布线，备用芯线应散开并在盘顶预留。

4 二次回路连线应成束绑扎，线束应有外护套塑料管等加强绝缘保护，敷设长度应留有裕量，跨可转动部位的线束两端应固定牢固。

5 不同电压等级、交流、直流线路及计算机控制线路应分别绑扎，并应有标示。

6 每个接线端子的每侧接线不应超过两根。对于插接式端子排，不同截面的两根导线不应接在同一端子上；对于螺栓连接端子，连接两根导线时，导线之间应加平垫片。

7 电缆芯线和所配导线的端部均应标明其回路编号，编号应正确，字迹应清楚且不易脱色，导线与电气元件应连接牢固。

检验数量：全数检查。

检验方法：观察检查。

Ⅱ 一般项目

10.3.13 干式变压器安装后器身应完整，固定螺栓应紧固，应无锈蚀现象，铭牌应齐全，相色标志应正确。

检验数量：全数检查。

检验方法：观察检查。

10.3.14 干式变压器温控器安装应符合产品技术文件要求。

检验数量:全数检查。

检验方法:观察检查。

10.3.15 变压器栅栏安装应符合下列规定:

1 栅栏表面应光滑、无变形、防腐层良好,型号、规格应符合设计要求。

2 整流变压器室中栅栏安装位置及高度应符合设计要求,误差应小于5 mm。

3 遮栏及栅栏的门扇应开闭灵活。

4 遮栏及栅栏与带电体的距离应符合现行国家标准《电气装置安装工程母线装置施工及验收规范》GB 50149中室内配电装置最小安全净距的规定。

5 遮栏或栅栏的接地连接应可靠,可开启的门扇与整体结构间应用软铜绞线可靠连接。不应将遮栏或栅栏的接地线与二次回路的接地体连接。

检验数量:全数检查。

检验方法:观察检查,仪表测量检查。

10.3.16 当配电变压器与400 V开关柜同列安装时,接口宜采用母线侧出方式,且应通过软母线过渡连接。

检验数量:全数检查。

检验方法:观察检查。

10.3.17 变电所设备应固定牢固,表面涂层应完整,盘面应清洁。

检验数量:全数检查。

检验方法:观察检查。

10.3.18 蓄电池金属质地的连接条表面应涂敷中性凡士林防腐。端子连接部位应涂敷电力复合脂。

检验数量:全数检查。

检验方法:观察检查。

10.3.19 箱式变电所的基础应高于室外地坪,周围排水通畅。箱式变电所外壳安装时,用地脚螺栓固定的,螺母齐全、拧紧牢固。

焊接或直接安放的，应垫平方正。金属箱式变电所箱体应接地可靠，且有标识。

检验数量：全数检查。

检验方法：观察检查。

10.4 变电所调试与送电

10.4.1 直流开关柜试验应符合下列规定：

1 交流耐压试验应符合表10.4.1的规定，二次回路的工频试验电压应为2 000 V。

表10.4.1 交流耐压试验标准

标称电压(kV)	额定电压(kV)	额定绝缘电压(kV)	OV	工频耐受电压	
				A(kV)	B(kV)
0.75	0.9	1.2	3	3.6	4.3
			4	5.5	6.6
0.75	0.9	1.8	3	4.6	5.5
			4	6.9	8.3

注：1 在U_{nm}高于2.3 kV时，在有保护的条件下可采用OV3，此外均推荐采用OV4类。

2 A—对地和极间—户内；B—隔离断口—户内。

2 主回路绝缘、主回路电阻的试验应符合产品技术文件规定。

检验数量：全数检查。

检验方法：观察检查，仪表测量。

10.4.2 直流快速断路器试验应符合下列规定：

1 快速断路器操动机构的试验，应在直流操作母线额定电压下分、合闸各3次，有条件可在90%～115%合闸电压下进行操作，应可靠动作。

2 直接脱扣装置试验，在工作位无操作电压下进行，应可靠分闸。

3 继电器和脱扣器的整定应符合设计要求。

4 电压、电流元件应符合产品技术文件规定。

检验数量:全数检查。

检验方法:观察检查,仪表测量。

10.4.3 直流开关柜柜体主回路应进行绝缘耐压试验,柜体框架应绝缘安装,导电回路电阻应符合设计要求。

检验数量:全数检查。

检验方法:观察检查,仪表测量。

10.4.4 静调电源柜试验应符合本标准第 10.4.1 条和第 10.4.2 条的规定。

检验数量:全数检查。

检验方法:观察检查,仪表测量。

10.4.5 整流器试验应符合现行国家标准《电气装置安装工程电力变流设备施工及验收规范》GB 50255 的规定。

检验数量:全数检查。

检验方法:观察检查,仪表测量。

10.4.6 钢轨电位限制装置试验应符合下列规定:

1 交流耐压试验应符合本标准表 10.4.1 的规定,二次回路的工频试验电压应为 2 000 V。

2 主回路绝缘电阻值应符合产品技术文件规定。

3 各项功能应符合产品技术文件规定。

4 电压、电流元件应符合产品技术文件规定。

检验数量:全数检查。

检验方法:观察检查,仪表测量。

10.4.7 牵引变电所控制、信号与保护功能试验应符合下列规定:

1 遥控功能试验应分手动、电动,并应按就地、集中、单台、联动次序进行。

2 主保护与后备保护应分别传动,保护功能试验应采用模拟形式,模拟信号宜接近真实情况,试验项目动作情况应符合设计要求。

3 遥控应正确,动作应可靠,灵敏性应高,信号显示应准确,试验项目应符合设计要求。

4 应符合现行国家标准《继电保护和安全自动装置技术规程》GB/T 14285 的规定。

检验数量:全数检查。

检验方法:观察检查,仪表测量。

10.4.8 变电所受电启动应具备下列条件:

1 外部供电电源应已具备。

2 变电所开通送电方案应已批准,有关送电范围和日期的公告应已发布。

3 有关图纸、资料、继电保护整定书应齐全,有关的试验报告和继电保护整定报告应齐全。

4 电力调度电话应已开通使用,通信线路应可靠、通话清晰,并应有录音功能。

5 所有启动设备的编号应与调度台编号一致,且应齐全、正确、清楚。

6 与变电所各相关的建筑工程项目应已完工。

7 变电所内部所有设备及电缆线路绝缘检查应合格,交、直流系统一次回路接线应正确,馈出线电缆方向及相序应正确。

检验数量:全数检查。

检验方法:查验有关文件资料,观察检查。

10.4.9 当变电所受电启动时,变压器、环网电缆线路应进行 3 次全电压空载合闸冲击试验,并应模拟保护回路动作跳闸。

检验数量:全数检查。

检验方法:观察检查,查验送电方案。

10.4.10 变电所受电启动后应空载运行 24 h,方可向接触网和动力照明线路送电。

检验数量:全数检查。

检验方法:观察检查,查验操作记录。

10.5 电缆敷设

Ⅰ 主控项目

10.5.1 电缆敷设时的环境温度及电缆弯曲半径应符合现行国家标准《电气装置安装工程电缆线路施工及验收规范》GB 50168 的规定。

检验数量：全数检查。

检验方法：观察测量，查验施工记录。

10.5.2 环网电缆敷设及中间、终端头制作应符合现行国家标准《电气装置安装工程电缆线路施工及验收规范》GB 50168 的规定。

检验数量：全数检查。

检验方法：观察检查，查验施工记录。

10.5.3 交流单芯电缆不应单独穿入构成闭合磁通路的钢管内。

检验数量：全数检查。

检验方法：观察检查。

10.5.4 环网电缆头制作应符合下列规定：

1 中压系统各类电缆头应使用预制型电缆附件制作。

2 在电缆中间接头处，其电缆铠装、金属屏蔽层均应有良好的电气连接并相互绝缘；在电缆终端头处，电缆铠装、金属屏蔽层应分别用接地线在两端引出，接地位置及方式应符合设计要求。

检验数量：全数检查。

检验方法：观察检查。

10.5.5 直流电缆的铠装层应在电源侧单端接地，不应与直流设备框架相接触。

检验数量：全数检查。

检验方法：观察检查。

10.5.6 当直流馈线电缆上网点为铜铝材质连接时，应采用铜铝过渡措施。

检验数量：全数检查。

检验方法：观察检查。

Ⅱ 一般项目

10.5.7 电缆支架、桥架、电缆预埋管的敷设、安装及接地应符合设计要求。

检验数量：全数检查。

检验方法：观察检查。

10.5.8 电缆保护管管口高度应为 100 mm～300 mm，高度统一，排列整齐，应满足电缆弯曲半径要求。

检验数量：全数检查。

检验方法：观察检查，钢尺量测。

10.5.9 地面线路电缆明敷时，罩盖应符合设计文件规定。

检验数量：全数检查。

检验方法：观察检查。

10.5.10 电缆井及电缆保护管预埋应符合下列规定：

1 金属保护管内外壁应做防腐处理；埋设于混凝土内的导管内壁应做防腐处理，外壁可不做防腐处理。

2 直埋于地下或楼板内的刚性绝缘保护管，应在穿出地面或楼板时采取保护措施。

3 所有沟口、洞口、电缆进出口应用防火材料封堵。

检验数量：全数检查。

检验方法：观察检查。

10.5.11 环网电缆终端头、中间头预留长度宜满足再次接头要求。

检验数量：全数检查。

检验方法：观察检查。

10.5.12 低压电缆及控制电缆终端头应采用预制电缆头套、干包或绝缘自粘胶带绕包工艺，接头应有防潮措施。

检验数量：全数检查。

检验方法：观察检查。

10.6 接触网

Ⅰ 主控项目

10.6.1 接触网基础应符合下列规定：

1 接触网混凝土基础所用的水泥、砂、石料、钢筋等原材料的质量应符合国家标准，其配比应与所配置的混凝土的等级相适应。

检验数量：每批抽查30%。

检验方法：按现行行业标准《铁路混凝土与砌体工程施工质量验收标准》TB 10421的规定执行。

2 在同等养护条件下，基础（含拉线基础）的混凝土试块的抗压极限强度不小于设计值。

检验数量：每灌注50 m^3 混凝土应做1组试块（每组3块）。

检验方法：抗压强度试验，监理单位见证取样检测。

3 基础位置应符合设计规定，软横跨基础允许偏差不大于3°。

检验数量：抽查不少于10%。

检验方法：观察检查，测量检查。

4 拉线基础位置应符合设计要求，拉线基础宜设在下锚支的延长线上（允许误差0～100 mm），在任何情况下，拉线各部分不得侵入基本建筑限界。

检验数量：抽查不少于10%。

检验方法：观察检查，测量检查。

10.6.2 接触网预埋件应符合下列规定：

1 预埋件位置、外形尺寸、材质、规格型号应符合设计规定。

2 外露螺栓间距及埋深允许偏差±2 mm。

检验数量：全数检查。

检验方法：观察检查，查隐蔽工程记录。

10.6.3 接触网支柱应符合下列规定：

1 支柱型号规格及安装位置应符合设计要求。

2 支柱侧面限界应符合设计要求，允许误差向线路内侧不大于60 mm，向线路外侧不大于100 mm，在任何情况下，严禁侵入建筑限界。

检验数量：全数检查。

检验方法：观察检查，测量检查。

3 单支柱倾斜标准：

1）顺线路方向应中心直立，允许误差不大于支柱高度的0.5%。

2）有单方向拉线的支柱允许向拉线方倾斜0～50 mm，不允许向受力方向倾斜。

3）安装棘轮补偿器的锚柱，受力后中心直立，以利于制动卡块间隙的调整。

4）横线路方向，曲线外侧和直线上的支柱允许外倾支柱高度的0.5%，曲线内侧的支柱应向受力的反方向倾斜不大于支柱高度的0.5%。有拉线的支柱允许向拉线侧0～50 mm。

检验数量：抽查不少于10%。

检验方法：测量检查。

4 软横跨支柱倾斜标准：

1）顺线路方向应直立，允许误差为支柱高度的0.5%。

2）横路方向，允许向受力的反方向倾斜柱高的0.5%～1%，不得向受力方向倾斜。

检验数量：抽查不少于10%。

检验方法：测量检查。

5 软横跨两支柱中心连线应垂直于车站正线，允许偏差不大于3°。

检验数量：抽查不少于10%。

检验方法：测量检查。

10.6.4 接触网拉线应符合下列规定：

1 锚柱拉线宜设在锚支的延长线上，允许误差0～100 mm，严禁侵入限界。

检验数量：全数检查。

检验方法：测量检查。

2 下锚抱箍应水平，并与支柱密贴，安装位置符合设计要求，连接件镀锌层无脱落、漏镀现象。

检验数量：抽查不少于30%。

检验方法：观察检查，测量检查。

3 拉线受力后，调节螺栓的螺纹外露长度不应小于20 mm，不宜大于螺纹全长的1/2。

检验数量：抽查不少于10%。

检验方法：测量检查。

10.6.5 接触网接地装置应符合下列规定：

1 设置贯通的架空地线。

检验数量：全数检查。

检验方法：观察检查。

2 架空地线应与牵引变电所接地母排可靠相连，接地电阻符合设计要求。

检验数量：全数检查。

检验方法：观察检查，测接地电阻。

3 距接触网带电体5 m以内的金属构件及接触网设备，均应按设计要求设接地极，接地极的接地电阻值应符合表10.6.5的规定。

表 10.6.5　接地极的接地电阻值

项目	接地电阻值(Ω)
距接触网带电体 5 m 以内的金属构件	≤30
接触网设备	≤10

检验数量：抽查不少于 10%。

检验方法：观察检查，用接地电阻测试仪测量。

4　接地极的材质、形式、截面和安装位置应符合设计要求。

检验数量：抽查不少于 10%。

检验方法：查隐蔽工程记录。

5　接地线的材质、截面应符合设计要求，地线不得有 2 股以上的断股，一个耐张段内，断股补强和接头数不大于 1 个。

检验数量：抽查不少于 10%。

检验方法：观察检查。

6　架空地线的弛度应符合安装曲线，其允许偏差为 −2.5%～5%，在最大弛度时，应保证架空地线及其金具距接触网带电体大于 150 mm；对运行车辆受电弓的距离不小于 100 mm。

检验数量：抽查不少于 10%。

检验方法：观察检查，测量、检查安装曲线。

10.6.6　架空充电轨或架空接触网器材应符合下列规定：

1　金具、零配件、线材的规格、型号应符合设计要求；金具、零配件还应符合现行行业标准《电气化铁道接触网零部件通用技术条件》TB/T 2073 的规定。

2　线夹与线索接触面应平滑，并应与线索截面、规格及外形严格配套。

3　各种绞线无断股、交叉、散股，镀锌绞线镀锌良好，无锈蚀现象。

4　绝缘子规格型号符合设计要求。交流耐压试验、绝缘电阻测试合格。

5 绝缘子金属件与瓷件结合紧密，绝缘子内螺栓应具有良好的防锈性能。

检验数量：抽查不少于 10%。

检验方法：观察检查，查测试报告、产品合格证。

10.6.7 软横跨安装应符合下列规定：

1 金具、零配件、线材、绝缘子应符合本标准第 10.6.6 条的规定。

2 软横跨固定角钢的安装位置应符合设计要求，允许误差 ±20 mm。

3 软横跨承力索与定位索最小距离应符合设计要求，允许误差 ±100 mm。

4 软横跨受力后，固定索与定位索应水平，允许有少量的负弛度。

5 横向承力索、上下部固定索不得有接头，连接螺栓紧固力矩应符合设计要求。

检验数量：抽查不少于 30%。

检验方法：观察检查，测量检查。

10.6.8 接触网腕臂应符合下列规定：

1 腕臂安装位置及连接螺栓紧固力矩应符合设计要求。

检验数量：抽查不少于 10%。

检验方法：观察检查。

2 在平均温度时应垂直于线路中心线，温度变化时，腕臂的位移量应与该处接触线的伸缩量一致，偏差不得大于计算值的 10%。

检验数量：抽查不少于 10%。

检验方法：观察检查，查计算值，测量检查。

3 腕臂无弯曲，悬挂点距轨面的高度应符合设计要求，允许偏差 ±50 mm。

检验数量：抽查不少于 30%。

检验方法:观察检查,测量检查。

4 腕臂应水平安装,允许偏差±20 mm。

检验数量:抽查不少于10%。

检验方法:观察检查,测量检查。

10.6.9 定位器及定位装置安装应符合下列规定:

1 定位器安装应符合设计要求,在平均温度时,应垂直于线路中心,温度变化时,偏移量与接触线在该点的伸缩量应一致,定位器倾斜度应保证线夹处导线工作面与轨面连线平行。

2 定位线夹处的导线工作面应与轨面平行。

3 转换支柱处两定位器能分别随温度变化可自由移动,无卡滞现象,接触线非工作支和工作支定位器、管之间的间隙不小于50 mm。

检验数量:抽查不少于10%。

检验方法:观察检查,测量检查。

10.6.10 接触线架设应符合下列规定:

1 接触线的线材规格、型号应符合设计要求。

检验数量:全数检查。

检验方法:查线材合格证。

2 接触线每个锚段内不允许有接头;特殊情况下,在非工作支可以有1个接头。

检验数量:全数检查。

检验方法:观察检查。

3 接触线交叉时,正线及重要线的接触线应在下方,侧线及次要线的接触线应在上方。

检验数量:全数检查。

检验方法:观察检查。

4 接触网跨距应符合设计要求,允许偏差为-2 m～1 m。

检验数量:抽查不少于10%。

检验方法:观察检查,测量检查。

10.6.11 接触线中心锚结安装应符合下列规定：

1 接触线的中心锚结应安装在设计指定位置，中心锚结的尺寸符合设计要求。

检验数量：全数检查。

检验方法：测量检查。

2 中心锚结绳不应有接头。

检验数量：抽查不少于10%。

检验方法：观察检查。

10.6.12 吊索安装应符合下列规定：

1 吊索安装应符合设计要求，吊索以吊索座为中心，两侧吊索绳长度相等，允许偏差±100 mm，两端受力均匀。

2 悬挂点接触线高度符合设计要求，允许偏差±30 mm。

3 吊索座受力方向正确，直线区段吊索线夹端正、牢固，曲线区段吊索线夹垂直于接触线工作面。

检验数量：抽查不少于10%。

检验方法：观察检查，测量检查。

10.6.13 接触悬挂安装应符合下列规定：

1 架空充电轨或接触线悬挂点距轨面的高度应符合设计要求，允许偏差±30 mm。

检验数量：全数检查。

检验方法：测量检查，冷滑试验。

2 架空充电轨或接触线拉出值的布置应符合设计要求，允许偏差±20 mm。

检验数量：全数检查。

检验方法：测量检查。

10.6.14 补偿装置安装应符合下列规定：

1 接触线的额定张力应符合设计要求，补偿器重量的偏差为额定重量的±2%（坠砣串重量含坠砣杆、坠砣抱箍及楔形线夹的重量），两侧下锚钢丝绳应在同一平面内，棘轮在中心位置。

检验数量:全数检查。

检验方法:测量检查,查张力曲线。

2 补偿装置的调整应符合设计安装曲线,在任何情况下,坠砣距地面的距离不小于200 mm。采用棘轮补偿装置大小轮钢丝绳圈数应满足最高温度至最低温度范围内补偿轮的转动。钢丝绳不允许有重叠、交叉、磨损现象。

检验数量:全数检查。

检验方法:观察检查,测量检查,查安装曲线。

3 滑轮状态应符合设计并完整无损,滑轮转动灵活,断线制动装置制动可靠,棘轮补偿制动板与棘轮缘的间距为20 mm。

检验数量:全数检查。

检验方法:测量检查。

10.6.15 锚段关节安装应符合下列规定:

1 绝缘锚段关节两锚段的空气绝缘距离应符合设计要求,允许偏差0～5 mm。

2 非绝缘锚段关节内,两组接触线的水平距离及垂直距离应符合设计要求,允许偏差±20 mm。接触线非工作支下锚转角应不大于设计要求。

检验数量:抽查不少于10%。

检验方法:观察检查,测量检查,冷滑试验。

10.6.16 电连接线安装应符合下列规定:

1 电连接线及线夹的规格型号、材质、数量应符合设计要求。电线接线应预留因温度变化使接触悬挂产生伸缩而需要的长度,不宜采用铠装电缆。

检验数量:抽查不少于30%。

检验方法:观察检查。

2 电连接线的安装位置应符合设计要求,允许偏差为±200 mm,在任何情况下均应满足绝缘距离要求。

检验数量:抽查不少于10%。

检验方法:测量检查,观察检查。

3 电连接线与接线端子压接应良好。电连接线夹与其连接的各类导线接触良好,线夹安装应端正牢固,螺栓紧固力矩应符合要求。

检验数量:抽查不少于10%。

检验方法:观察检查,测量检查。

4 电连接线应高于接触线。

检验数量:抽查不少于10%。

检验方法:观察检查。

5 线岔附近的电线接线宜采用橡套电缆。

检验数量:抽查不少于10%。

检验方法:观察检查。

10.6.17 线岔安装应符合下列规定:

1 线岔型号应符合设计要求。

检验数量:抽查不少于10%。

检验方法:观察检查。

2 线岔两接触线的交点位置应符合设计要求,顺线路方向允许偏差±50 mm,在平均温度时,线岔的中点应位于接触线的交叉点,接触线在线岔里应能随温度变化自由纵向移动。

检验数量:全数检查。

检验方法:测量检查,冷滑试验。

3 线岔始触区两工作支应严格等高,静态时,交叉点处上下方接触线的间隙为1 mm～3 mm。

检验数量:全数检查。

检验方法:观察检查,测量检查,冷滑试验。

10.6.18 隔离开关安装应符合下列规定:

1 隔离开关的所有部件、附件应齐全,无损伤变形及锈蚀,瓷件应无裂纹及破损。

检验数量:全数检查。

检验方法：检查产品安装说明书，观察检查。

2 隔离开关型号及各部尺寸、绝缘性能等技术参数应符合设计要求。

检验数量：抽查不少于30%。

检验方法：检查产品安装说明书，测量检查。

3 隔离开关的操动机构安装位置应符合设计要求，其安装应符合产品安装说明书。

检验数量：抽查不少于30%。

检验方法：检查产品安装说明书，测量检查。

4 隔离开关的导电部分应接触紧密，两侧的接触压力应均匀，符合产品技术规定。

检验数量：抽查不少于10%。

检验方法：0.05 mm×10 mm的塞尺检查、测量，查产品安装说明书。

5 隔离开关机械或电气的闭锁装置应准确可靠；带有接地刀的隔离开关，接地刀与主触头间的机械或电气的闭锁装置应准确可靠。

检验数量：全数检查。

检验方法：操作检查。

6 隔离开关分闸时，刀闸分闸到位，触头间净距或拉开角度应符合产品技术规定。合闸后触头相对位置、备用行程应符合产品技术规定；当开关处于终点位置时，操动机构应有可靠的锁定装置。

检验数量：全数检查。

检验方法：检查产品安装说明书，测量检查。

7 开关引线应连接牢固，任何情况下应满足绝缘距离要求，并预留因温度变化的偏移量。

检验数量：抽查不少于30%。

检验方法：观察检查，测量检查。

8 电动隔离开关的电源和控制回路接线正确，接线端子接触良好，无松弛、脱落现象，在规定的电压波动范围内，能正确可靠动作。

检验数量：全数检查。

检验方法：观察检查，操作检查。

9 隔离开关上网电缆连接正确，不应采用金属铠装电缆。

检验数量：全数检查。

检验方法：测量检查。

10 隔离开关接地安装及接地电阻应符合设计要求。

检验数量：全数检查。

检验方法：测量检查。

11 电动隔离开关箱密封良好。

检验数量：抽查不少于30%。

检验方法：观察检查。

10.6.19 分段绝缘器安装应符合下列规定：

1 分段绝缘器所有部件、附件应齐全，无损伤变形及锈蚀，绝缘件应无裂纹及破损。

检验数量：全数检查。

检验方法：观察检查。

2 分段绝缘器的型号及各部尺寸、绝缘性能、安装位置应符合设计要求。

检验数量：全数检查。

检验方法：观察检查，测量检查。

3 分段绝缘器与受电弓接触部分应与轨面连线平行，轨道有坡道或有超高时，根据轨道的倾斜度和坡度，导线和滑板的端头应在一条直线上。

检验数量：全数检查。

检验方法：观察检查，测量检查。

4 分段绝缘器中心线应与轨道中心线重合，允许偏差

±50 mm。

检验数量：抽查不少于 50%。

检验方法：测量检查。

5 分段绝缘器两端接触线高度与悬挂点接触线高度相等，末端导线螺栓处应比导流板高出 5 mm。

检验数量：全数检查。

检验方法：测量检查。

6 分段绝缘器不同带电部件间的间隙距离应符合设计要求。

检验数量：抽查不少于 50%。

检验方法：观察检查，测量检查。

7 分段绝缘器两消弧角间电间隙应符合设计要求。

检验数量：全数检查。

检验方法：测量检查。

10.6.20 避雷器安装应符合下列规定：

1 避雷器的安装位置、规格、型号、引线方式应符合设计要求，引线正确牢固，并预留因温度变化而引起的位移长度。

检验数量：全数检查。

检验方法：观察检查。

2 避雷器的排气通道应通畅；排出的气体不致引起闪络，并不得喷及其他设备。

检验数量：抽查不少于 10%。

检验方法：观察检查。

3 避雷器的接地方式应符合设计要求，接地电阻值不大于 10 Ω。

检验数量：抽查不少于 50%。

检验方法：观察检查，测量检查。

4 避雷器的试验应符合下列规定：

1) 测量绝缘电阻，其值与出厂试验值比较应无明显差别。

2）测量避雷器直流 1 mA 时的参考电压值，其值应符合产品技术条件的规定。

检验数量：抽查不少于 50%。

检验方法：检查试验记录，观察检查，测试检查。

10.6.21 标志牌、支柱号码安装应符合下列规定：

1 “高压危险”标志牌应安装在电气设备及行人较多的支柱上，设置高度符合设计要求。标志牌明显、字体清晰。

2 “安全作业区”“接触网终点”预告标的设置位置应符合设计要求，安装牢固、便于瞭望，并严禁侵入建筑限界。

检验数量：抽查不少于 10%。

检验方法：观察检查，测量检查。

10.6.22 支柱防护、限界门安装应符合下列规定：

1 地面段邻近公路的支柱应设防护桩，在任何情况下不得侵入建筑限界。

2 平交道口的限界门安装应符合设计要求，支柱受力后应直立略外倾。

检验数量：抽查不少于 10%。

检验方法：观察检查，测量检查。

Ⅱ 一般项目

10.6.23 接触网基础应符合下列规定：

1 基础外形尺寸、基础螺栓位置、外露长度应符合设计要求，其允许偏差应符合表 10.6.23 的规定。

表 10.6.23 基础外形尺寸、基础螺栓位置、外露长度允许偏差

检验项目	允许偏差(mm)
基础横断面尺寸	±20
基础外露高度、基础限界	0～20
基础螺栓外露	±10

续表10.6.23

检验项目	允许偏差(mm)
基础螺栓孔距	±2
基础法兰面的水平度	±2
法兰盘与基础的轴心偏移	±20
混凝土保护层	−10

检验数量:全数检查。

检验方法:测量检查。

2 锚栓距挡墙距离不小于 100 mm,拉线锚环距挡墙距离不小于 80 mm。

检验数量:抽查不少于 10%。

检验方法:测量检查。

3 锚板拉杆与地面夹角应为 45°,特殊困难地区不大于 60°。

检验数量:抽查不少于 10%。

检验方法:测量检查。

4 基础外露部分表面平整、无蜂窝、麻面和露筋等现象,棱角完整,螺栓、螺纹完好,并涂油包扎保护。

检验数量:抽查不少于 30%。

检验方法:观察检查。

10.6.24 接触网预埋件防腐符合设计要求,无锈蚀;螺栓螺纹完好,并应涂油包扎保护。

检验数量:抽查不少于 30%。

检验方法:观察检查。

10.6.25 接触网支柱应符合下列规定:

1 支柱表面应光洁,无弯曲、扭转现象,焊接处符合设计要求,无裂缝,防腐镀层均匀,无脱落、锈蚀,镀层厚度符合设计要求。

检验数量:抽查不少于 10%。

检验方法:检查出厂合格证、钢材成分化验报告、镀锌层检测报告,观察检查,测量检查。

2 支柱底层钢垫片,每片面积不小于 50×100 mm,每片厚度不大于 5 mm,片数不大于 3 片。

检验数量:抽查不少于 10%。

检验方法:观察检查,测量检查。

10.6.26 接触网拉线应符合下列规定:

1 拉线不得有断股、松股和接头,受力均衡,螺纹外露长度一致。

2 钢绞线拉线无锈蚀现象并涂防腐油防腐。回头绑扎牢固,平整美观。

检验数量:抽查不少于 10%。

检验方法:观察检查,测量检查。

10.6.27 接触网接地装置应符合下列规定:

1 地线座、地线线夹的螺栓紧固力矩应符合规范要求。架空地线下锚处调整螺栓长度应在允许范围内,应有不少于 30 mm 的调节余量。

2 架空地线与接触网支持结构及设备底座的连接应可靠,沿支柱敷设的地线应紧贴杆身,平直、无明显弯曲并固定牢固。

3 地线线夹安装端正,地线线夹中的铜垫片齐全,安放正确。

4 接地线的防腐应符合设计要求,连接处除锈并涂复合脂。

检验数量:抽查不少于 10%。

检验方法:观察检查,测量检查。

10.6.28 架空充电轨或架空接触网器材应符合下列规定:

1 金属零配件表面应光洁、平整,不应有裂纹、毛刺、飞边、砂眼、缩孔、气泡等缺陷。

2 绝缘子瓷件的外观应符合现行国家标准《高压电瓷瓷件技术条件》GB 727 的有关规定。

3 硅橡胶绝缘子应无弯曲、裂纹、老化及破损现象。

4　线材无断股、散股、扭面、硬点等缺陷。

检验数量：抽查10%。

检验方法：查合格证、观察检查。

10.6.29　软横跨安装应符合下列规定：

1　调节螺栓的螺纹外露长度不应小于20 mm，不宜大于螺纹全长的1/2。

2　绞线在楔形线夹内的回头长度宜为300 mm～500 mm，回头与本线的绑扎长度为100 mm±10 mm，软横跨固定索受力均匀。

3　钢绞线和螺纹外露部分涂油防腐。

检验数量：抽查不少于10%。

检验方法：观察检查。

10.6.30　接触网腕臂应符合下列规定：

1　腕臂上各部件应处在同一垂直面内，铰接处转动应灵活。

2　腕臂不可弯曲、锈蚀，顶端管帽密封良好。

3　腕臂上下底座应与支柱密贴、平整，底座槽钢应水平安装。

检验数量：抽查不少于30%。

检验方法：观察检查，测量。

10.6.31　定位器及定位装置安装应符合下列规定：

1　定位器各部螺栓紧固牢靠，螺栓紧固力矩应符合设计要求，螺栓外露部分应涂防腐油。

2　定位器应保证温度变化时接触导线能自由地伸缩移动。

3　软定位回头统一顺直。

检验数量：抽查不少于10%。

检验方法：观察检查，测量检查。

10.6.32　接触线张力补偿应符合设计要求，补偿绳与补偿装置不应发生摩擦，坠砣完整。

检验数量：全数检查。

检验方法：观察检查，测量检查。

10.6.33 接触线中心锚结安装应符合下列规定：

1 直线区段的中心锚结线夹应端正，曲线区段中心锚结应与接触线倾斜度相一致。

2 中心锚结线夹应牢固可靠、螺栓紧固力矩符合设计要求，中心锚结绳的两端应用相互倒置的钢线卡子固定，并有一定距离。

3 中心锚结绳和线夹均应涂油防腐。

检验数量：抽查不少于10%。

检验方法：观察检查。

10.6.34 吊索安装应符合下列规定：

1 螺栓紧固力矩应符合设计要求。

检验数量：抽查不少于10%。

检验方法：测量检查。

2 吊索及螺栓螺纹部分应涂防腐油。

检验数量：抽查不少于10%。

检验方法：观察检查。

10.6.35 接触悬挂安装应符合下列规定：

1 接触线工作面及各种线夹应端正，线夹夹面与接触线接触部分密贴。

检验数量：抽查不少于10%。

检验方法：测量检查。

2 接触线的张力和弛度应符合规定值。

检验数量：抽查不少于10%。

检验方法：观察检查，查张力和弛度曲线。

10.6.36 补偿坠砣按设计规定安装，坠砣缺口相互错开180°，连接螺栓固定金属要紧固牢靠，螺栓外露部分及钢绞线补偿绳涂防腐油。

检验数量：抽查不少于10%。

检验方法：观察检查，测量检查。

10.6.37 锚段关节处两工作支接触线水平投影应平行，使受电弓能从一个锚段平滑过渡到另一个锚段。

检验数量：全数检查。

检验方法：观察检查，冷滑试验。

10.6.38 电连接线安装应符合下列规定：

1 电连接线应无松股、断股现象，保持顺直，扎带应选用不宜老化的材质。

2 多股道的电连接在平均温度时应垂直于正线或重要线。平均温度时，全补偿接触线采用同材质时应垂直安装；不同材质时应按计算偏差值安装。

检验数量：抽查不少于10%。

检验方法：测量检查。

10.6.39 线岔安装应符合下列规定：

1 线岔螺栓、垫片应齐全，且安装端正、牢固。

检验数量：抽查不少于10%。

检验方法：观察检查。

2 受电弓始触区范围内不宜安装各种线夹。

检验数量：抽查不少于30%。

检验方法：观察检查。

10.6.40 隔离开关安装应符合下列规定：

1 隔离开关触头表面应平整、清洁、并应涂油；载流部分的可挠连接无折损；载流部分表面无凹陷及锈蚀。

检验数量：抽查不少于10%。

检验方法：观察检查。

2 开关托架呈水平状；操作机构安装位置应便于操作，传动杆垂直，与操作机构轴线一致，连接牢固，机械传动部分传动平稳。

检验数量：抽查不少于10%。

检验方法：观察检查，操作检查。

3　机构的分、合闸指示与开关实际位置一致。

检验数量：抽查不少于 20%。

验方法：观察检查，操作检查。

4　手动操动机构安装高度宜距地面 1.1 m～1.2 m。

检验数量：抽查不少于 10%。

检验方法：测量检查。

5　隔离开关基础、支架稳固。

检验数量：抽查不少于 10%。

检验方法：观察检查，操作检查。

10.6.41　分段绝缘器安装应符合下列规定：

1　分段绝缘器安装后应保持原有锚段的张力及补偿器距地面的高度。

检验数量：抽查不少于 30%。

检验方法：测量检查。

2　分段绝缘器应满足受电弓双向通过。

检验数量：抽查不少于 30%。

检验方法：热滑试验。

3　分段绝缘器绝缘件应完整，紧固件连接可靠，与接触线接头处应平滑，车辆双向行驶不打弓。

检验数量：抽查不少于 30%。

检验方法：观察检查，冷滑试验。

10.6.42　避雷器安外部应完整无缺损，瓷套管光洁，金属件镀锌良好，支架水平，连接牢固。

检验数量：抽查不少于 10%。

检验方法：观察检查。

10.6.43　标志牌、支柱号码安装应符合下列规定：

1　标志牌字迹清楚、醒目。

2　锚段、支柱编号质量符合设计规定。

检验数量：抽查不少于 10%。

检验方法：观察检查。

10.6.44 支柱防护、限界门安装应符合下列规定：

1 支柱防护尺寸应符合设计要求，安装可靠。

2 限界门限高标志应字迹清楚、醒目，支柱及防护桩均匀涂黑白相间油漆。

检验数量：抽查不少于10%。

检验方法：测量检查。

10.7 均回流

Ⅰ 主控项目

10.7.1 均流电缆、回流电缆的规格、型号、位置及连接方式应符合设计要求，电缆应连接牢靠、导通良好。均流电缆、回流电缆不应与信号轨相连。

检验数量：全数检查。

检验方法：观察检查。

10.7.2 均回流箱安装应符合下列规定：

1 箱体与基础连接应牢固，箱门锁闭应可靠。

2 不应侵入设备限界。

检验数量：全数检查。

检验方法：观察检查。

10.7.3 沿道床敷设的电缆应设置防护管，并可靠固定，严禁侵入限界。

检验数量：全数检查。

检验方法：观察检查。

10.7.4 回流箱在固定托臂上安装应牢固、密封良好，设备线夹与连接板的连接螺栓紧固力矩应符合设计要求，箱体两端应水平，偏差不大于10 mm。

检验数量：全数检查。

检验方法:观察检查,测量检查。

Ⅱ 一般项目

10.7.5 电缆与钢轨的连接采用放热焊接时,应对焊接点处钢轨进行探伤。

检验数量:10%抽检。

检验方法:观察检查。

10.7.6 回流箱外观无掉漆、锈蚀现象,箱门开、关灵活,密封良好,整体美观。

检验数量:全数检查。

检验方法:观察检查。

10.7.7 电缆敷设正确、美观,余长适合。

检验数量:全数检查。

检验方法:观察检查。

10.7.8 电缆保护管完好。电缆无损伤,无中间接头,端头制作规范,焊接可靠。

检验数量:全数检查。

检验方法:观察检查。

10.8 接触网冷滑与送电开通

10.8.1 接触网送电前应进行冷滑试验,冷滑试验应在线路限界检查后进行,冷滑试验不应少于 2 次。第 1 次运行速度为 10 km/h~15 km/h,车辆段为 5 km/h~10 km/h;第 2 次运行速度为 25 km/h~30 km/h,车辆段为 10 km/h~15 km/h;如设计文件要求进行第 3 次冷滑试验,应按正常运行速度运行。

10.8.2 冷滑试验时,受电弓对接触线的压力应与正式运行车辆弓网压力相匹配。

10.8.3 冷滑试验应检查以下项目:

1 导线拉出值、之字值应符合设计值。

2 受电弓通过悬挂点时不应产生振动或碰撞。

3 受电弓在交叉渡线处不应碰撞主线或渡线，应平稳过渡，无脱线、刮弓现象，应能双向工作。

4 受电弓应平稳通过分段绝缘器，不打弓。

5 接触导线无弯曲、扭转、碰弓、脱弓现象。

6 导线高度变化平稳，无突变或跳动，高度应符合规定。

7 受电弓与接地体间的距离应符合规定。

8 定位器坡度应适合，定位线夹处无硬点、不打弓。

9 各种标志安装齐全。

检验数量：全数检查。

检验方法：冷滑车检查。

10.8.4 接触网开通送电前应完成以下工作：

1 绝缘子全部擦拭。

2 检查接触网无接地现象。

3 接触网绝缘电阻试验，绝缘电阻值符合送电要求。

检验数量：全数检查。

检验方法：观察检查，用接地电阻测试仪。

10.8.5 接触网开通送电后应完成以下工作：

1 确认各供电臂始、终端均带电。

2 试验车以正常运行速度往返运行，接触网及设备应无放电、火花和局部过热现象。

检验数量：全数检查。

检验方法：用直流 750 V 高压验电器验电，热滑。

10.9 杂散电流防护

Ⅰ 主控项目

10.9.1 杂散电流监测装置安装应符合下列规定：

1　参比电极规格、型号、安装位置和方式应符合设计要求，外观应完好、无裂缝，参比电极安装时不应与结构钢筋接触。

2　参比电极端子和测试端子与连接引线、传感器与转接器连接的通信电缆应设置保护管与接线盒，并应连接可靠。

3　传感器装置的安装地点和安装方式应符合设计要求，不应侵入设备限界。

4　监测室的屏、柜、箱的规格、型号及安装位置应符合设计要求。

5　电力电缆和控制电缆与设备的连接应正确，固定应牢靠，绝缘应良好，电缆标志牌应字迹清晰，挂装应牢固。

检验数量：全数检查。

检验方法：观察检查。

10.9.2　杂散电流防护设备安装应符合下列规定：

1　排流柜安装应符合本标准第 10.3.11 条的规定。

2　当排流柜为绝缘安装时，绝缘板应固定在基础槽钢上，绝缘板接口处的间隙应用中性绝缘胶填充。

3　杂散电流防护排流网引出端子及防护测点的设置应符合设计要求。

检验数量：全数检查。

检验方法：观察检查。

10.9.3　排流柜试验应符合下列规定：

1　绝缘电阻值不应小于出厂试验值的 70%。

2　主回路工频耐压试验应符合本标准第 10.4.1 条的规定，二次回路工频试验电压应为 2 000 V。

3　仪表误差应符合精度要求。

4　控制及保护功能应符合设计要求。

检验数量：全数检查。

检验方法：观察检查，仪表测量。

10.9.4　参比电极及监测装置的试验应符合下列规定：

1　参比电极本体电位的测量值、显示值应正确。

2　参比电极输出电位应精度测量和核对。

3　控制及保护功能应符合设计要求。

检验数量：全数检查。

检验方法：观察检查，仪表测量。

10.9.5　单向导通装置设备试验应符合下列规定：

1　交流耐压试验应符合本标准第 10.4.1 条的规定，二次回路工频试验电压应为 2 000 V。

2　各种控制、信号、保护及测量功能应符合产品技术文件规定。

检验数量：全数检查。

检验方法：观察检查，仪表测量。

10.9.6　杂散电流防护系统测试和检查项目应符合现行行业标准《地铁杂散电流腐蚀防护技术规程》CJJ 49 的规定。

检验数量：全数检查。

检验方法：观察检查，仪表测量。

Ⅱ　一般项目

10.9.7　参比电极的封洞挡板安装孔径应符合设计要求，中间引线预留孔径应符合设计文件及产品技术文件要求。参比电极埋设的填充物、封洞挡板的封闭及引线的固定，应符合设计要求。

检验数量：全数检查。

检验方法：观察检查，钢尺量测。

10.9.8　测量传感器装置支架应水平安装、牢固可靠，支架防腐措施、接地应符合设计要求。

检验数量：全数检查。

检验方法：观察检查。

10.9.9　排流柜与基础或构件间的连接应固定牢固，除地脚螺栓外，所有紧固件应为镀锌制品。

检验数量：全数检查。

检验方法：观察检查。

10.9.10 排流柜及单向导通装置配置的电缆，其规格与引入引出位置应符合设计要求。

检验数量：全数检查。

检验方法：观察检查。

10.10 电力监控系统

Ⅰ 主控项目

10.10.1 屏柜安装参照本标准第10.3.11条执行。

10.10.2 电缆敷设及连线参照本标准第10.3.12条执行。

10.10.3 软件所有功能应符合设计要求，软件运行应稳定可靠，并具有一定的可扩展性且易于操作。

检验数量：全数检查。

检验方法：测试检查，查阅试验报告。

10.10.4 电力监控测试应符合下列规定：

1 主站电力监控系统的启动、自检和切换装置应正常，系统工作可靠，符合设计要求。

2 主站电力监控系统和被控设备，被控站和本站设备间，遥控动作可靠，摇信显示正确，遥测和故障点标定准确。

3 被控站各监控单元安装正确，接口单元性能良好，整机工作正常。

4 调试时，主站和被控站、被控站和本站监控对象，应分别逐项进行遥控、摇信、遥测检查，项目齐全，功能良好。

检验数量：全数检查。

检验方法：测试检查，查阅试验报告。

11 通信工程

11.1 一般规定

11.1.1 有轨电车通信工程中，凡有区间设备安装侵入设备限界或车载设备安装超出车辆限界的，不得验收。

11.1.2 通信工程施工质量检验、检测所用的方法和测试仪表设备，应与检测项目相适应。在系统验收前，宜委托具有相应资质的检测单位进行系统测试。

11.1.3 通信工程施工阶段，应对各专业间的接口要求进行落实、核准和协商，并应相互配合联调；验收时，应核实接口要求的落实情况。

11.2 通信管线

11.2.1 通信管线的验收内容应包括支架、吊架安装，桥架安装，保护管安装，通信管道安装和缆线布放。

11.2.2 通信管线验收，应检查施工前的径路复核资料；应按设计文件及复核资料对预埋、安装、敷设的位置进行确认。

11.2.3 通信光缆、电缆直埋敷设时，其直埋沟槽的施工及验收宜执行现行行业标准《铁路运输通信工程施工验收标准》TB 10418的相关要求。

Ⅰ 主控项目

11.2.4 支架、吊架及配件到达现场应进行检查，其型号、规格和质量应符合设计要求。

检验数量:全数检查。

检验方法:检查出厂合格证及其他质量证明文件,并观察检查外观及形状。

11.2.5 支架、吊架安装位置及安装方式应符合设计要求,并应固定牢固;支架与吊架的各臂应连接牢固。支架、吊架安装不得侵入设备限界。

检验数量:全数检查。

检验方法:观察检查,扭力检查,钢尺量测。

11.2.6 支架、吊架不应安装在具有较大振动、热源、腐蚀性液滴及排污沟道的位置,也不应安装在具有高温、高压、腐蚀性及易燃易爆等介质的工艺设备、管道及能移动的构筑物上。

检验数量:全数检查。

检验方法:观察检查。

11.2.7 区间电缆支架接地方式应符合设计要求,接地连接应可靠。

检验数量:全数检查。

检验方法:观察检查,万用表、接地电阻测试仪检查。

11.2.8 线槽、走线架及配件到达现场应进行检查,其型号、规格和质量应符合设计要求。

检验数量:全数检查。

检验方法:检查出厂合格证及其他质量证明文件,观察检查。

11.2.9 线槽、走线架安装位置和安装方式应符合设计要求。

检验数量:全数检查。

检验方法:观察检查。

11.2.10 线槽终端应进行防火、防鼠封堵。

检验数量:全数检查。

检验方法:观察检查。

11.2.11 金属线槽焊接应牢固,内层应平整,不应有明显的变形,埋设时焊接处应进行防腐处理。金属线槽采用螺栓连接或固定时应牢固。

检验数量:全数检查。

检验方法:观察检查。

11.2.12 线槽、走线架与机架连接处应垂直并连接牢固。

检验数量:全数检查。

检验方法:观察检查。

11.2.13 金属线槽、走线架应接地,线槽接缝处应有连接线或跨接线。

检验数量:全数检查。

检验方法:观察检查,万用表检查。

11.2.14 预埋线槽时,线槽的连接处、出线口和分线盒,均应进行防水处理。

检验数量:全数检查。

检验方法:观察检查。

11.2.15 当供电电缆与信号电缆在同一径路用线槽敷设时,宜分线槽敷设。当需敷设在同一线槽内时,应采用带金属隔板的线槽分开敷设。

检验数量:全数检查。

检验方法:观察检查。

11.2.16 线槽安装在经过建筑沉降缝或伸缩缝时应预留变形间距。

检验数量:全数检查。

检验方法:观察检查。

11.2.17 保护管及配件到达现场应进行检查,其型号、规格和质量应符合设计要求。

检验数量:全数检查。

检验方法:检查出厂合格证等质量证明文件,并观察检查外观及形状。

11.2.18 保护管煨管应符合下列规定：

1 弯曲角度不应小于90°。

2 弯曲半径不应小于管外径的6倍。

3 弯扁度不大于该管外径的1/10。

4 弯曲处应无凹陷、裂缝。

5 单根保护管的直角弯不应超过2个。

检验数量：全数检查。

检验方法：随工检验。

11.2.19 保护管管口应采用防火材料进行密封处理。

检验数量：全数检查。

检验方法：观察检查。

11.2.20 金属保护管应可靠接地，连接后应保证整个系统的电气连通性。

检验数量：全数检查。

检验方法：万用表、接地电阻测试仪检查。

11.2.21 埋入墙或混凝土内的保护管宜采用整根材料；当需连接时，应在连接处进行防水处理。预埋保护管管口应进行防护处理。

检验数量：全数检查。

检验方法：随工检查。

11.2.22 保护管安装经过建筑沉降缝或伸缩缝时，应预留变形间距。

检验数量：全数检查。

检验方法：观察检查。

11.2.23 通信管道所用的器材在使用之前应进行检查，其型号、规格和质量应符合设计要求。

检验数量：全数检查。

检验方法：检查出厂合格证及其他质量证明文件，并观察检查外观及形状。

11.2.24 通信管道的埋深、包封和防护、管道倾斜度、管道弯度、段长，以及防水、防蚀、防强电干扰应符合设计要求。

检验数量：全数检查。

检验方法：观察检查。

11.2.25 通信管道应进行试通，不能通过标准拉棒但能通过比标准拉棒直径小 1 mm 的拉棒的孔段占试通孔段总数的比例不应大于 10%。

检验数量：钢材、塑料等单孔组群的通信管道，2 孔及以下试通全部管孔，3 孔～6 孔抽试 2 孔，6 孔以上每增加 5 孔多抽试 1 孔。

检验方法：在直线管道使用比管孔标称直径小 5 mm、长 900 mm 的拉棒试通；对弯曲半径大于 36 m 的弯管道，使用比管孔标称直径小 6 mm、长 900 mm 的拉棒试通。

11.2.26 通信管道进入建筑物、人手孔时，管孔应进行封堵。

检验数量：全数检查。

检验方法：观察检查。

Ⅱ 一般项目

11.2.27 支架、吊架的镀锌要求和尺寸应符合设计要求；切口处不应有卷边，表面应光洁、无毛刺。

检验数量：全数检查。

检验方法：观察检查。

11.2.28 当支架、吊架安装在有坡度、弧度的建筑物构架上时，其安装坡度、弧度应与建筑物构架的坡度、弧度相同。

检验数量：全数检查。

检验方法：观察检查。

11.2.29 支架、吊架安装应横平竖直、整齐美观，安装位置偏差不宜大于 50 mm。在同一直线段上的支架、吊架应间距均匀，同层托臂应在同一水平面上。

检验数量:全数检查。

检验方法:观察检查,钢尺量测。

11.2.30 安装金属线槽及保护管用的支架、吊架间距应符合设计要求。

检验数量:全数检查。

检验方法:观察检查。

11.2.31 敷设电缆用的支架、吊架间距应符合设计要求;当设计无要求,水平敷设时宜为 0.8 m～1.5 m,垂直敷设时宜为 1.0 m。

检验数量:全数检查。

检验方法:观察检查,钢尺量测。

11.2.32 金属线槽的金属材料厚度、镀锌要求应符合设计要求。

检验数量:全数检查。

检验方法:观察检查,检查出厂合格证等质量证明文件。

11.2.33 线槽的安装应横平竖直,排列整齐。槽与槽之间、槽与设备盘(箱)之间、槽与盖之间、盖与盖之间的连接处,应对合严密。

检验数量:全数检查。

检验方法:观察检查,钢尺量测。

11.2.34 当线槽的直线长度超过 50 m 时,宜采取热膨胀补偿措施。

检验数量:全数检查。

检验方法:观察检查。

11.2.35 当线槽内引出电缆时,应采用缆线保护措施。

检验数量:全数检查。

检验方法:观察检查。

11.2.36 线槽的上部应留有便于操作的空间。当线槽拐直角弯时,其弯头的弯曲半径不应小于槽内最粗电缆外径的 10 倍。

检验数量:全数检查。

检验方法：观察检查。

11.2.37 保护管不应有变形及裂缝，管口应光滑、无锐边，内外壁应光洁、无毛刺，尺寸应准确；金属保护管的镀锌要求应符合设计要求。

检验数量：全数检查。

检验方法：观察检查。

11.2.38 保护管增设接线盒或拉线盒的位置应符合设计要求，接线盒或拉线盒开口朝向应方便施工。预埋箱、盒位置应正确，并应固定牢固。与预埋保护管连接的接线盒（底盒）的表面应与墙面平齐，误差应小于 2 mm。

检验数量：全数检查。

检验方法：观察检查。

11.2.39 预埋保护管应符合下列规定：

1 伸入箱、盒内的长度不应小于 5 mm，并应固定牢固，多根管伸入时应排列整齐。

2 当预埋的保护管引出表面时，管口宜伸出表面 200 mm；当从地下引入落地式盘（箱）时，宜高出盘（箱）底内面 50 mm。

3 预埋的金属保护管管外不应涂漆。

4 当预埋保护管埋入墙或混凝土内时，离表面的净距离不应小于 15 mm。

检验数量：全数检查。

检验方法：观察检查，钢尺量测。

11.2.40 保护管应排列整齐、固定牢固。用管卡固定或水平吊挂安装时，管卡间距或吊杆间距应符合设计要求。

检验数量：全数检查。

检验方法：观察检查。

11.2.41 人手孔四壁及基础表面应平整，铁件安装牢固并应符合设计要求，管道窗口处理应美观。

检验数量：全数检查。

检验方法：观察检查。

11.2.42 人手孔口圈安装质量、位置和高程应符合设计要求。

检验数量：全数检查。

检验方法：观察检查，钢尺量测。

11.2.43 人手孔防渗、漏水及排水功能应良好。

检验数量：全数检查。

检验方法：观察检查。

11.3 光电缆敷设

11.3.1 光电缆线路敷设验收内容应包括光电缆敷设、光电缆接续及引入、光电缆线路检测。

11.3.2 光电缆线路验收前，应对径路复测情况进行确认，并复核隐蔽工程记录。

11.3.3 对设计要求的光电缆的低烟、无卤、阻燃等特性，以及防雨淋和抗阳光辐射特性，应由具有相应资质的检测单位出具测试报告。

11.3.4 确认光电缆敷设按设计和配盘要求的盘长敷设，不得任意切断光缆、电缆增加接头。

11.3.5 确认光电缆的接续、测试人员，应经过专业培训，并应持有上岗证。

Ⅰ 主控项目

11.3.6 光电缆及配套器材进场验收应符合下列规定：

1 型号、规格、质量应符合设计和订货合同要求。

2 合格证、质量检验报告等质量证明文件应齐全。

3 光电缆应无压扁、护套损伤和表面严重划伤等缺陷。

检验数量：全数检查。

检验方法：观察检查，检查质量证明文件。

11.3.7 光电缆单盘测试应符合下列规定：

1 单盘光缆长度、衰耗应符合设计和订货要求。

2 市话通信电缆的单线电阻、绝缘电阻、电气绝缘强度等直流电性能应符合该型号规格电缆的产品技术标准的规定；单盘电缆应不断线、不混线。

检验数量：全数检查。

检验方法：光时域反射仪（OTDR）测试；万用表、直流电桥、兆欧表、耐压测试仪等测试。

11.3.8 光电缆敷设应符合下列规定：

1 敷设径路、光电缆的端别应符合设计要求。

2 光电缆在支架上敷设位置应符合设计要求，并应固定牢靠。

3 直埋光电缆的埋深应符合设计要求。

4 区间光电缆的敷设，不得侵入设备限界。

检验数量：全数检查。

检验方法：观察检查，钢尺量测。

11.3.9 在通信管道和人手孔内敷设光电缆时，应符合下列规定：

1 管孔运用应符合设计要求。

2 同一根光电缆所占各段管道的管孔宜保持一致。

3 光电缆在人手孔支架上的排列顺序应与光电缆管孔运用相适应，在人手孔内应避免光电缆相互交越、交叉，不应阻碍空闲管孔的使用。

检验数量：全数检查。

检验方法：观察检查。

11.3.10 光电缆线路防雷设施的设置地点、数量、方式和防护措施应符合设计要求。

检验数量：全数检查。

检验方法：观察检查。

11.3.11 光电缆线路的防蚀和防电磁设施的设置地点、数量、方式和防护措施应符合设计要求。

检验数量：全数检查。

检验方法：观察检查。

11.3.12 光电缆外护层（套）不得有破损、变形或扭伤，接头处应密封良好。

检验数量：全数检查。

检验方法：观察检查。

11.3.13 光电缆与其他管线、设施的间隔距离应符合设计要求。

检验数量：全数检查。

检验方法：观察检查，钢尺量测。

11.3.14 光缆接续应符合下列规定：

1 芯线按光纤色谱排列顺序对应接续；光纤接续部位应采用热缩加强管保护，加强管收缩应均匀、无气泡。

2 光缆的金属外护套和加强芯应紧固在接头盒内。同一侧的金属外护套与金属加强芯在电气上应连通；两侧的金属外护套、金属加强芯应绝缘。

3 光缆接头盒盒体安装应牢固、密封良好。

4 光纤收容时的余长单端引入引出不应小于 0.8 m，两端引入引出不应小于 1.2 m。

5 光纤收容时的弯曲半径不应小于 40 mm。

6 光缆接头处的弯曲半径不应小于护套外径的 20 倍。

7 光缆接续后宜余留 2 m～3 m。

检验数量：全数检查。

检验方法：随工检查，监理单位旁站。

11.3.15 光缆接头的固定方式、位置应符合设计要求。

检验数量：全数检查。

检验方法：观察检查。

11.3.16 光缆引入应符合下列规定：

1 光缆引入时，其室内、室外金属护层及金属加强芯应断开，并应彼此绝缘、分别接地。

2 光缆引入应终端在光配线架或光终端盒上，并应标识清楚。

3 引入室内的光缆应进行固定并安装牢固。

检验数量：全数检查。

检验方法：观察检查，万用表检查。

11.3.17 光配线架或光终端盒的安装位置及面板排列应符合设计要求。

检验数量：全数检查。

检验方法：观察检查。

11.3.18 光配线架的安装应符合下列规定：

1 光配线架的型号、规格和安装位置应符合设计要求，架体安装应牢固可靠，紧固件应齐全并安装牢固。

2 光配线架上的标志应齐全、清晰、耐久可靠；光缆终端区光缆进、出应有标识。

3 光纤收容盘内，光纤的盘留弯曲半径应大于 40 mm。

4 裸光纤与尾纤的接续应符合本标准第 11.3.14 条的相关要求，其接头应加热熔保护管保护，并应按顺序排列固定。

5 尾纤应按单元进行盘留，盘留弯曲半径应大于 50 mm。

检验数量：全数检查。

检验方法：本条第 1，2 款观察检查，第 3～5 款随工检查。

11.3.19 电缆接续应符合下列规定：

1 电缆接续时，芯线线位应正确、连接可靠；接续完成后，应检查无错线、断线，绝缘应良好。

2 直通电缆两侧的金属护层及屏蔽钢带应有效连通。

3 人手孔内的电缆接头应固定在托板架上，相邻接头放置应错开。

4 电缆接头盒盒体应安装牢固、密封良好。

5 电缆成端的弯曲半径不应小于电缆外径的 15 倍。

检验数量：全数检查。

检验方法：万用表检查错线和断线，兆欧表测试绝缘电阻。监理单位旁站。

11.3.20 电缆接头的固定方式、位置应符合设计要求。

检验数量：全数检查。

检验方法：观察检查。

11.3.21 电缆引入应符合下列规定：

1 电缆引入室内时，其室内、室外两侧的屏蔽钢带及金属护层应电气绝缘；外线侧的屏蔽钢带及金属护层应可靠接地；设备侧的屏蔽钢带及金属护层应悬浮。

2 电缆引入室内应终端在配线架或分线盒上，并应标识清楚。

3 电缆引入防护应符合设计要求。

检验数量：全数检查。

检验方法：观察检查，万用表检查。

11.3.22 接线盒、分线盒和交接箱的配线应卡接牢固、排列整齐、序号正确，标识应清楚。

检验数量：全数检查。

检验方法：观察检查。

11.3.23 配线架的安装应符合下列规定：

1 配线架的型号、规格和安装位置应符合设计要求，架体安装应牢固可靠，紧固件应齐全并固定牢靠。

2 配线架上的标志应齐全、清晰、耐久可靠；卡接模块上应有标识。

3 接线端子应连接牢固，接触可靠。

4 接线排上任意互不相连的两接线端子之间、任一接线端子和金属固定件之间，其绝缘电阻不应小于 50 MΩ。

5 总配线架的总地线和交换机的地线应实现等电位连接；引入总配线架的用户电缆其屏蔽层在电路两端应接地，交换机侧应在入局界面处进线室内与地线总汇集排连接接地。

6 总配线架的告警功能应符合设计要求。

检验数量：绝缘电阻抽测10%，其余项目应全数检查。

检验方法：观察检查，测试、试验检查；绝缘电阻用500 V兆欧表测试。

11.3.24 测试光缆线路在一个区间（中继段）内，每根光纤的背向散射曲线应平滑、无阶跃反射峰，测得的接续损耗平均值应符合下列指标要求：

1 1 310 nm、1 550 nm波长时，单模光纤 $\bar{\alpha} \leqslant 0.08$ dB。

2 多模光纤 $\bar{\alpha} \leqslant 0.2$ dB。

检验数量：全数检查。

检验方法：用光时域反射仪（OTDR）测试检验。

11.3.25 测试光缆线路区间或中继段的光纤线路衰减 α_1，其测试值应小于计算值。α_1 应按以下公式计算。

$$\alpha_1 = \alpha_0 L + \alpha n + \alpha_c m \qquad (11.3.25)$$

式中：α_0——光纤衰减标称值（dB/km）；

α——光缆中继段每根光纤双向接头平均损耗（dB），单模光纤 $\alpha \leqslant 0.08$ dB（1 310 nm、1 550 nm）；

α_c——光纤活动连接器平均损耗（dB），单模光纤 $\alpha_c \leqslant 0.7$ dB；

L——光缆中继段长度（km）；

n——光缆中继段内每根光纤接头数；

m——光缆中继段内每根光纤活动连接器数。

检验数量：全数检查。

检验方法：用光源、光功率计测试检验。

11.3.26 测试市话电缆直流电特性，其换算后的结果应符合表11.3.26的规定。

表 11.3.26 市话电缆直流电特性标准

序号	项目	单位	标准	换算
1	0.8 mm 线径单线环阻(20 ℃)	Ω/km	≤74	实测值/L
	0.6 mm 线径单线环阻(20 ℃)	Ω/km	≤132	
	0.5 mm 线径单线环阻(20 ℃)	Ω/km	≤190	
	0.4 mm 线径单线环阻(20 ℃)	Ω/km	≤296	
2	绝缘电阻	MΩ·km	≥3 000(填充式电缆) ≥10 000(非填充式电缆)	实测值×($L+L'$)
3	断线、混线		不断线、不混线	

注:表中 L 为音频段电缆长度,L'为电缆线路各种附属设备的等效电阻折算的电缆长度,单位为 km。

检验数量:全数检查。

检验方法:用直流电桥、250 V 兆欧表测试检验。

Ⅱ 一般项目

11.3.27 光电缆敷设、接续或固定安装时的弯曲半径不应小于光电缆外径的 15 倍。

检验数量:全数检查。

检验方法:观察检查或检查随工检验记录。

11.3.28 光电缆线路余留的设置位置和长度应符合设计要求。

检验数量:全数检查。

检验方法:观察检查。

11.3.29 直埋光电缆线路标桩的埋设应符合设计要求;光电缆标桩应埋设在径路的正上方,接续标桩应埋设在接续点的正上方,标识应清楚。

检验数量:全数检查。

检验方法:观察检查。

11.3.30 光缆及接头盒在进入人孔时,应放在人孔铁架上固定保护。

检验数量:全数检查。

检验方法:观察检查。

11.3.31 光缆引入室内、光配线架或光终端盒时,其型号、规格、起止点及上下行标识应清晰准确。

检验数量:全数检查。

检验方法:观察检查。

11.3.32 当室内电缆分线盒、交接箱安装在墙上时,其位置及高度应符合设计要求。

检验数量:全数检查。

检验方法:观察检查,钢尺量测。

11.3.33 当电缆引入分线盒时,从引入口到分线盒的电缆宜采用管槽保护。

检验数量:全数检查。

检验方法:观察检查。

11.3.34 接头装置宜按设计要求进行编号。

检验数量:全数检查。

检验方法:观察检查。

11.3.35 电缆引入室内及配线架时,其型号、规格、起止点及上下行标识应清晰准确。

检验数量:全数检查。

检验方法:观察检查。

11.4 设备安装及配线

11.4.1 设备安装和配线的验收内容包括安装在设备机房内的通信设备的设备安装、设备配线。

11.4.2 验收前,应根据设计文件核对预埋管线、预留孔洞、基础的条件符合设备安装和配线要求。

Ⅰ 主控项目

11.4.3 设备进场验收应符合下列规定：

1 数量、型号、规格和质量应符合设计要求。

2 图纸和说明书等技术资料，合格证和质量检验报告等质量证明文件应齐全。

3 机柜(架)、设备及附件应无变形，表面应无损伤，镀层、漆饰应完整、无脱落，铭牌、标识应完整清晰。

4 机柜(架)、设备内的部件应完好，连接应无松动；应无受潮、发霉和锈蚀。

检验数量：全数检查。

检验方法：对照设计文件和订货合同，检查实物和质量证明文件。

11.4.4 机柜(架)安装应符合下列规定：

1 机柜(架)的安装位置及安装方式应符合设计要求。

2 机柜(架)底座应对地加固。

3 机柜(架)安装应稳定牢固。

检验数量：全数检查。

检验方法：观察检查。

11.4.5 壁挂式设备安装位置和方式应符合设计要求，并应安装牢固可靠。

检验数量：全数检查。

检验方法：观察检查。

11.4.6 子架或机盘安装应符合下列规定：

1 子架或机盘安装位置应符合设备技术文件或设计要求。

2 子架或机盘应整齐一致，接触应良好。

检验数量：全数检查。

检验方法：观察检查。

11.4.7 金属机柜(架)、基础型钢应保持电气连接，并应可靠接地。

检验数量：全数检查。

检验方法：万用表检查。

11.4.8 设备配线光电缆及配套器材进场验收应符合下列规定：

1 数量、型号、规格和质量应符合设计和订货合同的要求。

2 合格证、质量检验报告等质量证明文件应齐全。

3 缆线外皮应无破损、挤压变形，缆线应无受潮、扭曲和背扣。

检验数量：全数检查。

检验方法：检查实物和质量证明文件。

11.4.9 配线电缆、光跳线的芯线应无错线或断线、混线，中间不得有接头。

检验数量：全数检查。

检验方法：万用表、对号器等检查断线、混线。

11.4.10 光缆尾纤应按标定的纤序连接设备。光跳线应单独布放，并应采用垫衬固定，不得挤压和扭曲。

检验数量：全数检查。

检验方法：观察检查。

11.4.11 设备电源配线中间不得有接头，电源端子接线应正确，配线两端的标志应齐全。

检验数量：全数检查。

检验方法：观察检查。

11.4.12 接插件、连接器的组装应符合相应的工艺要求。应配件齐全、线位正确、装配可靠，连接牢固。

检验数量：全数检查。

检验方法：观察检查，测试检验。

11.4.13 机柜（架）应可靠接地。

检验数量：全数检查。

检验方法：万用表检查。

11.4.14 配线电缆的屏蔽护套应可靠接地。

检验数量：全数检查。

检验方法:万用表检查。

Ⅱ 一般项目

11.4.15 设备应排列整齐、漆饰完好,铭牌和标记应清楚准确。

检验数量:全数检查。

检验方法:观察检查。

11.4.16 机柜(架)应垂直,倾斜度偏差应小于机柜(架)高度的1‰;相邻机柜(架)间隙不应大于3 mm;相邻机柜(架)正立面应平齐。

检验数量:全数检查。

检验方法:观察检查,钢尺量测。

11.4.17 各类工作台布局应符合设计要求。

检验数量:全数检查。

检验方法:观察检查。

11.4.18 各种缆线在防静电地板下、走线架或槽道内、机柜(架)内应均匀绑扎固定、松紧适度,其中软光纤应加套管或线槽保护。

检验数量:全数检查。

检验方法:观察检查。

11.4.19 缆线两端的标签,其型号、序号、长度及起止设备名称等标识信息应准确。

检验数量:全数检查。

检验方法:观察检查。

11.4.20 当缆线接入设备或配线架时,应留有余长。

检验数量:全数检查。

检验方法:观察检查。

11.4.21 当设备配线采用焊接时,焊接后芯线绝缘层应无烫伤、开裂及后缩现象,绝缘层离开端子边缘露铜不宜大于1 mm。

检验数量:全数检查。

检验方法:观察检查,对号器检查端子。

11.4.22 当设备配线采用卡接时,电缆芯线的卡接端子应接触牢固。

检验数量:全数检查。

检验方法:观察检查,对号器检查卡接端子。

11.4.23 配线电缆和电源线应分开布放,间距不应小于 50 mm。交流配线和直流配线应分开绑扎。

检验数量:全数检查。

检验方法:观察检查。

11.5 骨干网络系统

11.5.1 骨干网络系统验收应包括骨干网络设备安装和配线、与施工质量有关的性能检测。

11.5.2 骨干网络系统验收应在通信线路验收合格和网管数据配置符合设计规定的情况下进行。

11.5.3 骨干网络设备的安装和配线应符合本标准第 11.4 节的相关规定。

Ⅰ 主控项目

11.5.4 光通道的接收光功率不应超过系统的过载光功率,并应按公式(11.5.4)计算。

$$P_{1} \geqslant P_{R} + M_{c} + M_{e} \tag{11.5.4}$$

式中:P_{1} ——接收端在 R 点实测系统接收光功率(dBm);

P_{R} ——在 R 点测得的接收器的接收灵敏度(dBm);

M_{c} ——光缆富余度(dB);

M_{e} ——设备富余度(dB)。

检验数量:全数检查。

检验方法:光功率计、光可变衰减器、误码仪测试检验。

11.5.5 IP 通道的吞吐量、丢包率、时延性能指标应符合设计要求。

检验数量:全数检查。

检验方法:数据网络分析仪测试检验。

11.5.6 骨干网络系统的下列可靠性功能应符合设计要求:

1 主控、电源等核心板件热备功能。

2 设备接口卡热插拔功能。

检验数量:全数检查。

检验方法:试验检验。

11.5.7 骨干网络系统的保护倒换准则和功能应符合设计要求。

检验数量:全数检查。

检验方法:通过系统设备和网管进行试验检验。

11.5.8 骨干网络系统的同步和定时功能应符合下列规定:

1 同步和定时方式应符合设计要求。

2 同步和定时源切换功能应正常。

检验数量:全数检查。

检验方法:通过系统设备和网管进行试验检验。

11.5.9 以太网透传、二层交换、三层交换、以太环网等功能应符合设计要求。

检验数量:全数检查。

检验方法:通过系统设备和网管进行试验检验。

11.6 无线通信系统

11.6.1 无线通信系统验收应包括天线杆(塔)安装、天馈安装、无线通信设备安装、无线通信设备配线、与施工质量有关的性能检验。

11.6.2 无线通信系统验收,应检查施工前的复测资料,应按设计文件及复测资料确认天线杆(塔)、基(直放)站、机房的位置。

11.6.3 无线通信系统验收前,应检查确认下列条件:

1 通信线路、骨干网络系统和电源系统验收合格。

2 无线通信系统网管数据配置符合设计要求。

3 系统场强覆盖检测前应确认外部电磁环境满足系统验收要求。

4 单呼、组呼通话质量模拟测试前应对场强覆盖进行检测。

11.6.4 检查确认天线杆(塔)安装作业人员应经过专业培训,持证上岗。

11.6.5 无线通信设备的安装和配线应符合本标准第 11.4 节的相关规定。

Ⅰ 主控项目

11.6.6 天线杆(塔)设备和材料进场验收应符合下列规定:

1 数量、型号、规格和质量应符合设计和订货合同的要求。

2 合格证、质量检验报告等质量证明文件应齐全。

3 铁塔构件的镀锌层应均匀光滑、不翘皮、无锈蚀。

检验数量:全数检查。

检验方法:对照设计文件和订货合同,检查实物和质量证明文件,并观察检查外观及形状。

11.6.7 天线杆(塔)基础深度、标高及塔靴安装位置应符合设计要求。

检验数量:全数检查。

检验方法:观察检查,钢尺量测。

11.6.8 天线杆(塔)基础混凝土的强度等级、所用原材料的规格应符合设计要求。

检验数量:全数检查。

检验方法:按现行行业标准《混凝土结构工程施工质量验收规范》GB 50204 的有关规定执行。

11.6.9 天线杆(塔)地基与基础部分的验收,应按现行国家标准《建筑地基基础工程施工质量验收规范》GB 50202、《混凝土结构工程施工质量验收规范》GB 50204 的要求进行。

11.6.10 天线杆(塔)塔靴安装应符合下列规定:

1 塔靴安装位置应正确,各塔靴的中心间距允许偏差不应大于 3 mm。

2 各塔靴的高度允许偏差不应大于 3 mm。

3 塔靴紧固螺栓应具有防腐措施。

检验数量:全数检查。

检验方法:观察检查,钢尺量测。

11.6.11 天线杆(塔)的高度、垂直度应符合设计要求。

检验数量:全数检查。

检验方法:经纬仪测试检验。

11.6.12 铁塔安装应符合下列规定:

1 铁塔塔靴与基础预埋螺栓连接应牢固,紧固度应符合设计要求。铁塔全部连接螺栓应进行防松处理。

2 自立式铁塔塔身各横截面应成相似多边形,同一横截面上对角线或边的长度偏差不应大于 5 mm。

3 所有焊接部位应牢固,无虚焊、漏焊等缺陷。

4 铁塔塔身与基础连接螺栓应采取防盗措施。

检验数量:全数检查。

检验方法:观察检查,钢尺量测,用力矩扳手试验检查螺栓紧固度。其中螺栓紧固度的检查应在塔身上、中、下三部分抽验。

11.6.13 天线加挂支柱高度及方位、平台位置及尺寸、爬梯的设置方式应符合设计要求,安装应牢固可靠。

检验数量:全数检查。

检验方法:观察检查,测试检验。

11.6.14 天线杆(塔)防雷应符合下列规定:

1 天线杆(塔)避雷针、防雷装置、接地引下线的安装位置及方式应符合设计要求。

2 铁塔塔体的接地电阻应符合设计要求，塔体金属构件间应保证电气连通。

3 避雷针安装应牢固可靠。

检验数量：全数检查。

检验方法：观察检查，测试检验。用接地电阻测试仪测试铁塔塔体的接地电阻，用万用表检查电气连通性。

11.6.15 屋顶天线杆安装应符合下列规定：

1 天线杆强度和安装方式应符合承重抗风要求以及设计要求。

2 天线杆底座应与建筑物避雷网用避雷引下线连通。

3 天线杆如不在建筑物防雷系统保护范围内，应安装避雷针，并应确保天线在避雷针保护区域 $LPZ0_B$ 范围内。

4 屋顶天线底座及其与屋顶面连接的膨胀螺栓应采用混凝土覆盖保护。

检验数量：全数检查。

检验方法：检查出厂质量证明文件，观察检查。

11.6.16 天线杆的埋深应符合表 11.6.16 的要求。

表 11.6.16 天线杆埋深标准

杆高(m)	埋深(m)		
	松土	普通土	硬土及土夹石
7.0～7.5	1.6	1.4	1.1
8.0～8.5	1.7	1.5	1.1
9.0～10.0	1.8	1.6	1.3
10.0～12.0	2.0	1.8	1.5

检验数量：全数检查。

检验方法：随工检查。

11.6.17 天线、馈线及附件材料进场验收应符合下列规定：

1 数量、型号、规格和质量应符合设计和订货合同的要求。

2　图纸和说明书等技术资料，合格证和质量检验报告等质量证明文件应齐全。

3　天线的外观应无凹凸、破损、断裂等现象，驻波比应符合设计要求。

4　馈线包装应无破损，外表应无压扁损坏。

检验数量：全数检查。

检验方法：检查实物和质量证明文件。

11.6.18　天线安装应符合下列规定：

1　天线的安装高度、安装方式应符合设计要求。

2　天线馈电点应朝下，护套顶端应与支架主杆顶部齐平或略高出支架主杆顶部。

检验数量：全数检查。

检验方法：观察检查，罗盘仪、天线倾角仪测试检验。

11.6.19　馈线安装应符合下列规定：

1　馈线导入室内方式应符合设计要求。

2　馈线引入机房前，在墙洞入口处应制作滴水弯；馈线引入室内应采取防火封堵措施。

3　馈线布放应路由合理、路径最短、拐弯最少。

4　馈线固定方式应符合设计要求，弯曲半径应符合所用馈线的产品要求。

5　馈线中间不应有接头。

检验数量：全数检查。

检验方法：观察检查，钢尺量测。

11.6.20　天馈线防雷应符合下列规定：

1　馈线进入机房与设备连接前应安装馈线避雷器，接地端子应就近引接到接地线上。

2　馈线在室外部分的外防护层应有不少于 3 点的外防护层接地连接，外防护层的接地位置应在天线与馈线连接处，馈线引入机房应在馈线洞外处。

检验数量：全数检查。

检验方法：观察检查，万用表检查。

11.6.21 天馈系统的电压驻波比不应大于1.5。

检验数量：全数检查。

检验方法：驻波比测试仪测试检验。

11.6.22 基站和直放站的避雷器安装应串接于天馈线和室内同轴馈线之间。避雷装置安装应符合设计要求。

检验数量：全数检查。

检验方法：观察检查。

11.6.23 高架及地面区间直放站的地线设置及接地电阻应符合设计要求。

检验数量：全数检查。

检验方法：接地电阻测试仪测接地电阻。

11.6.24 直放站的安装方式及防护等级应符合设计要求。

检验数量：全数检查。

检验方法：观察检查。

11.6.25 无线通信系统区间设备安装不得侵入设备限界。

检验数量：全数检查。

检验方法：观察检查，钢尺量测。

11.6.26 基站及直放站配线应符合下列规定：

1 配线应走向合理并绑扎牢固，与设备连接应可靠。

2 布线应符合本标准的相关规定。

3 出线部分应采取适当的防护措施。

检验数量：全数检查。

检验方法：观察检查。

11.6.27 无线通信车载设备的安装、布线以及防震、防电磁干扰等要求应符合设计和车辆专业的要求。车载设备安装不得超出车辆限界。

检验数量：全数检查。

检验方法：观察检查，钢尺量测。

11.6.28 无线通信系统空间波覆盖的时间地点概率不应小于90%，漏泄同轴电缆辐射电波的时间地点概率不应小于95%。

检验数量：全数检查。

检验方法：场强仪测试。

11.6.29 单呼和组呼的接通率、掉话率、语音质量、平均呼叫建立时延、切换失败率等通话质量模拟测试指标应符合设计要求。

检验数量：全数检查。

检验方法：专用测试系统测试检验。

Ⅱ 一般项目

11.6.30 铁塔构件的热镀锌层应均匀光滑，无漏镀，不得出现返锈现象。

检验数量：全数检查。

检验方法：观察检查。

11.6.31 天线与跳线接头处应制作滴水弯，并应进行防水密封处理。

检验数量：全数检查。

检验方法：观察检查。

11.6.32 天馈线避雷地线接地体与连接线等焊接处应进行防腐处理。

检验数量：全数检查。

检验方法：观察检查。

11.7 电话系统

11.7.1 电话系统验收应包括电话设备安装、电话设备配线、与施工质量有关的性能检测。

11.7.2 电话系统验收应在通信线路、骨干网络系统、电源系统验收合格，且电话系统网管数据配置符合设计要求的情况下进行。

11.7.3 电话设备的安装和配线应符合本标准第 11.4 节的相关规定。

Ⅰ 主控项目

11.7.4 电话系统传输衰耗应符合下列规定：

1 电话交换机至所辖范围内的用户线传输衰耗不应大于 7 dB。

2 远距离用户的全程传输衰耗应符合设计要求。

检验数量：按中心、车辆基地、车站各抽检 1 个通道。

检验方法：振荡器、电平表测试检验。

11.8 乘客信息系统

11.8.1 乘客信息系统验收应包括乘客信息系统设备安装、乘客信息系统设备配线、与施工质量有关的性能检测。

11.8.2 乘客信息系统验收应在通信线路、骨干网络系统、电源系统验收合格，乘客信息系统网管数据配置符合设计规定的情况下进行。

11.8.3 乘客信息系统设备的安装和配线应符合本标准第 11.4节的相关规定。

Ⅰ 主控项目

11.8.4 乘客信息系统终端设备的安装位置与安装方式应符合设计要求。

检验数量：全数检查。

检验方法：观察检查。

11.8.5 显示终端的支架安装应牢固、稳定。

检验数量：全数检查。

检验方法：观察检查。

11.8.6 显示终端安装在地面、高架站台时,其防水、防尘要求应符合设计要求。

检验数量:全数检查。

检验方法:观察检测。

11.8.7 显示终端配线应符合下列规定:

1 配线走向应合理,并应绑扎牢固,与设备连接应可靠。

2 布线应符合本标准的相关规定。

3 显示器出线部分应采取机械防护措施。

检验数量:全数检查。

检验方法:观察检查。

11.8.8 乘客信息系统显示设备的显示分辨率、屏幕亮度、可视角度、响应时间和功耗应符合设计要求。

检验数量:全数检查。

检验方法:检查出厂检验报告。

11.8.9 多媒体查询机的屏幕显示分辨率、屏幕触控分辨率、定位精度应符合设计要求。

检验数量:全数检查。

检验方法:检查出厂检验报告。

11.8.10 乘客信息系统图像质量均应符合设计要求。

检验数量:全数检查。

检验方法:用视频信号发生器、视频综合分析仪或专用测试系统测试检验。

11.9 技术防范系统

11.9.1 技术防范系统验收应包括技术防范设备安装、技术防范设备配线、与施工质量有关的性能检测。

11.9.2 技术防范系统验收应在通信线路、骨干网络系统、电源系统验收合格,技术防范系统网管数据配置、承载网络传输质量、网络带宽符合设计要求的情况下进行。

11.9.3 技术防范系统设备的安装和配线应符合本标准第11.4节的相关规定。

Ⅰ 主控项目

11.9.4 摄像机安装位置、监视目标应符合设计要求。

检验数量:全数检查。

检验方法:观察检查,试验检查。

11.9.5 摄像机支架应稳固,摄像机及前端设备安装应牢固,云镜转动应正常。

检验数量:全数检查。

检验方法:观察检查,试验检查。

11.9.6 室外摄像机支柱(杆)的安装高度、深度、基础强度及防雷接地安装应符合设计要求。

检验数量:全数检查。

检验方法:观察检查,测试检验。

11.9.7 室外摄像机的安装应符合下列规定:

1 安装方式应符合设计要求,安装应牢固可靠。

2 云台水平、垂直转动角度应符合设计要求。

3 防雷接地应符合设计要求。

4 在接触网等高压带电设备附近架设摄像机时,安全防护距离应符合设计要求。

5 防护罩应安装牢固,防护性能应符合设计要求。

检验数量:全数检查。

检验方法:观察检查,钢尺量测,试验检验。

11.9.8 室外机箱的安装高度、防护功能、防雷接地应符合设计要求,并应安装牢固。

检验数量:全数检查。

检验方法:观察检查,钢尺量测,试验检验。

11.9.9 视频监视区间设备安装不得侵入设备限界。

检验数量:全数检查。

检验方法:观察检查,钢尺量测。

11.9.10 摄像机配线应符合下列规定:

1 配线应走向合理并绑扎牢固、与设备连接可靠。

2 布线应符合本标准的相关规定。

3 从摄像机引出的电缆宜留余量,不得影响摄像机的转动。

4 摄像机的电缆和电源线应固定,不应用插头承受电缆的自重。

5 摄像机出线部分应采取防护措施。

检验数量:全数检查。

检验方法:观察检查。

11.9.11 入侵报警设备安装位置、探测目标应符合设计要求。

检验数量:全数检查。

检验方法:对照设计文件,观察检查,试验检查。

11.9.12 入侵报警系统探测设备安装应牢固,围栏线路安装正常。

检验数量:全数检查。

检验方法:观察检查,试验检查。

11.9.13 电子巡查前端设备的安装方位和地点应符合设计要求。

检验数量:全数检查。

检验方法:观察检查,测试检验。

11.9.14 门禁系统设备的安装应符合下列规定:

1 安装方式应符合设计要求,安装应牢固可靠。

2 读卡器安装高度应符合设计要求。

检验数量:全数检查。

检验方法:观察检查,钢尺量测,试验检验。

11.9.15 入侵报警、电子巡查、门禁系统配线应符合下列规定:

1 配线应走向合理并绑扎牢固、与设备连接可靠。

2 布线应符合本标准的相关规定。

检验数量：全数检查。

检验方法：观察检查。

11.9.16 摄像机的清晰度、最低照度、信噪比、灰度等级指标应符合设计要求。

检验数量：全数检查。

检验方法：测试检验或检查出厂检验报告。

11.9.17 在摄像机标准照度下，系统的数字电视图像质量应符合设计要求。

检验数量：全数检查。

检验方法：用视频信号发生器、视频综合分析仪测试检验。

11.9.18 当采用 IP 网络承载业务时，视频监视系统的时延、抖动、丢包率等网络性能指标应符合设计要求。

检验数量：全数检查。

检验方法：网络性能测试仪测试检验。

11.9.19 中心级与车站级的视频实时调用时延、PTZ 控制时延、历史图像检索响应时延、图像间切换时延等操作响应时延应符合设计要求。

检验数量：全数检查。

检验方法：测试检验。

11.9.20 视频监视系统与其他系统间联动功能应符合设计要求。

检验数量：全数检查。

检验方法：试验检验。

11.9.21 入侵探测器被激活时，应能产生入侵信号和信息，达到告警设计要求。

检验数量：全数检查。

检验方法：测试检验。

11.9.22 电子巡查系统信息采集，在巡查人员通过巡查地点时，按正常操作方式，采集装置或识读装置应采集到巡查信息。

检验数量:全数检查。

检验方法:巡更棒测试检验。

11.9.23 巡查采集装置或识读装置在识读时应有声、光或振动等指示,应满足设计要求。

检验数量:全数检查。

检验方法:测试检验。

11.9.24 系统主机对门禁控制器在线控制时,门禁控制器工作应正常,门禁控制器和系统主机之间的信息传输功能应正常,系统主机应及时接收门禁控制器离线期间的存储信息。

检验数量:全数检查。

检验方法:测试检验。

11.9.25 视频控制系统的下列功能应符合设计要求:

1 云台操控(PTZ)控制功能。

2 自动光圈调节、调焦、变倍等图像参数调整功能。

3 图像间自由切换与多画面功能。

4 字符叠加功能。

5 时间同步功能。

6 镜头预置位及恢复功能。

7 图像轮巡功能。

8 报警功能。

9 控制中心画面选择的优先级功能。

检验数量:全数检查。

检验方法:试验检验。

11.9.26 视频监视系统的录像功能应符合下列规定:

1 图像连续存储功能或根据设定的事件、时间、地点有条件存储功能应正常。

2 按不同的安全等级采用不同图像分辨率存储功能应正常。

3 存储图像内容应完整。

4 存储容量或时间应符合设计要求。

5 对不同视频流可分别设置存储空间，并支持循环存储。

检验数量：全数检查。

检验方法：试验检验。

11.9.27 视频监视系统的视频回放功能应符合下列规定：

1 支持用户根据时间、地点、事件等多种条件进行检索和回放功能应正常。

2 支持多用户同时调用和检索历史图像功能应正常。

3 支持本地回放历史图像和远程直接回放历史图像功能应正常。

4 回放时正常播放、倒放、快进、快退、拖拽、暂停等操作应正常。

检验数量：全数检查。

检验方法：试验检验。

11.9.28 视频监视系统控制中心大屏的图像分割、图像拼接功能应符合设计要求。

检验数量：全数检查。

检验方法：试验检验。

11.9.29 视频监视系统与其他系统间联动功能应符合设计要求。

检验数量：全数检查。

检验方法：试验检验。

11.9.30 视频监视系统智能分析功能应符合设计要求。

检验数量：全数检查。

检验方法：试验检验。

11.9.31 当视频监视系统采用 IP 网络承载业务时，其抗攻击和防病毒能力应符合设计要求。

检验数量：全数检查。

检验方法：试验检验。

11.9.32 应测试门禁系统与火灾自动报警系统报警时的联动功能。

检验数量：全数检查。

检验方法:试验检验。

11.9.33 应测试电子锁断电释放功能;电子锁安装应稳固,防脱落装置安装应齐全稳固,紧急开门按钮功能应正常。

检验数量:全数检查。

检验方法:试验检验。

11.9.34 应测试门禁卡的应用及数据功能。

检验数量:全数检查。

检验方法:试验检验。

Ⅱ 一般项目

11.9.35 监视器的安装位置应使屏幕不受外来光直射。当有不可避免的光时,宜加遮光罩遮挡。

检验数量:全数检查。

检验方法:观察检查。

11.10 时钟系统

11.10.1 时钟系统验收应包括时钟设备安装、时钟设备配线、与施工质量有关的性能检测。

11.10.2 时钟系统验收应在通信线路、骨干网络系统、电源系统验收合格,时钟系统网管数据配置符合设计规定的情况下进行。

11.10.3 时钟系统设备的安装和配线应符合本标准第 11.4 节的相关规定。

Ⅰ 主控项目

11.10.4 卫星接收天线安装位置、安装方式应符合设计要求,系统应能稳定接收导航卫星的信号。

检验数量:全数检查。

检验方法:观察检查,检查系统接收卫星数量和信号强度。

11.10.5 天线支撑架、馈线由室外入室之前的防雷器,应安装在接近进楼处;防雷器接地应可靠。

检验数量:全数检查。

检验方法:观察检查,万用表检查。

11.10.6 子钟安装应符合下列规定:

1 安装位置和安装方式应符合设计要求。

2 支架及子钟安装应平稳牢固。

3 子钟安装应远离防火自动喷淋系统的喷头。

检验数量:全数检查。

检验方法:观察检查。

11.10.7 子钟设备安装不得侵入设备限界,不得影响人身与行车安全。

检验数量:全数检查。

检验方法:观察检查,钢尺量测。

11.10.8 卫星接收天线的馈线安装应符合下列规定:

1 馈线弯曲半径应符合所用电缆的技术要求。

2 馈线应通过密封窗导入室内。

3 馈线接头应经良好防水处理。

检验数量:全数检查。

检验方法:观察检查。

11.10.9 子钟配线应符合下列规定:

1 配线走向应合理,并应绑扎牢固,与设备连接应可靠。

2 布线应符合本标准的相关规定。

3 子钟设备出线部分应采取防护措施。

检验数量:全数检查。

检验方法:观察检查。

11.10.10 当时钟系统采用不同的时间同步信号时,各类接口之间布线的长度应小于系统传输距离的要求。

检验数量:全数检查。

检验方法:观察检查,钢尺量测。

11.10.11 卫星接收设备的接收载波频率、接收灵敏度、可同时跟踪卫星颗数、冷热启动捕获时间、定时准确度应符合设计要求。

检验数量:全数检查。

检验方法:试验检验,并检查出厂检验报告。

11.10.12 时间显示设备显示发光强度应符合设计要求,显示应清晰;自走时累计误差应符合设计和技术标准的规定。

检验数量:全数检查。

检验方法:观察检查,试验检查。

11.10.13 时钟系统的绝对跟踪准确度、相对守时准确度、NTP方式下的时钟设备的同步周期、NTP接口处理能力应符合设计要求。

检验数量:全数检查。

检验方法:时间综合测试仪测试检验。

11.10.14 当卫星接收设备处于跟踪状态时,应能对本地设备时间进行校准。

检验数量:全数检查。

检验方法:试验检验。

11.11 广播系统

11.11.1 广播系统验收应包括广播设备安装、广播设备配线、与施工质量有关的性能检测。

11.11.2 广播系统验收应在通信线路、传输系统、电源系统验收合格,广播系统网管数据配置符合设计规定的情况下进行。

11.11.3 广播系统设备的安装和配线应符合本标准第11.4节的相关规定。

Ⅰ 主控项目

11.11.4 广播的负载区数量应符合设计要求。

检验数量:全数检查。

检验方法:观察检查。

11.11.5 外场扬声器安装位置、安装方式应符合设计要求。

检验数量:全数检查。

检验方法:观察检查。

11.11.6 当扩音馈线为地下电缆时,所用电缆盒和线间变压器盒的端子绝缘电阻应符合产品技术条件规定。

检验数量:全数检查。

检验方法:兆欧表测试检验。

11.11.7 当露天扬声器馈线引入室内时,应装设真空保安器。

检验数量:全数检查。

检验方法:观察检查。

11.11.8 广播系统区间设备安装不得侵入设备限界。

检验数量:全数检查。

检验方法:观察检查,钢尺量测。

11.11.9 扬声器配线应符合下列规定:

1 配线走向应合理,并应绑扎牢固,与设备连接应可靠。

2 布线应符合本标准的相关规定。

3 扬声器出线部分应采取适当的防护措施。

检验数量:全数检查。

检验方法:观察检查。

11.11.10 广播系统的最大声压级指标应符合设计要求。

检验数量:全数检查。

检验方法:声强计测试检验。

11.11.11 广播系统的声场不均匀度指标应符合设计要求。

检验数量:全数检查。

检验方法:声强计测试检验。

11.12 办公自动化系统

11.12.1 办公自动化系统验收应包括数据网络设备安装、数据网络设备配线、综合布线、与施工质量有关的性能检测。

11.12.2 办公自动化网络综合布线的验收要求,应符合现行国家标准《综合布线系统工程验收规范》GB 50312 的规定。

11.12.3 办公自动化系统验收应在通信线路、传输系统、电源系统验收合格,数据网网管数据配置符合设计规定的情况下进行。

11.12.4 数据网络设备安装和配线应符合本标准第 11.4 节的相关规定。

Ⅰ 主控项目

11.12.5 以太网交换机的吞吐量、丢包率、吞吐量下的转发时延指标应符合设计要求。

检验数量:全数检查。

检验方法:数据网络测试仪测试检验。

11.12.6 路由器的吞吐量、丢包率、吞吐量下的包转发时延指标应符合设计要求。

检验数量:全数检查。

检验方法:数据网络测试仪测试检验。

11.12.7 防火墙的时延、吞吐量、丢包率和并发连接数应符合设计要求。

检验数量:全数检查。

检验方法:数据网络测试仪测试检验。

11.12.8 数据网业务端到端的吞吐量、时延、丢包率指标应符合设计要求。

检验数量:全数检查。

检验方法:数据网络测试仪测试检验。

11.13 电源及接地系统

11.13.1 电源及接地系统验收应包括电源设备安装、电源设备配线、接地(装置)安装、与施工质量有关的性能检测。

11.13.2 电源集中监控系统验收前,应确认电源监控中心与监控点的网络通道正常。

Ⅰ 主控项目

11.13.3 电源设备、防雷器件的进场验收应符合下列规定:

1 数量、型号、规格和质量应符合设计要求。

2 图纸和说明书等技术资料,合格证和质量检验报告等质量证明文件应齐全。

3 机柜(架)、设备及附件应无变形,表面应无损伤,镀层和漆饰应完整无脱落,铭牌和标识应完整清晰。

4 机柜(架)、设备内的部件应完好、连接无松动;应无受潮、发霉、锈蚀。

检验数量:全数检查。

检验方法:观察检查,检查质量证明文件。

11.13.4 电源设备的安装位置、机柜(架)的加固方式应符合设计要求。

检验数量:全数检查。

检验方法:观察检查。

11.13.5 配电设备的进出线配电开关及保护装置的数量、规格应符合设计要求。

检验数量:全数检查。

检验方法:观察检查。

11.13.6 蓄电池架(柜)的加工形式、规格尺寸和平面布置、抗震加固方式应符合设计要求。

检验数量：全数检查。

检验方法：观察检查。

11.13.7 蓄电池连接应可靠，接点和连接条应经过防腐处理。

检验数量：全数检查。

检验方法：观察检查。

11.13.8 交直流电源柜各单元应插接良好，电气触点应接触可靠、连接紧密；输入电源的相线和零线不得接错，其零线不得虚接或断开。

检验数量：全数检查。

检验方法：观察检查。

11.13.9 电源设备的防雷等级、防雷器件的安装位置及数量应符合设计要求。

检验数量：全数检查。

检验方法：观察检查。

11.13.10 电源系统接地保护或接零保护应可靠，且应有标识。

检验数量：全数检查。

检验方法：观察检查，万用表检查。

11.13.11 直流电源工作地应采用单点接地方式，并应就近从地线盘上引入。

检验数量：全数检查。

检验方法：观察检查。

11.13.12 电源设备配线线缆进场验收应符合下列规定：

1 数量、型号、规格和质量应符合设计和订货合同的要求。

2 合格证和质量检验报告等质量证明文件应齐全。

3 缆线外皮应无破损、挤压变形，缆线应无受潮、扭曲和背扣。

检验数量：全数检查。

检验方法：观察检查，检查质量证明文件。

11.13.13 电源设备配线用电源线应采用整段线料，配线中间不得有接头。

检验数量：全数检查。

检验方法：观察检查。

11.13.14 连接柜(箱)面板上的电器及控制板等可动部位的电源线应采用多股铜芯软电源线，敷设长度应有适当余留。

检验数量：全数检查。

检验方法：观察检查。

11.13.15 引入引出交流不间断电源装置的电源线和控制线应分开敷设；在电缆支架上平行敷设时，间距不应小于 150 mm。

检验数量：全数检查。

检验方法：观察检查，钢尺量测。

11.13.16 电源线颜色的配置或标识应牢固并应符合下列规定：

1 对交流电源线，A 相应为黄色，B 相应为绿色，C 相应为红色，零线应为天蓝色或黑色，保护地线应为黄绿双色。

2 对直流电源线，正极应为红色，负极应为蓝色。

检验数量：全数检查。

检验方法：观察检查。

11.13.17 电源设备配线端子接线应准确、连接牢固，配线两端的标志应齐全、正确。

检验数量：全数检查。

检验方法：观察检查。

11.13.18 接地装置及材料应进行进场验收，其数量、型号、规格和质量应符合设计要求。

检验数量：全数检查。

检验方法：对照设计文件和订货合同检查实物和质量证明文件，观察检查。

11.13.19 接地装置的安装位置、安装方式及引入方式应符合设计要求。

检验数量：全数检查。

检验方法：观察检查。

11.13.20 接地装置的接地电阻应符合下列规定：

1 独立设置接地装置的接地电阻值应符合设计要求。

2 室外综合接地体接地电阻不应大于 1 Ω。

检验数量：全数检查。

检验方法：接地电阻测试仪测试检验。

11.13.21 电源设备的绝缘性能应符合下列规定：

1 电源设备的带电部分与金属外壳间的绝缘电阻应不小于 5 MΩ。

2 电源配线的芯线间和芯线对地绝缘电阻不应小于 1 MΩ。

检验数量：全数检查。

检验方法：兆欧表测试检验。

11.13.22 接地系统的接地电阻应符合设计要求。

检验数量：全数检查。

检验方法：接地电阻测试仪测试。

11.13.23 交流输入电压相线与相线、每相相线与零线之间的电压应符合设计要求。

检验数量：全数检查。

检验方法：电压表测试检验。

11.13.24 不间断电源、高频开关电源的配置容量、蓄电池的后备时间等性能指标应符合设计要求。

检验数量：全数检查。

检验方法：观察检查。

11.13.25 交流配电柜(箱)自动切换装置的延时性能应符合设计要求。

检验数量：全数检查。

检验方法：测试检验。

Ⅱ 一般项目

11.13.26 电源设备机柜安装的垂直偏差应小于1.5‰。

检验数量:全数检查。

检验方法:观察检查,钢尺量测。

11.13.27 电源架(柜)各种零件不得脱落或碰坏,各种标志应准确、清晰、齐全,机柜漆面应完好、漆色一致。

检验数量:全数检查。

检验方法:观察检查。

11.13.28 蓄电池柜(架)水平及垂直度应符合设计要求,漆面应完好,螺栓、螺母应经过防腐处理。

检验数量:全数检查。

检验方法:观察检查,钢尺量测。

11.13.29 蓄电池安装应排列整齐,距离应均匀一致。

检验数量:全数检查。

检验方法:观察检查,钢尺量测。

11.13.30 电源设备的输出电源线应成束绑扎,不同电压等级,交流线、直流线及控制线应分别绑扎并有标识。通信设备接地线与交流配电设备的接地线宜分开敷设。

检验数量:全数检查。

检验方法:观察检查。

11.13.31 电源设备配线的布放应平直整齐,不得有急剧转弯和起伏不平,应无扭绞和交叉。所有电源设备线缆绑扎固定后不应妨碍手动开关或抽出式部件的拉出或推入。

检验数量:全数检查。

检验方法:观察检查。

11.13.32 接地装置的焊接方式应符合设计要求;焊接工艺应符合相应的工艺技术要求;焊接处应进行防腐处理。

检验数量:全数检查。

检验方法:观察检查。

11.13.33 地线盘(箱)、接地铜排安装应符合下列规定:

1 接地铜排和螺栓应结合紧密、导电性能良好。

2 接地铜排端子分配应符合设计要求。

3 地线盘(箱)端子应连接紧密。

检验数量:全数检查。

检验方法:观察检查,万用表检查,扭力检查。

12 运行控制系统

12.1 一般规定

12.1.1 工程实施前应做好与相关专业的接口确认和工序交接。

12.1.2 工程开工前，应由工程建设单位组织设计单位、系统供货商、施工单位、监理单位对现场设备安装位置进行定测，定测结果作为开展施工的依据。

12.1.3 系统采用的防雷元器件设备厂家应满足上海市防雷中心备案要求并备案。

12.1.4 室外设备的任何部分不得侵入设备限界。

12.1.5 与轨道交通标准通用设备和材料的安装应按现行国家标准《城市轨道交通信号工程施工质量验收标准》GB/T 50578 的要求进行验收。

12.1.6 运行控制系统应作为一个独立的单位工程，包含正线和车辆基地两个子单位工程。

12.2 信号机安装

Ⅰ 主控项目

12.2.1 信号机及附件进场时应进行检查，其型号、规格、质量、功能、技术指标应符合设计要求和相关产品标准要求。

检验数量：全数检查。

检验方法：检查产品质量证明文件，并检查外观。

12.2.2 信号机机构（含按钮装置）的安装位置和显示方向、灯光配列等安装方式应满足设计要求及相关产品标准。

检验数量:全数检查。

检验方法:观察检查,钢尺量测。

12.2.3 信号机应根据现场环境进行安装,防止遮挡或司机误认邻线信号机,并满足最小显示距离要求。

检验数量:全数检查。

检验方法:观察检查。

12.2.4 信号机构的部件应齐全,不得有破损、裂纹现象。

检验数量:全数检查。

检验方法:检查产品质量证明文件,观察检查。

12.2.5 信号机配线应符合下列规定:

1 配线型号及规格应满足设计要求和产品技术要求。

2 线缆不得有中间接头,并无损伤、老化现象。

3 箱盒、机构内部线缆应绑扎整齐、牢固,走向合理。

4 线缆在机柱引入口处应进行防护。

检验数量:全数检查。

检验方法:观察检查。

12.2.6 当信号机采用金属基础支架安装时,支架应平稳、牢固,支架顶面应水平。金属基础支架使用前应经热镀锌等防腐处理。螺栓应紧固、无松动。

检验数量:全数检查。

检验方法:观察检查。

12.2.7 当信号机采用混凝土基础安装时,混凝土基础强度及基础埋深应满足设计要求。基础螺栓应竖立垂直,螺栓间距准确,外露部分应有防锈措施,基础表面应平整光洁并应无缺边掉角现象。

检验数量:全数检查。

检验方法:观察检查。

12.2.8 信号机应保证接地线导电性良好,电阻值符合设计要求;

有绝缘要求时，绝缘电阻应符合设计要求。

检验数量：全数检查。

检验方法：观察检查。

12.2.9 信号机安装应符合下列规定：

1 信号机安装高度、机构间距、基础埋深、安装限界应符合设计要求。当埋深达不到设计要求时，应采取加固措施。

2 信号机机构的安装装置，应以列车允许显示灯位中心为中轴线，分清左右方向。

3 信号机基础、机柱卡盘、底盘等金属支架或混凝土底座的强度等级应符合设计要求，表面平整光洁，不得出现露筋。

4 信号机内应做好防潮、防湿工作，机构盖关闭应严密。

检验数量：全数检查。

检验方法：检查产品质量证明文件，观察检查，测量检查。

Ⅱ 一般项目

12.2.10 信号机构内部设备安装布置合理，设备安装牢固，不碰卡，各紧固件应拧紧。信号机构及其部件内外部、遮檐、背板及托臂涂漆颜色应一致，厚薄均匀、完整，无脱皮、反锈、鼓泡现象。

检验数量：抽检不少于20％。

检验方法：观察检查。

12.2.11 信号机名称的书写应符合下列规定：

1 信号机名称应写在机柱正面，距钢轨顶面距离适宜，名称符号应与竣工图相符。

2 信号机名称应字迹清晰、端正。

检验数量：全数检查。

检验方法：观察检查。

12.2.12 信号机同方向安装的各个机构，各灯位中心应在一直线上（多排信号机构及表示器等除外），固定托架应安装水平。

检验数量：全数检查。

检验方法：观察检查。

12.2.13 信号机机构与外界接口处应采用封堵保护。

检验数量：全数检查。

检验方法：观察检查。

12.3 转辙设备安装

Ⅰ 主控项目

12.3.1 转辙机及附件进场时应进行检查，其型号、规格、质量、功能、技术指标应符合设计要求和相关产品标准要求。

检验数量：全数检查。

检验方法：检查产品质量证明文件，并检查外观。

12.3.2 转辙机的安装位置和安装方式应满足设计要求及相关产品标准要求。

检验数量：全数检查。

检验方法：观察检查，钢尺量测。

12.3.3 转辙机的安装应符合下列规定：

1 各种动力机构应连接牢固，安装符合设计规定的要求。液压转辙机的液压单元应固定牢固，油管两端应连接紧密。

2 转辙机摇把孔的堵板开、关灵活。当插入摇把或开启机盖时，安全接点应断开；当拔出摇把或锁好机盖时，安全接点应接触良好。

3 地埋式转辙机机盖顶面不得高于钢轨顶面。

4 转辙机箱盒应做好防潮工作。

5 转辙机箱内排水通道应畅通，防阻塞措施完好。

检验数量：全数检查。

检验方法：观察检查，试验检查。

12.3.4 转辙机配线应符合下列规定：

1 配线型号及规格应符合设计要求和相关产品标准要求。

2　线缆不得有中间接头，并无损伤、老化现象。

3　线缆应绑扎整齐、牢固，走向合理。

4　线缆在机箱引入口处应进行防护。

检验数量：全数检查。

检验方法：观察检查，试验检查。

Ⅱ　一般项目

12.3.5　转辙装置安装前，道岔状态、基坑、排水通道和沟槽情况应满足转辙装置的安装条件。

检验数量：全数检查。

检验方法：观察检查。

12.3.6　转辙装置安装前，应保证道岔尖轨与基本轨密贴、轨枕方正和道岔开程良好。

检验数量：全数检查。

检验方法：观察检查。

12.3.7　转辙设备施工验收时，应检查基坑内无积水且排水通畅。

检验数量：全数检查。

检验方法：观察检查，试验检查。

12.3.8　转辙机的安装应符合下列规定：

1　各零部件安装应正确和齐全，螺栓应紧固、无松口。

2　安装装置应进行热镀锌处理，无脱皮、反锈、鼓泡现象。

检验数量：全数检查。

检验方法：观察检查。

12.4　轨道电路安装

Ⅰ　主控项目

12.4.1　轨道电路及附件进场时应进行检查，其型号、规格、质量、功能、技术指标应符合设计要求和相关产品标准要求。

检验数量：全数检查。

检验方法：检查产品质量证明文件，并检查外观。

12.4.2 轨道电路的安装位置和安装方式应满足设计要求及相关产品标准要求。

检验数量：全数检查。

检验方法：观察检查，钢尺量测。

12.4.3 非连续轨道电路相关设备的安装应符合下列规定：

1 轨道电路接线盒的防护箱应安装在钢轨内侧，紧贴钢轨。

2 轨道电路接线盒应做好防潮工作。

3 相邻轨道电路间的间距应满足设计要求。

4 钢轨打孔时，应做好防锈保护措施。

5 当有无金属区域要求时，应满足相关区域内无金属物体。

6 采用防脱落塞钉螺帽，尺寸应统一，应采用国际扭力扳设置标准扭力，扭力宜设置为 65 N～80 N。

检验数量：全数检查。

检验方法：观察检查，测量检查。

12.4.4 非连续轨道电路的内部配线应符合下列规定：

1 配线型号及规格符合设计和产品技术要求。

2 配线不得有中间接头，并无损伤、老化现象。

3 布线应走向合理、固定。

4 线缆和接线盒引入口处应进行相关防护。

5 固定接线端子与轨道的螺栓应紧固。

6 接线盒内接线端子的固定螺栓应紧固。

7 焊接配件时，应焊接牢固，不允许虚焊、漏焊。

检验数量：全数检查。

检验方法：观察检查。

12.4.5 钢轨引接线、接续线及道岔跳线和安装应符合下列规定：

1 线缆的规格型号应符合设计要求。

2 线缆应无锈蚀、损伤、老化。

3　当采用塞钉式钢轨引线时，塞钉尺寸应统一，并采用防脱落塞钉螺帽安装。

应采用国际扭力扳手设置标准扭力，扭力宜设置为65 N～80 N。

4　线缆的截面积符合设计要求。

检验数量：抽检不少于10%。

检验方法：观察检查，钢尺量测。

12.5　计轴设备安装

Ⅰ　主控项目

12.5.1　计轴设备及附件进场时应进行检查，其型号、规格、质量、功能、技术指标应符合设计要求和相关产品标准要求。

检验数量：全数检查。

检验方法：检查产品质量证明文件，观察检查。

12.5.2　计轴设备的安装位置和安装方式应满足设计要求及相关产品标准要求。

检验数量：全数检查。

检验方法：检查产品质量证明文件，观察检查。

12.5.3　计轴磁头的安装应符合下列规定：

1　磁头的安装位置应满足设计要求，磁头安装应采用绝缘材料与钢轨隔离。

2　磁头在钢轨上的安装孔中心距轨底高度、孔径、孔距、两相邻磁头的安装间距应满足设计要求。

检验数量：全数检查。

检验方法：观察检查，钢尺量测。

12.5.4　计轴电子盒的安装应符合下列规定：

1　电子盒安装位置应根据磁头电缆的布置方式确定。

2　电子盒内部配线应连接正确、排列整齐。

3　电子盒密封装置应完整。

4 电子盒体应接地良好。

检验数量：全数检查。

检验方法：检查产品质量证明文件，观察检查，测试检查。

12.5.5 计轴设备采用的专用电缆长度应满足设计要求，电缆走线不得盘圈、弯折。

检验数量：全数检查。

检验方法：观察检查，钢尺量测。

Ⅱ 一般项目

12.5.6 计轴磁头电缆应采用橡胶软管防护，并应采用卡箍固定。过水沟时，应采用镀锌钢管防护。

检验数量：全数检查。

检验方法：观察检查。

12.5.7 计轴设备、磁头、电子盒安装应平稳、牢固，螺栓应紧固、无松动。

检验数量：全数检查。

检验方法：观察检查。

12.6 车-地通信环线安装

Ⅰ 主控项目

12.6.1 环线设备及附件进场时应进行检查，其型号、规格、质量、功能、技术指标应符合设计要求和相关产品标准要求。

检验数量：全数检查。

检验方法：检查产品质量证明文件，观察检查。

12.6.2 环线的安装位置和安装方式应满足设计要求及相关产品标准要求。

检验数量：全数检查。

检验方法：观察检查。

12.6.3 环线的安装应符合下列规定：

1 环线安装宽度及交叉点应满足设计要求，每个交叉处的电缆走线应紧密、无缝隙。

2 环线走线时，应可靠固定在承轨台或自制小枕木上；环线应无扭绞，无翘起。

检验数量：全数检查。

检验方法：检查尺寸。

Ⅱ 一般项目

12.6.4 环线安装应端正、牢靠，各类卡具应固定牢固。

检验数量：全数检查。

检验方法：观察检查。

12.7 应答器安装

Ⅰ 主控项目

12.7.1 应答器及附件进场时应进行检查，其型号、规格、质量、功能、技术指标应符合设计要求和相关产品标准要求。

检验数量：全数检查。

检验方法：检查产品质量证明文件，观察检查。

12.7.2 应答器的安装位置和安装方式应满足设计要求及相关产品标准要求。

检验数量：全数检查。

检验方法：观察检查，钢尺量测。

12.7.3 应答器的安装高度及纵向、横向偏移量应满足设计要求及相关产品标准要求。

检验数量：全数检查。

检验方法：观察检查，钢尺量测。

12.7.4 有源应答器馈电盒的安装应符合下列规定：

1　馈电盒的连接电缆应采取机械防护措施，并应采用卡具固定。

2　馈电盒内部配线应正确，并应连接牢靠。

3　馈电盒密封装置应完整，防潮性能应良好。

4　馈电盒体应接地良好。

检验数量：全数检查。

检验方法：观察检查，测试检查。

Ⅱ　一般项目

12.7.5　应答器箱盒和有源应答器馈电盒应安装平稳、牢固，螺栓应紧固、无松动。

检验数量：全数检查。

检验方法：观察检查。

12.8　室外天线设备安装

Ⅰ　主控项目

12.8.1　室外天线设备及附件进场时应进行检查，其型号、规格、质量、功能、技术指标应符合设计要求和相关产品标准要求。

检验数量：全数检查。

检验方法：检查产品质量证明文件，观察检查。

12.8.2　室外天线及设备的安装位置和安装方式应满足设计要求及相关产品标准要求，并满足防潮和防水要求。

检验数量：全数检查。

检验方法：观察检查，钢尺量测。

12.8.3　室外天线应安装牢固，安装方向应满足具体现场环境和通讯质量的使用要求。

检验数量：全数检查。

检验方法：观察检查，测试检查。

12.9　同意按钮盘安装

Ⅰ　主控项目

12.9.1　同意按钮盘进场时应进行检查，其型号、规格、质量、功能、技术指标应符合设计要求和相关产品标准要求。

检验数量：全数检查。

检验方法：检查产品质量证明文件，观察检查。

12.9.2　安装位置应根据运营人员的使用方便而确定；安装应牢固、端正。盘中心距地面宜为 1.5 m，盘面完好无损伤。

检验数量：全数检查。

检验方法：观察检查，钢尺量测。

12.9.3　同意按钮盘配线的规格应符合设计规定，配线引入口应有防护。

检验数量：全数检查。

检验方法：观察检查。

12.10　室外箱盒安装

Ⅰ　主控项目

12.10.1　室外箱盒进场时应进行检查，其型号、规格、质量应符合设计要求和相关产品标准要求。

检验数量：全数检查。

检验方法：检查产品质量证明文件，观察检查。

12.10.2　室外箱盒的安装位置、安装方法应满足环境、设备限界和设计的要求。

检验数量：全数检查。

检验方法：观察检查，钢尺量测。

12.10.3　室外箱盒安装应符合下列规定：

1　箱盒应密封良好，防水防潮，底部防水接头应安装牢固。

2　箱盒内配线应绑扎整齐，元器件安装应齐全、牢固。

3　箱盒采用金属基础支架或底座安装，应平稳、牢固，使用前应经热镀锌、涂漆等处理。

4　箱盒采用混凝土基础安装，强度应符合产品标准要求，基础螺栓应竖立垂直，螺栓间距准确，外露部分应有防锈措施，基础表面应平整光洁、无明显丢边掉角现象。

5　箱盒体应接地良好。

检验数量：全数检查。

检验方法：观察检查，测试检查。

12.10.4　室外箱盒线缆布放应符合下列规定：

1　布线应走向合理、绑扎牢固，馈线弯曲半径应满足最小弯曲半径的要求。

2　线缆引入箱盒成端处，应对电缆外护套和引入孔进行密封处理。

3　设备的电源线、馈线、光缆均应接地良好，防水及机械防护应满足设计要求。

检验数量：全数检查。

检验方法：观察检查，测试检查。

Ⅱ　一般项目

12.10.5　室外箱盒安装应端正、牢靠，与地面应垂直，螺栓应紧固、无松动。

检验数量：全数检查。

检验方法：观察检查。

12.11　防雷及接地装置安装

Ⅰ　主控项目

12.11.1　防雷和接地装置进场时应进行检查，其型号、规格、质量应满足设计和国家相关规范要求。

检验数量：全数检查。

检验方法：检查产品质量证明文件，观察检查。

12.11.2 防雷和接地装置的安装位置、安装方式应满足设计要求。

检验数量：全数检查。

检验方法：观察检查，钢尺量测。

12.11.3 设备不应与电力、房屋建筑合用接地体，与其他接地体间的距离不小于 20 m。当埋入地中的引接线达不到此距离时，应加绝缘防护或采用电缆连接。

检验数量：全数检查。

检验方法：观察检查，测试检查。

12.11.4 接地装置分为防雷地线、屏蔽地线、计算机专用地线及安全地线等。各类接地装置应分类使用，当受场地限制或建筑结构影响时，地线可按设计要求合接至综合接地体。

检验数量：全数检查。

检验方法：观察检查，测试检查。

12.11.5 电气牵引区段干线屏蔽电缆的始、终端应设屏蔽地线，电缆中间接续应进行屏蔽连接。

检验数量：全数检查。

检验方法：观察检查。

12.11.6 接地线应连接正确、可靠，截面积和对地阻值应符合设计要求。

检验数量：全数检查。

检验方法：观察检查，测量检查。

12.11.7 室内外设备、各种机架（柜）等设备的外壳或架体，应牢固连接至共用安全接地装置。

检验数量：全数检查。

检验方法：观察检查。

Ⅱ 一般项目

12.11.8 防雷设备应安装牢固、可靠并应标识正确、清晰。

检验数量:全数检查。

检验方法:观察检查。

12.11.9 接地体与引线连接部分应连接牢固,连接处应进行防腐处理,引接线露出地面部分应涂调和漆,地下部分应涂机械油(接地体除外)。

检验数量:全数检查。

检验方法:观察检查。

12.11.10 接地线埋设应符合下列规定:

1 地线埋设混凝土基础的强度应达到设计要求。

2 地线埋设表面应平整光洁,无丢边掉角现象。

检验数量:全数检查。

检验方法:观察检查,测量检查。

12.12 室外电缆井和硬面化

Ⅰ 主控项目

12.12.1 硬面化路面管槽直线段每隔 50 m、管槽拐弯处和设备线缆引入处应设置电缆手井。管槽和电缆手井应排水顺畅。

检验数量:全数检查。

检验方法:观察检查,钢尺量测。

12.12.2 室外设备硬面化的范围应符合设计要求。

检验数量:全数检查。

检验方法:观察检查,测量检查。

12.12.3 硬面化用混凝土的强度及硬面化的上部厚度应符合设计要求。

检验数量:全数检查。

检验方法:测量检查。

Ⅱ 一般项目

12.12.4 相邻设备宜采用同一个围桩及硬面化处理,硬面化边缘距机柱边缘不应小于 500 mm,距基础边缘不应小于 200 mm;当障碍物影响达不到最小距离要求时,可适当缩小距离或按设计要求处理,但应保证基础安装稳固。

检验数量:全数检查。

检验方法:钢尺量测。

12.12.5 表面硬面化前应先将培土夯实后再进行硬面化。

检验数量:全数检查。

检验方法:观察检查。

12.12.6 硬面化应无裂纹,表面平整光洁并无明显丢边掉角现象。

检验数量:全数检查。

检验方法:观察检查。

12.13 室内设备安装

Ⅰ 主控项目

12.13.1 室内设备进场时应进行检查,其型号、规格、质量应符合设计要求和相关产品标准要求。

检验数量:全数检查。

检验方法:检查产品质量证明文件,观察检查。

12.13.2 控制台、显示设备、接地箱、复位盘、机柜(架)、分线端子盘(柜)、电源设备、控制中心大屏等设备的安装位置应符合设计要求。

检验数量:全数检查。

检验方法:观察检查,测量检查。

12.13.3 控制台、显示设备、复位盘进场应按下列项目进行检查验收：

1 外观应无损伤。

2 规格及盘面布置应符合设计要求。

3 各类操作按钮、手柄及表示灯安装牢固，动作灵活，接触良好，配件齐全。

4 表示灯、仪表、计数器的规格、型号、位置应符合设计要求，计数器计数准确，各种表示铭牌正确、齐全、字迹清楚。

5 配线端子绝缘应符合设计要求。

检验数量：全数检查。

检验方法：检查产品质量证明文件，观察检查，操作、测试检查。

12.13.4 室内继电器、变压器按照相关产品技术标准的规定，应对以下项目进行检测：

1 继电器

1）继电器的外观（包括继电器透明罩内接点、线圈、衔铁等的观察）检查。

2）鉴别销盖号码检查。

3）线圈电阻测试。

4）接点间动作的同步性检查。

5）继电器时间特性测试（缓吸时间、缓放时间及时间继电器的延时时间）。

6）电气特性测试（充磁值、释放值、工作值、反向工作值、转极值）。

7）继电器机械特性检查。

8）绝缘电阻测试。

2 变压器

1）输出电压（电流）测试。

2）绝缘电阻测试。

检验数量：全数检查。

检验方法：检查产品质量证明文件，观察检查，测量检查。

12.13.5 各类机柜（架）进场应按下列项目进行检查验收：

1 机柜的外包装及外观应无损伤。

2 质量证明文件及技术资料应完整、正确。

3 内部器材应无损伤，安装牢固。

4 机架应无损伤、变形，规格尺寸符合设计要求。

检验数量：全数检查。

检验方法：检查产品质量证明文件，观察检查，测量检查。

12.13.6 分线端子盘（柜）应符合下列规定：

1 分线端子盘（柜）进场应进行验收，盘面（柜内）布置及规格符合设计要求，质量符合相关产品标准的规定。

2 分线端子盘（柜）安装的位置及规格应符合设计要求。

3 电缆引入盘（柜）应符合设计要求。

4 分线盘（柜）应安装牢固、横平竖直。

5 分线盘架号应在正面的上方居中，层号应在左侧，分线盘端子上应有去向铭牌。

检验数量：全数检查。

检验方法：检查产品质量证明文件，观察检查。

12.13.7 电源设备应符合下列规定：

1 电源屏设备进场应对其包装及外观进行检查验收，配件及资料齐全，根据相关产品标准的规定对以下项目进行检测：

1）输出电源对地绝缘电阻测试。

2）电源屏各种输出的测试。

3）电源屏的规格、型号及安装位置应符合设计要求。

4）电源屏相序与引入电源的相位、屏与屏之间的相序应相符。

5）电源配线的规格、型号、敷设径路应符合设计要求。

6）电源引入防雷箱规格、型号及安装方式应符合设计要求。

2　不间断电源(UPS)及电池进场应进行验收,其规格、型号及性能应符合相关产品标准的规定及设计要求。

12.13.8　室内设备配线应符合下列规定:

1　室内柜(架)设备间及内部配线,规格、型号符合设计要求。

2　配线线缆不得有中间接头或绝缘破损。

3　布放线条时,应留有适当的备用量。

4　配线电缆应排列整齐。

5　电缆引入端应有标明去向的铭牌。

检验数量:全数检查。

检验方法:检查产品质量证明文件,测试检查,检查电池充、放电时间及各种技术参数,观察检查。

12.13.9　配线与端子的连接应采用焊接或压接方式,并应符合下列规定:

1　焊接时严禁使用带有腐蚀性的焊剂,可使用酒精松香水作焊剂。

2　焊接应牢固,焊点应光滑,无毛刺、假焊、虚焊现象。

3　采用压接方式时,应选用与芯线相配套的压接端子,且压接牢固。

4　压接线环及焊接端子片均应套有塑料软管保护,套管与线环或端子间松紧适度,套管长度应均匀一致。

检验数量:全数检查。

检验方法:观察检查,测试检查。

12.13.10　控制中心大显示屏进场应进行验收,并应符合下列规定:

1　规格、型号及性能应符合相关产品标准的规定及设计要求。

检验数量:全数检查。

检验方法:检查产品质量证明文件,并观察检查外观。

2　大屏设备的安装位置、屏幕配置、安装方式及拼缝误差应满足设计要求。

检验数量：全数检查。

检验方法：观察检查，钢尺量测。

3 大屏设备的控制功能、显示模式应满足设计要求。

检验数量：全数检查。

检验方法：观察检查，测试检查。

4 大屏设备显示屏的分辨率、亮度、清晰度、图像失真、色彩还原、画面稳定无闪烁等显示功能应满足设计要求。

检验数量：全数检查。

检验方法：观察检查，测试检查。

5 大屏设备与其他系统的接口类型、协议、数据等功能应满足设计要求。

检验数量：全数检查。

检验方法：观察检查，测试检查。

Ⅱ 一般项目

12.13.11 控制台、复位盘设备的安装应符合下列规定：

1 控制台、复位盘等应安装牢固、平正，地脚螺栓垂直，螺母拧紧，螺扣露出螺母外，垫圈、弹簧垫圈齐全。

2 控制台、复位盘等外壳，漆层无损伤，附件齐全、完好。

3 紧固零件、门的销钉、加封孔齐全完整。

4 显示设备安放平稳，放置在操作台上的显示设备其最外边沿不应超出操作台的边沿。

5 控制台上的表示灯、发光二极管明亮均匀，颜色正确。报警音响适宜，应能判别上、下行端。

6 鼠标、数字化仪笔等操作灵活。

检验数量：全数检查。

检验方法：观察检查，操作检查。

12.13.12 接地箱安装应符合下列规定:

1 接地箱安装牢固、横平竖直,其外壳、漆层无损伤。

2 接地箱内的配线规格符合设计要求,进线引入口应防护。

检验数量:全数检查。

检验方法:观察检查,操作检查。

12.13.13 各类机柜(架)安装应符合下列规定:

1 各类柜(架)与底座、柜(架)之间、柜(架)与走线架、走线架与走线架间的连接螺栓连接牢固、密贴、平直,底座不悬空。

2 机柜(架)安装应横平竖直、端正稳固,每列柜(架)应在同一直线上,同类机柜(架)高低在同一平面上,排间距离符合设计要求。

3 机柜(架)与走线架(槽)连接后,走线架(槽)应平直、牢固;走线架上应敷设底板。

4 走线架(槽)与机架涂漆颜色应协调一致。

检验数量:全数检查。

检验方法:观察检查,测量检查,操作检查。

12.13.14 机柜(架)接配线应符合下列规定:

1 电缆终端固定在机架上,应排列整齐、美观。当零层端子在机架下部时,电缆终端固定在零层端子的下方;当零层端子在机架上部时,由走线架垫板挖孔引下。引向零层端子的线条,应按端子分束绑扎。

2 室内柜(架)设备之间的零层配线,宜采用配线电缆;柜(架)间的侧面端子配线,宜采用多股铜芯塑料绝缘软线,其截面积应符合设计要求。

3 当组合侧面线束采用绑扎方式时,绑扎应整齐、间隔均匀,表面线条和出线部位应顺直、美观;当组合侧面安装塑料线槽时,线槽安装应牢固,内部线绑扎。

4 引向零层端子的多股电源线应加焊管线环或冷压接线端子,紧固在电源端子柱上。

检验数量：全数检查。

检验方法：观察检查，测量检查。

12.13.15 机架（柜）上设备的安装应符合下列规定：

1 组合应无损伤。

2 配线焊接牢固，焊点饱满光亮。

3 组合、继电器安装位置应符合设计要求，安装平稳、牢固。

4 继电器插座板鉴别销位置正确。

5 配线正确。

6 组合名称应在框架正面的左侧。组合、继电器名称书写正确。

检验数量：全数检查。

检验方法：观察检查，测量检查。

12.13.16 UPS、电池及电源模块应符合下列规定：

1 地槽或线槽内布放电源线应平直、整齐，地槽或线槽应清洁、盖板严密。

2 电源线采用钢管防护时，管口处应有防护措施。

3 电源端子配线应焊接牢固，端子无松动，配线两端的标志齐全。

4 UPS电源、电池及电源模块的安装须稳固。

检验数量：全数检查。

检验方法：观察检查，测量检查。

12.13.17 大屏的支架、导轨、夹具应安装正确、牢固；连接部件应安装齐全，并连接紧固、无松动。

检验数量：全数检查。

检验方法：观察检查。

12.14 车载设备安装

Ⅰ 主控项目

12.14.1 车载设备质量应符合相关产品标准的规定和设计要求。

检验数量:全数检查。

检验方法:检查产品质量证明文件,观察检查,测试检查。

12.14.2 车载设备及电线管路安装方式应符合设计要求,安装应牢固,端子盒、引线管出线部位封闭良好。

检验数量:全数检查。

检验方法:观察检查。

12.14.3 敷设在车辆外部的线缆应采取防护措施,并与车体固定牢固。敷设在车辆内部的线缆可采取塑料管或钢管防护,并满足阻燃和防火要求。

检验数量:全数检查。

检验方法:观察检查。

12.14.4 绝缘软线不得有损伤、老化现象及中间接头。

检验数量:全数检查。

检验方法:观察检查。

Ⅱ 一般项目

12.14.5 电线管路的内壁、管口应光滑无毛刺,管接头连接牢固,管口应防护。

检验数量:全数检查。

检验方法:观察检查。

12.14.6 焊接部件、铁管管路时,应涂防锈漆和调和漆。

检验数量:全数检查。

检验方法:观察检查。

12.15 光电缆敷设

12.15.1 光电缆线路验收应包括支架和线槽安装、光电缆敷设、光电缆防护、光电缆接续及光电缆箱盒安装等内容。

Ⅰ 主控项目

12.15.2 光电缆线路施工前应按施工图对光电缆径路进行现场定测，定测结果作为施工依据。

12.15.3 光电缆的接续、测试人员应经过专业培训，考核合格后持证上岗。

12.15.4 光电缆进场时应进行检查，其型号、规格、质量应符合设计要求，并应按照现行国家标准《城市轨道交通信号工程施工质量验收标准》GB/T 50578 的相关内容要求进行验收。

检验数量：全数检查。

检验方法：检查产品质量证明文件，并检查外观。

12.15.5 电缆间内布线应符合下列规定：

1 电缆间内的电缆应排列整齐，并分段固定牢固，引入孔应封堵。

2 电缆引入电缆间转弯时，不得有硬弯或背扣。

3 储备的电缆应盘放在电缆间(井)内的电缆托架上。

4 电缆应有去向铭牌。

检验数量：全数检查。

检验方法：观察检查，测量检查。

12.16 系统调试

Ⅰ 主控项目

12.16.1 运行控制系统应符合下列规定：

1 实时显示全线轨道线路布置图、列车位置信息、列车车次号信息、进路，以及转辙机、信号机、地面占用检查设备等轨旁设备的状态。

2 实时设置、修改、移动、取消、查询列车识别号、列车位置等信息。

3　实现手动和自动进路控制、信号机控制、道岔控制等功能。

4　正线与车辆基地间的接口测试和功能检验应符合设计要求。

5　具有回放功能。

6　具有模拟仿真功能。

7　具有时刻表编制和管理功能。

8　报表、操作记录等日志管理及打印功能满足设计要求。

9　报警和事件管理功能满足设计要求。

10　系统的权限管理功能满足设计要求。

检验数量：全数检查。

检验方法：试验检查，见证检验。

12.16.2　联锁综合试验应符合下列规定：

1　应确保进路上的信号机、转辙机和轨道区段的联锁相匹配；当联锁条件不符时，严禁开通进路；敌对进路应相互照查，不得同时开放。

检验数量：全数检查。

检验方法：观察检查，试验检查。

2　室内外设备一致性检验应满足下列规定：

1）控制中心调度台上复示信号显示与室外对应信号机的信号显示含义一致，灯丝监督报警功能符合设计。

2）轨道电路和计轴区段的位置、占用出清与相应继电器状态和控制中心调度台上的轨道区段表示一致。

3）道岔实际定/反位位置与相应继电器状态和控制中心调度台上的道岔位置表示相符。操作道岔时，室外道岔转动设备动作状态与室内显示一致。

4）计算机联锁设备的采集、驱动单元应与相应的采集对象、执行器件的状态一致。

检验数量：全数检查。

检验方法：观察检查，试验检查。

12.16.3 路口信号优先试验应满足以下要求：

1 信号优先申请有效、正确，符合设计要求。

2 信号优先申请状态、路口信号机显示状态应与控制中心显示一致。

3 手动和自动方式下实现现地、车载、中心远程申请优先的各项功能。

检验数量：全数检查。

检验方法：观察检查，试验检查。

12.16.4 信号机试验应符合以下要求：

1 信号机和表示器灯光调试良好。当 LED 信号机正常时，全部 LED 灯管应点亮，显示满足规定距离要求。

2 当 LED 部分灯管故障但未达报警门限时，应不影响显示并满足规定距离要求。

3 当 LED 灯管故障至报警门限以下时，剩余 LED 灯管应继续点亮，并接通报警仪报警电路。

检验数量：全数检查。

检验方法：观察检查，试验检查。

12.16.5 轨道电路试验应符合下列规定：

1 调整状态下，轨道电路接收端接收到的信号强度大于接收设备要求的最低输入工作值。

2 在轨道电路区段内任何地点用标准分路灵敏电阻分路导线对钢轨进行分路时，轨道电路接收到的信号强度低于接收设备要求的最大可靠落下（释放）值。标准分路灵敏度电阻应符合该类型轨道电路的设计规定值。

3 轨道电路测试盘所测试区段与室外实际区段一致，测试结果与仪表在设备上的测试结果相同。

检验数量：全数检查。

检验方法：测试检查。

12.16.6 转辙机试验应符合下列规定：

1 转辙机使道岔正常转动时，电机不空转。

2 道岔尖轨因故不能转换或转换中途遇阻时，转辙机电机应克服摩擦力空转。液压转辙机应打开溢流阀排油，不再给油缸压力。

3 在道岔第一连接杆处，尖轨与基本轨之间插入 4 mm 铁片，道岔不能锁闭，插入 2 mm 铁片道岔可以锁闭。

4 道岔的转换时间不大于设计规定允许值。

5 可动部分在转动过程中动作平稳、灵活、无卡阻现象，旷量符合设计要求。

6 转换动程、内外锁闭量等主要技术指标符合设计要求。

检验数量：全数检查。

检验方法：观察检查，测试检查。

12.16.7 车载设备试验应符合下列规定：

1 应按照车载静态、动态调试步骤对车载设备进行调试，并符合设计文件规定。

2 地面设备调试完毕后，应通过列车对各个地面设备进行车地通信测试，以确保通信通道畅通。

3 对车载设备进行功能测试，应包括超速报警、接近报警、进路请求、路口优先申请、列车实际速度指示等。具有点式 ATP 功能的线路还应包括超速防护、临时限速、红灯冒进停车、监督退行等。

4 有安全门联动功能的线路还应包括安全门联动功能测试。

检验数量：全数检查。

检验方法：观察检查，测试检查。

12.16.8 电源屏送电试验应符合设计要求及下列规定：

1 电源屏的各种输出及功能应符合铁路信号电源屏相关技术标准的规定及设计要求。

2　盘面的显示内容与实际测试结果一致。

3　电表无卡阻、碰针现象。

4　接入最大负载后，各部件的温升应不超过相关标准的规定。

检验数量：全数检查。

检验方法：对照产品技术要求，观察检查，见证检验。

12.16.9　微机监测系统的显示、报警、监测功能应满足设计和产品的技术要求，检查监测信息与实际状态应一致。

检验数量：全数检查。

检验方法：试验检查，见证检验。

12.16.10　培训系统的试验应符合下列规定：

1　轨旁和车载模拟软件应与现场使用的系统软件一致，且应能模拟实现单列或多列列车正常运营。

检验数量：全数检查。

检验方法：观察检查，试验检查。

2　模拟软件应能模拟设置单点或多点系统设备故障和列车子系统设备故障。

检验数量：全数检查。

检验方法：观察检查，试验检查。

3　有点式 ATP 功能的线路，模拟软件应实现超速防护、临时限速、红灯冒进停车、监督退行等功能。

检验数量：全数检查。

检验方法：观察检查，试验检查。

4　培训系统操作终端软件应能正确获取系统模拟服务器的信息，且能提供调度管理系统的全部功能和操作。

检验数量：全数检查。

检验方法：观察检查，试验检查。

13 交通安全设施

13.1 一般规定

13.1.1 交通安全设施采用钢质材料时，应进行防腐处理。

13.1.2 智能交通系统施工质量验收应按两个阶段进行：第一阶段应包括施工安装及验收；第二阶段应包括系统调试和系统验收。

13.1.3 智能交通系统施工安装范围应包含安装材料及系统设备的施工准备、管线敷设、设备安装验收。

13.1.4 智能交通系统调试范围应包括单机调试和综合联调。

13.1.5 智能交通系统应按现行国家标准《建筑电气工程施工质量验收规范》GB 50303 和《自动化仪表工程施工及验收规范》GB 50093 的要求进行验收。

13.1.6 交通标志、标线、安全隔离设施的安装验收应符合现行国家标准《道路交通标志和标线》GB 5768、现行行业标准《城镇道路工程施工与质量验收规范》CJJ 1 等规范要求。

13.2 智能交通设施安装

Ⅰ 主控项目

13.2.1 智能交通设施设备及附件进场时应进行检查，其型号、规格、质量、功能、技术指标应符合设计要求和相关产品标准要求。

检验数量：全数检查。

检验方法：检查产品质量证明文件，并检查外观，对有源设备加电检查各项功能。

13.2.2 智能交通前端设备基础施工位置、基坑口径规格、基坑深度、线缆埋深及沟底处理、混凝土基础强度应满足设计要求。

检验数量:全数检查。

检验方法:观察检查,钢尺量测,仪表检查。

13.2.3 智能交通信号控制机应保证接地线导电性良好,电阻值符合设计要求;有绝缘要求时,绝缘电阻应符合设计要求。

检验数量:全数检查。

检验方法:观察检查,仪表检测。

13.2.4 智能交通窨井及接线手井孔尺寸、路面做平、线路埋置深度、光电缆保护及标志应符合设计要求和相关产品标准要求。

检验数量:全数检查。

检验方法:观察检查,钢尺量测。

13.2.5 智能交通杆件和部件安装位置不得侵入设备限界,并应符合设计要求和相关产品标准要求。

检验数量:全数检查。

检验方法:观察检查,钢尺量测。

13.2.6 智能交通信号控制机应具备防水、防尘、散热等功能;设备安装位置、安装方式应符合设计要求;设备应安装牢固,电缆应按设计要求电气连接。

检验数量:全数检查。

检验方法:观察检查,钢尺量测,仪表检测。

Ⅱ 一般项目

13.2.7 智能交通信号控制机内部设备安装布置合理,设备安装牢固,不碰卡,各紧固件应拧紧。信号机及其部件内外部、遮檐、背板及托臂涂漆颜色应一致,厚薄均匀、完整,无脱皮、反锈、鼓泡现象。

检验数量:抽检不少于20%。

检验方法:观察检查。

13.2.8 智能交通管道敷设、管孔试通、管孔封堵及管孔间隙应符合设计要求和相关产品标准要求。

检验数量:全数检查。

检验方法:观察检查。

13.3 交通标志

Ⅰ 主控项目

13.3.1 有轨电车交通标志的样式、材质、规格、图案字样均应符合设计要求。

检验数量:全数检查。

检验方法:观察检查。

13.3.2 交通标志应安装牢固,不应侵入有轨电车车辆限界和道路建筑限界。

检验数量:全数检查。

检验方法:观察检查,钢尺量测。

13.3.3 交通标志设置的数量、位置、高度应符合设计要求。

检验数量:全数检查。

检验方法:观察检查。

13.3.4 采用钢构件制作的支撑件,其防腐层质量验收应符合现行国家标准《高速公路交通工程钢构件防腐技术条件》GB/T 18226 的要求。

检验数量:全数检查。

检验方法:观察检查。

Ⅱ 一般项目

13.3.5 交通标志标牌应色泽鲜明,图像字迹应清晰完整。

检验数量:全数检查。

检验方法：观察检查。

13.4 交通标线

13.4.1 交通标线施划应具有良好的视认性，颜色均匀、边缘整齐、线型规则、线条流畅，满足设计要求；标线涂层厚度均匀，无明显起泡、折皱、斑点、开裂、发黏、脱落、泛花等缺陷。

检验数量：全数检查。

检验方法：观察检查。

13.4.2 反光标线的面撒玻璃珠应均匀，其性能和粒径分布质量验收应符合现行国家标准《路面标线用玻璃珠》GB/T 24722的要求。

检验数量：全数检查。

检验方法：观察检查。

13.5 交通隔离设施

13.5.1 交通隔离设施材质、规格形式及防腐处理均应符合设计要求。

检验数量：全数检查。

检验方法：观察检查。

13.5.2 预制隔离墩强度应符合设计规定，现场安装应稳固，坐浆饱满；当采用焊接连接时，焊缝应符合设计要求。

检验数量：全数检查。

检验方法：观察检查。

13.5.3 隔离栅金属柱和连接件规格、尺寸、材质应符合设计要求，并应做防腐处理；隔离栅立柱应与基础连接牢固，位置应准确；隔离栅板、隔离网片应与立柱连接牢固，框架、网面平整，无明显凹凸现象。

检验数量:全数检查。

检验方法:观察检查。

13.5.4 护栏立柱埋设位置和深度应符合设计要求;护栏的栏板、波形梁应与道路竖曲线相协调。

检验数量:全数检查。

检验方法:观察检查。

附录A 施工现场质量管理检查记录

表A 施工现场质量管理检查记录

<table>
<tr><td colspan="2">工程名称</td><td colspan="2"></td><td>施工许可证号</td><td colspan="2"></td></tr>
<tr><td colspan="2">建设单位</td><td colspan="2"></td><td>项目负责人</td><td colspan="2"></td></tr>
<tr><td colspan="2">设计单位</td><td colspan="2"></td><td>项目负责人</td><td colspan="2"></td></tr>
<tr><td colspan="2">监理单位</td><td colspan="2"></td><td>总监理工程师</td><td colspan="2"></td></tr>
<tr><td colspan="2">施工单位</td><td></td><td>项目负责人</td><td></td><td>项目技术负责人</td><td></td></tr>
<tr><td>序号</td><td colspan="3">项目</td><td colspan="3">主要内容</td></tr>
<tr><td>1</td><td colspan="3">项目部质量管理体系</td><td colspan="3"></td></tr>
<tr><td>2</td><td colspan="3">现场质量责任制</td><td colspan="3"></td></tr>
<tr><td>3</td><td colspan="3">工程质量检验制度</td><td colspan="3"></td></tr>
<tr><td>4</td><td colspan="3">施工技术标准</td><td colspan="3"></td></tr>
<tr><td>5</td><td colspan="3">施工图现场核对情况及会审记录</td><td colspan="3"></td></tr>
<tr><td>6</td><td colspan="3">地质勘察资料及补勘资料</td><td colspan="3"></td></tr>
<tr><td>7</td><td colspan="3">交接桩、施工复测及测量控制网资料</td><td colspan="3"></td></tr>
<tr><td>8</td><td colspan="3">施工组织设计及审批</td><td colspan="3"></td></tr>
<tr><td>9</td><td colspan="3">施工方案及审批</td><td colspan="3"></td></tr>
<tr><td>10</td><td colspan="3">施工检测计划</td><td colspan="3"></td></tr>
<tr><td>11</td><td colspan="3">环境保护方案及审批</td><td colspan="3"></td></tr>
<tr><td>12</td><td colspan="3">安全专项方案及审批</td><td colspan="3"></td></tr>
<tr><td>13</td><td colspan="3">监控量测实施细则及审批</td><td colspan="3"></td></tr>
<tr><td>14</td><td colspan="3">分包方资质及对分包单位的管理制度</td><td colspan="3"></td></tr>
<tr><td>15</td><td colspan="3">主要专业工种操作上岗证书</td><td colspan="3"></td></tr>
</table>

续表 A

序号	项目	主要内容
16	施工单位各类人员质量责任书	
17	施工检测设备及计量器具设置	
18	施工设备进场验收记录	
19	施工设施和机械设备管理制度	
20	材料、设备采购及管理制度	
21	现场标准化作业管理制度和实施细则	
22	质量目标及创优计划	
23	其他	
自检结果： 施工单位项目负责人： 年　月　日		检查结论： 总监理工程师： 年　月　日

附录B 单位(子单位)工程划分

表B 单位(子单位)工程划分

序号	单位工程	子单位工程
1	车站工程	附属工程(天桥、地下通道)
		采用不同工法的车站
2	区间工程	采用不同工法的区间工程(路基、新建桥梁、既有改造桥梁等)
		附属工程(预埋件、预埋管线等)
		不同施工标段
3	车辆基地综合工程	具有独立功能的单体建筑
		道路及环境工程
		管线工程
		车辆基地工艺设备安装
4	轨道工程	正线、出入线轨道工程
		车辆基地轨道工程
		分期施工的轨道工程
		分标段施工的轨道工程
8	供电工程	正线供电工程
		车辆基地供电工程
		分期施工的供电工程
		分标段施工的供电工程
6	运行控制系统	正线运行控制系统
		车辆基地运行控制系统

附录C　分部工程、分项工程划分

表 C-1　路基工程分部工程、分项工程划分

单位工程	分部工程	子分部工程	分项工程	检验批
路基工程	地基处理	原地面处理	原地面处理	区间正线路基沿线路纵向连续长度每≤200 m,站场路基折合正线双线每≤200 m
		换填	开挖	区间正线路基沿线路纵向连续长度每≤200 m,站场路基折合正线双线每≤200 m
			填筑	区间正线路基沿线路纵向连续长度每≤200 m,站场路基折合正线双线每≤200 m
		砂(碎石)、土工合成材料垫层	填筑砂(碎石)、土工合成材料垫层	区间正线路基沿线路纵向连续长度每≤200 m,站场路基折合正线双线每≤200 m
		混凝土预制桩	制桩	区间正线路基沿线路纵向连续长度每≤200 m,站场路基折合正线双线每≤200 m
			成桩	每个独立预制桩处理工点
		混凝土灌注桩	成孔	每10根桩
			钢筋	每10根桩
			混凝土	每10根桩
		CFG桩	CFG桩	区间正线路基沿线路纵向连续长度每≤200 m,站场路基折合正线双线每≤200 m
		碎石桩	碎石桩	区间正线路基沿线路纵向连续长度每≤200 m,站场路基折合正线双线每≤200 m
		粉体喷射搅拌桩	粉体喷射搅拌桩	区间正线路基沿线路纵向连续长度每≤200 m,站场路基折合正线双线每≤200 m
		旋喷桩	旋喷桩	区间正线路基沿线路纵向连续长度每≤200 m,站场路基折合正线双线每≤200 m
		树根桩	树根桩	区间正线路基沿线路纵向连续长度每≤200 m,站场路基折合正线双线每≤200 m

续表 C-1

单位工程	分部工程	分项工程	检验批
路基工程	路堑	路堑开挖	每个区间
		边坡	每个区间、同一支护方式
	路堤	路堤填筑	每个区间
		边坡	每个区间
		过渡段	每一个过渡段
	基床	基床底层	每个区间
		基床表层	每个区间
		过渡段	每一个过渡段
	路基支挡与防护	砌体工程	每个区间
		基础钢筋	每个区间
		基础混凝土	每个区间
		墙身钢筋	每个区间
		墙身混凝土	每个区间
	排水	基坑(槽)	每个区间
		预制安装水沟	每个区间
		砌筑水沟	每个区间
		管道	每个区间
		检查井	每个区间
		雨水口	每个区间
	涵洞	地基及基础	每座
		装配式涵洞涵身	每个安装段
		现浇式涵洞钢筋	每个安装段
		现浇涵洞混凝土	每个浇筑段
		涵洞防水	每座涵洞
		回填	每座涵洞

续表 C-1

单位工程	分部工程	分项工程	检验批
路基工程	附属工程	接触网支柱基础	每个区间
		电缆槽(井)	每个区间
		预埋管(铺设、包封)	每个区间
		综合接地	每个区间

表 C-2 桥梁工程分部工程、分项工程划分

单位工程	分部工程	子分部工程	分项工程	检验批
桥梁工程	地基与基础	钻孔灌注桩	成孔、钢筋笼制作与安装、混凝土灌注	每根桩
		承台	基坑开挖与回填、钢筋制作与安装、混凝土浇筑	每个承台
	下部结构	现浇混凝土墩台	模板、钢筋、混凝土	每个墩台
		预制混凝土墩台	预制墩台构件、预制构架安装	每个墩台
		盖(系)梁	钢筋、混凝土、预应力	每个墩台
	支撑垫石及支座		钢筋、混凝土、支座安装	每个墩台
	上部结构	支架现浇梁(板)	模板、钢筋、混凝土、预应力	每孔、联、施工段
		悬臂浇筑梁	模板、钢筋、混凝土、预应力	每浇筑段
		悬臂拼装梁	预制梁段、梁段安装、预应力	每拼装段
		装配式混凝土梁(板)	预制梁(板)、预制梁(板)安装、现浇连接段钢筋、现浇连接段混凝土泥土、预应力	每片梁
		钢梁	制作、安装、涂装	每施工段
		钢混组合梁	钢梁制作、涂装、桥面板钢筋、桥面板混凝土、叠合梁安装、预应力	每片梁
	桥面及附属系工程		防水层、混凝土桥面铺装层(钢筋、混凝土)、伸缩装置、声屏障、防抛网、护栏、锥坡、桥头搭板、排水、人行道、电缆沟槽(支架)	每施工段

表 C-3　车站工程分部工程、分项工程划分

单位工程	分部工程	子分部工程	分项工程	检验批
车站工程	地基与基础	无支护土方	土方开挖、土方回填	每座
		地基处理	灰土地基、砂石地基……	每座
		地基防水	防水混凝土、卷材防水层、涂料防水层……	每座
		钢筋混凝土结构	钢筋、模板、混凝土	每座
		砌体结构	砖砌体、混凝土砌块砌体、石砌体……	每座
	主体结构	混凝土结构	钢筋、模板、混凝土、装配式结构……	每座
		砌体结构	砖砌体、混凝土砌块砌体、石砌体……	每座
		钢结构	钢结构焊接、紧固件连接、钢结构安装、涂装、压型金属板	每座
	屋面工程	现浇混凝土屋面	找坡层与找平层、保护层、保温层、接缝密封防水、卷材防水层、涂膜防水层	每座
		玻璃采光屋面	接缝密封防水、金属框架安装、玻璃安装	每座
		金属板材屋面	金属板材的连接和密封	每座
	站台铺装		水泥砂浆、砖面层、大理石面层、花岗岩面层	每座
	站台附属设施		站台牌、安全线、座椅、灯箱、广告牌、金属外包、站台两端坡道、护栏、预埋管道(基础开挖、管道铺设、回填)……	每座

表 C-4　车辆基地分部工程、分项工程划分

单位工程	分部工程	分项工程	检验批
车辆基地	特殊构筑物	电缆沟	每 100 m
	工艺设备	检查坑	每个检查坑
		检修平台	每座平台
		卸车平台	每座平台
		车顶防护网	每股停车道
		标识标牌	每座车库
		不落轮镟床安装	每台设备

续表 C-4

单位工程	分部工程	分项工程	检验批
车辆基地	工艺设备	地下固定式架车机安装	每套设备
		列车清洗机安装	每台设备
		自动化立体仓储设备安装	每台设备
		移车台安装	每台设备

表 C-5　轨道工程分部工程、分项工程划分

单位工程	分部工程	分项工程	检验批
轨道工程	线路基标	基标测设	正线每个区间，车场线每股道
	无砟道床	轨排组装架设	每施工段
		道床钢筋	每施工段
		道床混凝土	每施工段
	有砟道床	铺轨前铺砟	每股道
		铺枕、铺轨	每股道
		上砟整道	每股道
	无缝线路	工地钢轨焊接	每个区间
		线路锁定	单元轨节
		轨道整理	每个区间
	有缝线路	轨道整理	正线每个区间，车场线每股道
	无砟道岔	道岔组装铺设	每组
		道床钢筋	每组
		道床混凝土	每组
		道岔焊接	每组
	有砟道岔	铺砟	每组
		道岔组装铺设	每组
		上砟整道	每组

续表 C-5

单位工程	分部工程	分项工程	检验批
轨道工程	钢轨伸缩调节器	钢轨伸缩调节器组装铺设	每组
		道床钢筋	每组
		道床混凝土	每组
	钢轨防护	钢轨打磨	每个区间
		轨道包裹系统安装	每个区间
		轨顶密封胶切槽	每个区间
		轨顶密封胶灌注	每个区间
	铺装工程	混凝土铺装	每个区间
		沥青铺装	每个区间
		绿化铺装	每个区间
		道板砖铺装	每个区间
	轨道安全设备及附属设施	车挡	每处
		线路及信号标志	每个区间

表 C-6　交通安全设施分部工程、分项工程划分

单位工程	分部工程	子分部工程	分项工程	检验批
交通安全设施	智能交通设施安装	管线工程	支架、吊装安装	安装段
			桥架安装	安装段
			管道安装	安装段
			架空支柱安装	安装段
		电(光)缆线路	支架、线槽安装	安装段
			电(光)线敷设	安装段
			电(光)线防护	安装段
			电(光)线接续	安装段
		室外设备	信号机控制箱安装	安装段
			电源设备	安装段

续表 C-6

单位工程	分部工程	子分部工程	分项工程	检验批
交通安全设施	智能交通设施安装	室外设备	信号灯	安装段
			信号灯杆件	安装段
			流量检测	安装段
		设备标识及防雷接地	设备标识	安装段
			防雷接地	安装段
		智能交通控制中心	设备安装	安装段
			设备配线	安装段
		智能控制系统	前端设备功能检验	安装段
			平台功能检验	安装段
	交通标线	交通标线	交通标线划线	区间
	交通标志	交通标志	交通标志制作及安装	区间
			杆件制作及安装	区间
	交通隔离设施	成品护栏	护栏制作	施工段
			护栏安装	施工段
		混凝土护栏	钢筋	施工段
			模板	施工段
			混凝土	施工段

表 C-7 供电工程分部工程、分项工程划分

单位工程	分部工程	子分部工程	分项工程	检验批
供电工程	变电所	每座变电所	接地网	每一座变电所
			箱式变电所箱体安装	每一座变电所
			基础槽钢安装	每一座变电所
			网栅安装	每一座变电所
			电缆支架安装	每一座变电所
			接地干(支)线安装	每一座变电所

续表 C-7

单位工程	分部工程	子分部工程	分项工程	检验批
供电工程	变电所	每座变电所	牵引变压器安装	每一座变电所
			配电变压器安装	每一座变电所
			整流器安装	每一座变电所
			高压开关柜安装	每一座变电所
			直流开关柜及轨电位安装	每一座变电所
			上网开关柜安装	每一座变电所
			交直流电源装置安装	每一座变电所
			电力及控制电缆敷设	每一座变电所
			综合自动化系统	每一座变电所
			系统调试	每一座变电所
			附属设施	每一座变电所
			变电所启动试运行及送电开通	每一座变电所
	电缆	电力电缆	10 kV/35 kV 电缆	每一个回路
			400 V 电缆	每一座车站及相邻一个区间
			直流上网电缆	每所
		控制光电缆	联跳电缆	每一个回路
			差动光缆	每一个回路
		电缆附件	电力电缆中间头、终端头	每一个回路
		防火阻燃设施	防火堵料	每一座车站及相邻一个区间
		电缆试验	电缆试验	每一个回路
		预埋管	预埋管	每一座车站及相邻一个区间
	接触网	基础及预埋件	基础	每一个供电区段
			预埋件	每一个供电区段
		支柱、接地极	钢柱	每一个供电区段
			接地极	每一个供电区段

续表 C-7

单位工程	分部工程	子分部工程	分项工程	检验批
供电工程	接触网	支持结构	支柱装配	每一个供电区段
			软横跨	每个车辆基地
			定位器及定位装置	每一个供电区段
		接触线架设	接触线架设	每一个供电区段
		接触悬挂	中心锚结	每一个供电区段
			吊索	每一个供电区段
			接触悬挂	每一个供电区段
			补偿装置	每一个供电区段
		设备	电连接线	每一个供电区段
			线岔	每一个供电区段
			隔离开关	每个车辆基地
			避雷器	每一个供电区段
			分段绝缘器	每一个供电区段
		附加导线	架空地线	每一个供电区段
			接地跳线	每一个供电区段
			架空地线接地	每一个供电区段
		警示防护	支柱号码牌	每一个供电区段
			标志牌	每一个供电区段
			限界门	每个车辆基地
			指示灯	每个车辆基地
		冷、热滑试验及送电开通	冷滑试验	每一个供电区段
			热滑试验	每一个供电区段
			送电开通	每一个供电区段
	杂散电流防护	排流系统	测防电缆	每一座车站及相邻一个区间
			排流柜及二次回路	每一座变电所
			排流电缆	每一座变电所

续表 C-7

单位工程	分部工程	子分部工程	分项工程	检验批
供电工程	杂散电流防护	监测系统	参考电极安装	每一个监测分区
			传感器安装	每一个监测分区
			数据采集及统计处理装置	每一个监测分区
			电线及电线导管	每一个监测分区
			监测电缆	每一个监测分区
		均流系统	均流电缆	每一座车站及相邻一个区间
		单向导通装置	电缆与钢轨焊接	每一座车站及相邻一个区间
			设备基础	每个车辆基地
			单向导通装置及二次回路	每个车辆基地
			电力电缆	每个车辆基地

表 C-8　通信工程分部工程、分项工程划分

单位工程	分部工程	分项工程	检验批
通信工程	通信管线	支架、吊架安装	每一座车站
		桥架安装	每一座车站
		保护管安装	每一座车站
		通信管道安装	每一座车站
	通信线路	光缆敷设	每一座车站或每一个区间
		电缆敷设	每一座车站或每一个区间
		光缆接续及引入	每一座车站或每一个区间
		电缆接续及引入	每一座车站或每一个区间
		光缆线路检测	每一个中继段或每一个区间
		电缆线路检测	每一个音频段或每一个区间
	骨干网络系统	骨干网络设备安装	每一个变电站/控制中心
		骨干网络设备配线	每一个变电站/控制中心
		骨干网络系统性能检测	每个系统
		骨干网络系统功能检验	每个系统
		骨干网络系统网管检验	每个系统

续表 C-8

单位工程	分部工程	分项工程	检验批
通信工程	无线通信系统	天线杆(塔)安装	每处
		天馈安装	每处
		无线通信设备安装	每一座车站
		无线通信设备配线	每一座车站
		无线通信区间设备安装	每个区间
		无线通信区间设备配线	每个区间
		无线通信车载设备安装	一列车
		无线通信系统性能检测	每个系统
		无线通信系统功能检验	每个系统
		无线通信系统网管检验	每个系统
	电话系统	电话设备安装	每个控制中心
		电话设备配线	每个控制中心
		电话系统性能检测	每个系统
		电话系统功能检验	每个系统
		电话系统网管检验	每个系统
	乘客信息系统	乘客信息系统设备安装	每一座车站
		乘客信息系统设备配线	每一座车站
		乘客信息系统性能检测	每个系统
		乘客信息系统功能检验	每个系统
		乘客信息系统网管检验	每个系统
	技术防范系统	视频监视设备安装	每一座车站
		视频监视设备配线	每一座车站
		视频监视系统性能检测	每个系统
		视频监视系统功能检验	每个系统
		视频监视系统网管检验	每个系统
		电子巡更设备安装	每个车辆基地
		电子巡更设备配线	每个车辆基地

续表 C-8

单位工程	分部工程	分项工程	检验批
通信工程	技术防范系统	电子巡更系统性能检测	每个系统
		电子巡更系统功能检验	每个系统
		电子巡更系统网管检验	每个系统
		门禁系统设备安装	控制中心
		门禁系统设备配线	控制中心
		门禁系统性能检测	每个系统
		门禁系统功能检验	每个系统
		门禁系统网管检验	每个系统
		入侵报警设备安装	每个车辆基地/控制中心
		入侵报警设备配线	每个车辆基地/控制中心
		入侵报警系统性能检测	每个系统
		入侵报警系统功能检验	每个系统
		入侵报警系统网管检验	每个系统
	时钟系统	时钟设备安装	每一座车站
		时钟设备配线	每一座车站
		时钟系统性能检测	每个系统
		时钟系统功能检验	每个系统
		时钟系统网管检验	每个系统
	广播系统	广播设备安装	每个车辆基地
		广播设备配线	每个车辆基地
		广播系统性能检测	每个系统
		广播系统功能检验	每个系统
		广播系统网管检验	每个系统
	办公自动化系统	数据网络设备安装	每一座车站
		数据网络设备配线	每一座车站
		综合布线	每一个单体建筑
		数据网络性能检测	每个系统

续表 C-8

单位工程	分部工程	分项工程	检验批
通信工程	办公自动化系统	数据网络功能检验	每个系统
		数据网网管检验	每个系统
	电源系统及接地	电源设备安装	每个车辆基地/控制中心
		电源设备配线	每个车辆基地/控制中心
		接地安装	每个车辆基地/控制中心
		电源系统性能检测	每个系统
		电源系统功能检验	每个系统
		电源集中监控系统检验	每个系统

表 C-9 正线运行控制系统分部工程、分项工程划分

单位工程/子单位工程	分部工程	分项工程	检验批
正线运行控制系统	电(光)缆线路	支架、线槽安装	每个区间
		电(光)缆敷设	每个区间
		电(光)缆防护	每个区间
		电(光)缆接续	每个区间
		电(光)缆箱、盒安装	每个区间
	信号机(含按钮装置)	信号机(含按钮装置)安装	每个岔区或路口
	转辙设备	转辙机安装	每个岔区
	列车检测与车地通信设备	非连续轨道电路安装	每个岔区
		计轴设备安装	每个岔区
		车-地通信环线安装	每个岔区或路口
		应答器安装	每个区间
		室外天线设备安装	每个岔区或路口
	室外设备	室外箱盒安装	每个岔区或路口
	室外设备标识及硬面化	设备标识	每个区间
		硬面化	每个区间

续表 C-9

单位工程/子单位工程	分部工程	分项工程	检验批
正线运行控制系统	防雷及接地	防雷设施安装	每个岔区或路口
		接地装置安装	每个岔区或路口
	室内设备	室内设备、走线架(槽)安装、电缆引入	每套
	车载设备	车载设备安装	每列车
	调度管理系统	功能检验	全线
	联锁试验	室内单项实验	每个岔区
		室外单项实验	每个岔区
		综合实验	每个岔区
	路口信号优先试验	设备功能检验	每个路口
	信号机(含按钮装置)试验	设备功能检验	每个岔区或路口
	列车检测设备试验	设备功能检验	每个岔区
	转辙机试验	设备功能检验	每个岔区
	车载试验	设备功能检验	每列车
	电源屏送电试验	设备功能检验	每套
	微机监测试验	设备功能检验	每套
	培训系统	设备功能检验	每套

表 C-10　车辆基地运行控制系统分部工程、分项工程划分

单位工程/子单位工程	分部工程	分项工程	检验批
车辆基地运行控制系统	电(光)缆线路	支架、线槽安装	每个车辆基地
		电(光)缆敷设	每个车辆基地
		电(光)缆防护	每个车辆基地
		箱、盒安装	每个车辆基地
		电(光)缆接续	每个车辆基地

续表 C-10

单位工程/子单位工程	分部工程	分项工程	检验批
车辆基地运行控制系统	信号机（含按钮装置）	信号机（含按钮装置）安装	每个车辆基地
	转辙设备	安装装置安装	每10台
		转辙机安装	每10台
		外锁闭装置安装	每10台
	同意按钮盘	按钮盘安装	每10台
	列车检测设备	轨道电路或计轴安装	每个车辆基地
	室外设备	室外箱盒安装	每个车辆基地
	室外设备标识及硬面化	设备标识	每个车辆基地
		硬面化	每个车辆基地
	防雷及接地	防雷设施安装	每个车辆基地
		接地装置安装	每个车辆基地
	室内设备	机柜（架）安装	每个车辆基地
		走线架（槽）安装	每个车辆基地
		电（光）缆引入及安装	每个车辆基地
		操作显示设备安装	每个车辆基地
		电源设备安装	每个车辆基地
		配线	每个车辆基地
	联锁试验	室内单项实验	每个车辆基地
		室外单项实验	每个车辆基地
		综合实验	每个车辆基地
	微机监测试验	设备功能检验	每个车辆基地

附录D　检验批质量验收记录

表D　检验批质量验收记录　　　　**编号：**

<table>
<tr><td colspan="2">单位(子单位)
工程名称</td><td colspan="2"></td><td>分部(子分部)
工程名称</td><td></td><td>分项工程
名称</td><td></td></tr>
<tr><td colspan="2">施工单位</td><td colspan="2"></td><td>项目负责人</td><td></td><td>检验批容量</td><td></td></tr>
<tr><td colspan="2">分包单位</td><td colspan="2"></td><td>分包单位项
目负责人</td><td></td><td>检验批部位</td><td></td></tr>
<tr><td colspan="2">施工依据</td><td colspan="3"></td><td>验收依据</td><td colspan="2"></td></tr>
<tr><td></td><td colspan="2">验收项目</td><td>设计要求及
规范规定</td><td>最小/实际
抽样数量</td><td colspan="2">检查记录</td><td>检查
结果</td></tr>
<tr><td rowspan="5">主
控
项
目</td><td>1</td><td></td><td></td><td></td><td colspan="2"></td><td></td></tr>
<tr><td>2</td><td></td><td></td><td></td><td colspan="2"></td><td></td></tr>
<tr><td>3</td><td></td><td></td><td></td><td colspan="2"></td><td></td></tr>
<tr><td>4</td><td></td><td></td><td></td><td colspan="2"></td><td></td></tr>
<tr><td>5</td><td></td><td></td><td></td><td colspan="2"></td><td></td></tr>
<tr><td rowspan="4">一
般
项
目</td><td>1</td><td></td><td></td><td></td><td colspan="2"></td><td></td></tr>
<tr><td>2</td><td></td><td></td><td></td><td colspan="2"></td><td></td></tr>
<tr><td>3</td><td></td><td></td><td></td><td colspan="2"></td><td></td></tr>
<tr><td>4</td><td></td><td></td><td></td><td colspan="2"></td><td></td></tr>
<tr><td colspan="2">施工单位
检查结果</td><td colspan="6">专职工长：
项目专业质量检查员：
年　　月　　日</td></tr>
<tr><td colspan="2">监理(建
设)单位
验收结论</td><td colspan="6">专业监理工程师：
年　　月　　日</td></tr>
</table>

附录 E　分项工程质量验收记录

表 E　分项工程质量验收记录　　　　编号：

<table>
<tr><td colspan="2">单位(子单位)
工程名称</td><td colspan="2"></td><td>分部(子分部)
工程名称</td><td colspan="3"></td></tr>
<tr><td colspan="2">分项工程数量</td><td colspan="2"></td><td>检验批数量</td><td colspan="3"></td></tr>
<tr><td colspan="2">施工单位</td><td colspan="2"></td><td>项目负责人</td><td></td><td>项目技术
负责人</td><td></td></tr>
<tr><td colspan="2">分包单位</td><td colspan="2"></td><td>分包单位
项目负责人</td><td></td><td>分包内容</td><td></td></tr>
<tr><td>序号</td><td>检验批
名称</td><td>检验批
容量</td><td>部位/
区段</td><td>施工单位
检查结果</td><td colspan="3">监理单位
验收结论</td></tr>
<tr><td>1</td><td></td><td></td><td></td><td></td><td colspan="3"></td></tr>
<tr><td>2</td><td></td><td></td><td></td><td></td><td colspan="3"></td></tr>
<tr><td>3</td><td></td><td></td><td></td><td></td><td colspan="3"></td></tr>
<tr><td>4</td><td></td><td></td><td></td><td></td><td colspan="3"></td></tr>
<tr><td>5</td><td></td><td></td><td></td><td></td><td colspan="3"></td></tr>
<tr><td colspan="8">说明：</td></tr>
<tr><td colspan="2">施工单位
检查结果</td><td colspan="6">项目专业技术负责人：
年　　月　　日</td></tr>
<tr><td colspan="2">监理单位
验收结论</td><td colspan="6">专业监理工程师：
年　　月　　日</td></tr>
</table>

附录 F　分部工程质量验收记录

表 F　分部(子分部)工程质量验收记录　　　编号：

<table>
<tr><td colspan="2">单位(子单位)工程名称</td><td colspan="2"></td><td>子分部工程数量</td><td></td><td>分项工程数量</td><td></td></tr>
<tr><td colspan="2">施工单位</td><td colspan="2"></td><td>项目负责人</td><td></td><td>技术(质量)负责人</td><td></td></tr>
<tr><td colspan="2">分包单位</td><td colspan="2"></td><td>分包单位负责人</td><td></td><td>分包内容</td><td></td></tr>
<tr><td>序号</td><td>子分部工程名称</td><td>分项工程名称</td><td>检验批数量</td><td colspan="2">施工单位检查结果</td><td colspan="2">监理单位验收结论</td></tr>
<tr><td>1</td><td></td><td></td><td></td><td colspan="2"></td><td colspan="2"></td></tr>
<tr><td>2</td><td></td><td></td><td></td><td colspan="2"></td><td colspan="2"></td></tr>
<tr><td>3</td><td></td><td></td><td></td><td colspan="2"></td><td colspan="2"></td></tr>
<tr><td>4</td><td></td><td></td><td></td><td colspan="2"></td><td colspan="2"></td></tr>
<tr><td>5</td><td></td><td></td><td></td><td colspan="2"></td><td colspan="2"></td></tr>
<tr><td>6</td><td></td><td></td><td></td><td colspan="2"></td><td colspan="2"></td></tr>
<tr><td>7</td><td></td><td></td><td></td><td colspan="2"></td><td colspan="2"></td></tr>
<tr><td>8</td><td></td><td></td><td></td><td colspan="2"></td><td colspan="2"></td></tr>
<tr><td colspan="4">质量控制资料</td><td colspan="2"></td><td colspan="2"></td></tr>
<tr><td colspan="4">安全和功能检验结果</td><td colspan="2"></td><td colspan="2"></td></tr>
<tr><td colspan="4">观感质量检验结果</td><td colspan="2"></td><td colspan="2"></td></tr>
<tr><td>综合验收结论</td><td colspan="7"></td></tr>
</table>

<table>
<tr><td>监理单位</td><td>施工单位</td><td>设计单位</td><td>勘察单位</td></tr>
<tr><td>总监理工程师：
年　月　日</td><td>项目负责人：
年　月　日</td><td>项目负责人：
年　月　日</td><td>项目负责人：
年　月　日</td></tr>
</table>

附录G 单位工程质量验收记录

G.0.1 单位工程质量验收应按照表G.0.1-1记录。单位工程质量控制资料及主要功能抽查应按表G.0.1-2～表G.0.1-8记录，单位工程安全和功能检验资料核查应按表G.0.1-9～表G.0.1-15记录，单位工程观感质量检查应按表G.0.1-16～表G.0.1-24记录。

G.0.2 表G.0.1-1中的验收记录由施工单位填写，验收结论由监理单位填写。综合验收结论经参加验收各方共同商定，由建设单位填写，应对工程质量是否符合设计文件和相关标准的规定及总体质量水平作出评价。

表G.0.1-1 单位(子单位)工程质量验收记录 编号：

<table>
<tr><td colspan="2">工程名称</td><td colspan="5"></td></tr>
<tr><td colspan="2">施工单位</td><td></td><td>技术负责人</td><td></td><td>开工日期</td><td></td></tr>
<tr><td colspan="2">项目负责人</td><td></td><td>项目技术负责人</td><td></td><td>完工日期</td><td></td></tr>
<tr><td>序号</td><td colspan="2">项目</td><td colspan="2">验收记录</td><td colspan="2">验收结论</td></tr>
<tr><td>1</td><td colspan="2">分部工程验收</td><td colspan="2">共　分部，经查符合设计及标准规定　分部</td><td colspan="2"></td></tr>
<tr><td>2</td><td colspan="2">质量控制资料核查</td><td colspan="2">共　项，经核查符合规定　项</td><td colspan="2"></td></tr>
<tr><td>3</td><td colspan="2">安全和主要使用功能核查及抽查结果</td><td colspan="2">共核查　项，符合规定　项，共抽查　项，符合规定　项，经返工处理符合规定　项</td><td colspan="2"></td></tr>
<tr><td>4</td><td colspan="2">观感质量验收</td><td colspan="2">共抽查　项，达到“好”和“一般”的　项，经返修处理符合要求的　项</td><td colspan="2"></td></tr>
<tr><td>5</td><td colspan="2">综合验收结论</td><td colspan="2"></td><td colspan="2"></td></tr>
</table>

续表 G.0.1-1

<table>
<tr><td rowspan="2">参加
验收
单位</td><td>建设单位</td><td>监理单位</td><td>施工单位</td><td>设计单位</td><td>勘察单位</td></tr>
<tr><td>（公章）
项目负责人：
年 月 日</td><td>（公章）
总监理工程师：
年 月 日</td><td>（公章）
项目负责人：
年 月 日</td><td>（公章）
项目负责人：
年 月 日</td><td>（公章）
项目负责人：
年 月 日</td></tr>
</table>

注：单位工程验收时，验收签字人员应由相应单位的法人代表书面授权。

表 G.0.1-2 路基工程单位质量控制资料核查记录

<table>
<tr><td colspan="2">工程名称</td><td colspan="4"></td></tr>
<tr><td colspan="2">施工单位</td><td colspan="4"></td></tr>
<tr><td>序号</td><td>项目</td><td>资料名称</td><td>份数</td><td>核查意见</td><td>核查人</td></tr>
<tr><td>1</td><td rowspan="10">路基工程</td><td>图纸会审、设计变更</td><td></td><td></td><td></td></tr>
<tr><td>2</td><td>工程定测记录、放线记录</td><td></td><td></td><td></td></tr>
<tr><td>3</td><td>原材料出厂合格证及进场检（试）验报告</td><td></td><td></td><td></td></tr>
<tr><td>4</td><td>施工试验报告及见证检测报告</td><td></td><td></td><td></td></tr>
<tr><td>5</td><td>施工记录</td><td></td><td></td><td></td></tr>
<tr><td>6</td><td>隐蔽工程验收记录</td><td></td><td></td><td></td></tr>
<tr><td>7</td><td>地基、基础、主体结构检验及抽样检测资料</td><td></td><td></td><td></td></tr>
<tr><td>8</td><td>分项、分部工程质量验收记录</td><td></td><td></td><td></td></tr>
<tr><td>9</td><td>施工现场质量管理检查记录</td><td></td><td></td><td></td></tr>
<tr><td>10</td><td>新技术论证、备案及施工记录</td><td></td><td></td><td></td></tr>
<tr><td colspan="6">结论：

施工单位项目负责人： 总监理工程师：
年 月 日 年 月 日</td></tr>
</table>

表 G.0.1-3　桥梁工程单位质量控制资料核查记录

工程名称					
施工单位					
序号	项目	资料名称	份数	核查意见	核查人
1	桥梁工程	图纸会审、设计变更			
2		工程定测记录、放线记录			
3		原材料出厂合格证及进场检（试）验报告			
4		施工试验报告及见证检测报告			
5		施工记录			
6		隐蔽工程验收记录			
7		地基、基础、主体结构检验及抽样检测资料			
8		分项、分部工程质量验收记录			
9		施工现场质量管理检查记录			
10		新技术论证、备案及施工记录			

结论：

施工单位项目负责人：　　　　　　　　总监理工程师：

年　　月　　日　　　　　　　　　　　年　　月　　日

表 G.0.1-4 车站工程单位质量控制资料核查记录

<table>
<tr><td colspan="2">工程名称</td><td colspan="4"></td></tr>
<tr><td colspan="2">施工单位</td><td colspan="4"></td></tr>
<tr><td>序号</td><td>项目</td><td>资料名称</td><td>份数</td><td>核查意见</td><td>核查人</td></tr>
<tr><td>1</td><td rowspan="10">车站工程</td><td>图纸会审、设计变更</td><td></td><td></td><td></td></tr>
<tr><td>2</td><td>工程定测记录、放线记录</td><td></td><td></td><td></td></tr>
<tr><td>3</td><td>原材料出厂合格证及进场检（试）验报告</td><td></td><td></td><td></td></tr>
<tr><td>4</td><td>施工试验报告及见证检测报告</td><td></td><td></td><td></td></tr>
<tr><td>5</td><td>施工记录</td><td></td><td></td><td></td></tr>
<tr><td>6</td><td>隐蔽工程验收记录</td><td></td><td></td><td></td></tr>
<tr><td>7</td><td>地基、基础、主体结构检验及抽样检测资料</td><td></td><td></td><td></td></tr>
<tr><td>8</td><td>分项、分部工程质量验收记录</td><td></td><td></td><td></td></tr>
<tr><td>9</td><td>施工现场质量管理检查记录</td><td></td><td></td><td></td></tr>
<tr><td>10</td><td>新技术论证、备案及施工记录</td><td></td><td></td><td></td></tr>
<tr><td></td><td></td><td></td><td></td><td></td><td></td></tr>
<tr><td></td><td></td><td></td><td></td><td></td><td></td></tr>
<tr><td></td><td></td><td></td><td></td><td></td><td></td></tr>
<tr><td colspan="6">结论：

施工单位项目负责人：　　　　　　　总监理工程师：
年　月　日　　　　　　　　　　　年　月　日</td></tr>
</table>

表 G.0.1-5　交通安全设施单位质量控制资料核查记录

工程名称					
施工单位					
序号	项目	资料名称	份数	核查意见	核查人
1	交通安全设施	图纸会审、设计变更			
2		原材料出厂合格证及进场检（试）验报告			
3		隐蔽工程验收记录			
4		系统功能测定及设备调试记录			
5		施工记录			
6		系统技术、操作和维护手册			
7		系统管理、操作人员培训记录			
8		系统检测报告			
9		分项、分部工程质量验收记录			
10		新技术论证、备案及施工记录			
结论： 施工单位项目负责人：　　　　总监理工程师： 年　月　日　　　　年　月　日					

表 G.0.1-6　轨道工程单位质量控制资料核查记录

工程名称					
施工单位					
序号	项目	资料名称	份数	核查意见	核查人
1	轨道工程	图纸会审、设计变更			
2		工程定测记录、放线记录			
3		原材料出厂合格证及进场检（试）验报告			
4		施工试验报告及见证检测报告			
5		施工记录			
6		隐蔽工程验收记录			
7		轨道验收记录			
8		分项、分部工程质量验收记录			
9		施工现场质量管理检查记录			
10		新技术论证、备案及施工记录			
结论： 施工单位项目负责人：　　　　总监理工程师： 年　月　日　　　　年　月　日					

表 G.0.1-7 供电工程单位质量控制资料核查记录

<table>
<tr><td colspan="2">工程名称</td><td colspan="4"></td></tr>
<tr><td colspan="2">施工单位</td><td colspan="4"></td></tr>
<tr><td>序号</td><td>项目</td><td>资料名称</td><td>份数</td><td>核查意见</td><td>核查人</td></tr>
<tr><td>1</td><td rowspan="13">供电工程</td><td>图纸会审、设计变更</td><td></td><td></td><td></td></tr>
<tr><td>2</td><td>工程定测记录</td><td></td><td></td><td></td></tr>
<tr><td>3</td><td>原材料出厂合格证及进场检（试）验报告</td><td></td><td></td><td></td></tr>
<tr><td>4</td><td>设备出厂合格证或试验报告</td><td></td><td></td><td></td></tr>
<tr><td>5</td><td>电气试验报告</td><td></td><td></td><td></td></tr>
<tr><td>6</td><td>隐蔽工程验收记录</td><td></td><td></td><td></td></tr>
<tr><td>7</td><td>施工记录</td><td></td><td></td><td></td></tr>
<tr><td>8</td><td>分项、分部工程质量验收记录</td><td></td><td></td><td></td></tr>
<tr><td>9</td><td>施工现场质量管理检查记录</td><td></td><td></td><td></td></tr>
<tr><td></td><td></td><td></td><td></td><td></td></tr>
<tr><td></td><td></td><td></td><td></td><td></td></tr>
<tr><td></td><td></td><td></td><td></td><td></td></tr>
<tr><td></td><td></td><td></td><td></td><td></td></tr>
<tr><td colspan="6">结论：

施工单位项目负责人：　　　　　　总监理工程师：
年　月　日　　　　　　　　　　年　月　日</td></tr>
</table>

表 G.0.1-8 通信工程单位质量控制资料核查记录

工程名称					
施工单位					
序号	项目	资料名称	份数	核查意见	核查人
1	通信工程	图纸会审、设计变更、洽商记录、竣工图及设计说明			
2		工程定测、复测记录			
3		材料设备出厂合格证及进场检(试)验报告			
4		系统技术、操作和维护手册			
5		施工记录			
6		隐蔽工程验收记录			
7		施工现场质量管理检查记录			
8		系统管理、操作人员培训记录			
9		分项、分部工程质量验收记录			
10		新材料、新工艺施工记录			

结论:

施工单位项目负责人:　　　　总监理工程师:

年　月　日　　　　年　月　日

表 G.0.1-9　路基工程安全和功能检验资料核查及主要功能抽查记录

<table>
<tr><td colspan="2">工程名称</td><td colspan="5"></td></tr>
<tr><td colspan="2">施工单位</td><td colspan="5"></td></tr>
<tr><td>序号</td><td>项目</td><td>安全和功能检查项目</td><td>份数</td><td>核查意见</td><td>抽查结果</td><td>核查人（抽查人）</td></tr>
<tr><td>1</td><td rowspan="11">路基工程</td><td>地基承载力检验报告</td><td></td><td></td><td></td><td></td></tr>
<tr><td>2</td><td>桩基承载力检验报告</td><td></td><td></td><td></td><td></td></tr>
<tr><td>3</td><td>混凝土强度实验报告</td><td></td><td></td><td></td><td></td></tr>
<tr><td>4</td><td>沉降观测记录</td><td></td><td></td><td></td><td></td></tr>
<tr><td>5</td><td>主体结构尺寸、位置抽查记录</td><td></td><td></td><td></td><td></td></tr>
<tr><td></td><td></td><td></td><td></td><td></td><td></td></tr>
<tr><td></td><td></td><td></td><td></td><td></td><td></td></tr>
<tr><td></td><td></td><td></td><td></td><td></td><td></td></tr>
<tr><td></td><td></td><td></td><td></td><td></td><td></td></tr>
<tr><td></td><td></td><td></td><td></td><td></td><td></td></tr>
<tr><td></td><td></td><td></td><td></td><td></td><td></td></tr>
<tr><td colspan="7">结论：

施工单位项目负责人：　　　　　　总监理工程师：
年　月　日　　　　　　　　　　年　月　日</td></tr>
</table>

表 G.0.1-10 桥梁工程安全和功能检验资料核查及主要功能抽查记录

<table>
<tr><td colspan="2">工程名称</td><td colspan="5"></td></tr>
<tr><td colspan="2">施工单位</td><td colspan="5"></td></tr>
<tr><td>序号</td><td>项目</td><td>安全和功能检查项目</td><td>份数</td><td>核查
意见</td><td>抽查
结果</td><td>核查人
（抽查人）</td></tr>
<tr><td>1</td><td rowspan="11">桥梁工程</td><td>地基承载力及桩基无损检测试验记录</td><td></td><td></td><td></td><td></td></tr>
<tr><td>2</td><td>钻芯取样检测记录</td><td></td><td></td><td></td><td></td></tr>
<tr><td>3</td><td>同条件养护试件试验记录</td><td></td><td></td><td></td><td></td></tr>
<tr><td>4</td><td>预应力锚（夹）具组合试验报告</td><td></td><td></td><td></td><td></td></tr>
<tr><td>5</td><td>拉（吊）索张拉力、振动频率试验记录</td><td></td><td></td><td></td><td></td></tr>
<tr><td>6</td><td>索力调整检测记录</td><td></td><td></td><td></td><td></td></tr>
<tr><td>7</td><td>钢结构焊接质量检测报告</td><td></td><td></td><td></td><td></td></tr>
<tr><td>8</td><td>桥梁静载试验记录</td><td></td><td></td><td></td><td></td></tr>
<tr><td>9</td><td>桥梁工程竣工测量资料</td><td></td><td></td><td></td><td></td></tr>
<tr><td>10</td><td>防雷接地检测报告</td><td></td><td></td><td></td><td></td></tr>
<tr><td></td><td></td><td></td><td></td><td></td><td></td></tr>
<tr><td colspan="7">结论：

施工单位项目负责人：　　　　　　　　总监理工程师：
年　　月　　日　　　　　　　　　　年　　月　　日</td></tr>
</table>

表 G.0.1-11 车站工程安全和功能检验资料核查及主要功能抽查记录

<table>
<tr><td colspan="2">工程名称</td><td colspan="5"></td></tr>
<tr><td colspan="2">施工单位</td><td colspan="5"></td></tr>
<tr><td>序号</td><td>项目</td><td>安全和功能检查项目</td><td>份数</td><td>核查
意见</td><td>抽查
结果</td><td>核查人
（抽查人）</td></tr>
<tr><td>1</td><td rowspan="11">车站工程</td><td>主体结构尺寸、位置抽查记录</td><td></td><td></td><td></td><td></td></tr>
<tr><td>2</td><td>混凝土强度实验报告</td><td></td><td></td><td></td><td></td></tr>
<tr><td>3</td><td>建筑物标高测量记录</td><td></td><td></td><td></td><td></td></tr>
<tr><td>4</td><td>钢结构焊缝内部质量检测记录</td><td></td><td></td><td></td><td></td></tr>
<tr><td>5</td><td>钢结构防腐、防火涂装质量检测记录</td><td></td><td></td><td></td><td></td></tr>
<tr><td></td><td></td><td></td><td></td><td></td><td></td></tr>
<tr><td></td><td></td><td></td><td></td><td></td><td></td></tr>
<tr><td></td><td></td><td></td><td></td><td></td><td></td></tr>
<tr><td></td><td></td><td></td><td></td><td></td><td></td></tr>
<tr><td></td><td></td><td></td><td></td><td></td><td></td></tr>
<tr><td></td><td></td><td></td><td></td><td></td><td></td></tr>
<tr><td colspan="7">结论：

施工单位项目负责人：　　　　　　总监理工程师：
年　月　日　　　　　　　　　年　月　日</td></tr>
</table>

表 G.0.1-12　轨道工程安全和功能检验资料核查及主要功能抽查记录

工程名称						
施工单位						
序号	项目	安全和功能检查项目	份数	核查意见	抽查结果	核查人（抽查人）
1	轨道工程	同条件养护试件试验记录				
2		轨道状态调整检测记录				
3		钢轨接头探伤检测报告				
4		整体道床沉降观测记录				
5		钢轨扣件扭力检测记录				

结论：

施工单位项目负责人：　　　　　　　　总监理工程师：

年　月　日　　　　　　　　　　　　年　月　日

表 G.0.1-13　供电工程安全和功能检验资料核查及主要功能抽查记录

工程名称						
施工单位						
序号	项目	安全和功能检查项目	份数	核查意见	抽查结果	核查人（抽查人）
1	供电工程	变电所设备交接试验记录				
2		变电所启动、试运行记录				
3		综合自动化系统检测记录				
4		接地装置测试记录				
5		电力电缆测试记录				
6		接触网设备试验测试记录				
7		接触网参数测试记录				
8		接触网冷滑试验及送电开通记录				
9		接地装置测试记录				
10		杂散电流防护系统测试记录				

结论：

施工单位项目负责人：　　　　　　　　总监理工程师：

年　月　日　　　　　　　　　　　　年　月　日

表 G.0.1-14　通信工程安全和功能检验资料核查及主要功能抽查记录

<table>
<tr><td colspan="2">工程名称</td><td colspan="5"></td></tr>
<tr><td colspan="2">施工单位</td><td colspan="5"></td></tr>
<tr><td>序号</td><td>项目</td><td>安全和功能检查项目</td><td>份数</td><td>核查意见</td><td>抽查结果</td><td>核查人（抽查人）</td></tr>
<tr><td>1</td><td rowspan="11">通信工程</td><td>电缆区段性能测试记录</td><td></td><td></td><td></td><td></td></tr>
<tr><td>2</td><td>光缆中继段性能测试记录</td><td></td><td></td><td></td><td></td></tr>
<tr><td>3</td><td>骨干网系统通道性能测试记录</td><td></td><td></td><td></td><td></td></tr>
<tr><td>4</td><td>无线通信系统功能检验记录</td><td></td><td></td><td></td><td></td></tr>
<tr><td>5</td><td>电话系统功能检验记录</td><td></td><td></td><td></td><td></td></tr>
<tr><td>6</td><td>乘客信息系统功能检验记录</td><td></td><td></td><td></td><td></td></tr>
<tr><td>7</td><td>技防系统功能检验记录</td><td></td><td></td><td></td><td></td></tr>
<tr><td>8</td><td>时钟系统功能检验记录</td><td></td><td></td><td></td><td></td></tr>
<tr><td>9</td><td>广播系统功能检验记录</td><td></td><td></td><td></td><td></td></tr>
<tr><td>10</td><td>办公自动化系统功能检验记录</td><td></td><td></td><td></td><td></td></tr>
<tr><td>11</td><td>电源及接地系统功能检验记录</td><td></td><td></td><td></td><td></td></tr>
<tr><td colspan="7">结论：

施工单位项目负责人：　　　　　　总监理工程师：
年　月　日　　　　　　年　月　日</td></tr>
</table>

表 G.0.1-15 运行控制系统安全和功能检验资料核查及主要功能抽查记录

工程名称						
施工单位						
序号	项目	安全和功能检查项目	份数	核查意见	抽查结果	核查人（抽查人）
1	运行控制系统	光电缆性能检验测试记录				
2		信号机(含按钮装置)检验测试记录				
3		正线转辙设备检验测试记录				
4		段/场转辙设备检验测试记录				
5		正线列车检测检设备安装检验记录				
6		段/场列车检测检设备安装检验记录				
7		车地通信设备检验测试记录				
8		室外设备检验记录				
9		室外设备标识及硬面化检验记录				
10		防雷及接地检验记录				
11		室内设备检验记录				
12		车载设备检验记录				
13		调度管理系统功能检验测试记录				
14		联锁设备性能检验测试记录				
15		联锁试验报告				
16		路口信号优先系统功能检验测试记录				
17		信号机(含按钮装置)功能检验测试记录				
18		正线列车检测设备功能检验测试记录				
19		段/场列车检测设备功能检验测试记录				
20		正线转辙机功能检验测试记录				
21		段/场转辙机功能检验测试记录				
22		车载功能检验测试记录				
23		电源屏送电试验测试记录				
24		微机监测试验测试记录				

续表 G.0.1-15

序号	项目	安全和功能检查项目	份数	核查意见	抽查结果	核查人（抽查人）
25		培训系统试验测试记录				
26		同意按钮盘检验测试记录				
结论： 施工单位项目负责人：　　　　总监理工程师： 年　月　日　　　　年　月　日						

表 G.0.1-16　路基工程观感质量记录

单位工程名称				
施工单位				
序号	项目名称	质量状况	合格	不合格
1	路基边			
2	路堤边坡			
3	路边坡			
4	挡土墙砌筑（安装）			
5	浆砌（干砌）边坡			
6	植物防护			
7	排水沟槽			
结论： 施工单位项目负责人：　　　　总监理工程师： 年　月　日　　　　年　月　日				

表 G.0.1-17 桥梁工程观感质量记录

单位工程名称				
施工单位				
序号	项目名称	质量状况	合格	不合格
1	墩柱(台)			
2	盖梁			
3	桥台			
4	混凝土梁			
5	桥面			
6	防撞设施			
7	排水设施			
8	伸缩缝			
9	栏杆、护手			
10	桥台护坡			
11	涂装、饰面			
12	钢结构焊缝			
13	灯柱、照明			
结论： 施工单位项目负责人：　　　　总监理工程师： 年　月　日　　　　年　月　日				

表 G.0.1-18 车站工程观感质量记录

单位工程名称				
施工单位				
序号	项目名称	质量状况	合格	不合格
1	抹灰及涂饰			
2	饰面砖(板)			
3	栏杆			
4	栏杆			
5	安全玻璃			
6	钢结构			

结论：

施工单位项目负责人： 总监理工程师：

年 月 日 年 月 日

表 G.0.1-19　车辆基地观感质量记录

单位工程名称				
施工单位				
序号	项目名称	质量状况	合格	不合格
1	电缆沟			
2	检查坑			
3	检修平台			
4	卸车平台			
5	楼梯、踏步、护栏			
6	机房设备安装及布局			
7	现场设备安装			

结论：

施工单位项目负责人：　　　　　　　　总监理工程师：

年　　月　　日　　　　　　　　　　　年　　月　　日

表 G.0.1-20 轨道工程工程观感质量记录

单位工程名称				
施工单位				
序号	项目名称	质量状况	合格	不合格
1	控制基标控制点			
2	无砟道床			
3	有砟道床			
4	钢轨			
5	扣件			
6	轨枕			
7	道岔			
8	扣件罩			
9	钢轨柔性包裹材料			
10	轨顶密封胶			
11	钢轨伸缩调节器			
12	位移观测桩			
结论： 施工单位项目负责人：　　　　总监理工程师： 年　月　日　　　　年　月　日				

表 G.0.1-21 交通安全设施观感质量记录

单位工程名称				
施工单位				
序号	项目名称	质量状况	合格	不合格
1	智能交通设备安装			
2	交通标志			
3	交通标线			
4	交通隔离设施			

结论：

施工单位项目负责人：　　　　　　　　总监理工程师：

年　月　日　　　　　　　　　　　　年　月　日

表 G.0.1-22　供电工程单位工程观感质量记录

单位工程名称					
施工单位					
序号	项目名称		抽查质量状况	合格	不合格
1	变电所	隔离开关			
2		电缆支架			
3		遮栏及网栅			
4		设备			
5		盘、柜			
6		标识、标志			
7		号码牌、标志牌			
8		电缆敷设			
9	电缆	电缆终端头			
10		电缆中间头			
11	接触网	基础			
12		支柱			
13		接触线			
14		架空地线			
15		分段绝缘器			
16		避雷器			
17		线岔			
18	杂散电流防护	传感器			
19		线缆敷设			
20		机柜			
结论： 施工单位项目负责人：　　　　总监理工程师： 年　月　日　　　　年　月　日					

表 G.0.1-23 通信工程观感质量记录

单位工程名称				
施工单位				
序号	项目名称	质量状况	合格	不合格
1	通信管线			
2	光电缆线路			
3	设备安装与配线			
4	骨干网络系统			
5	无线通信系统			
6	电话系统			
7	乘客信息系统			
8	技术防范系统			
9	时钟系统			
10	广播系统			
11	办公自动化系统			
12	电源系统及接地			
结论： 施工单位项目负责人：　　　　总监理工程师： 年　月　日　　　　年　月　日				

表 G.0.1-24　运行控制系统观感质量记录

单位工程名称				
施工单位				
序号	项目名称	质量状况	合格	不合格
1	光缆线路			
2	固定信号机、发车指示器及按钮装置			
3	转辙设备			
4	列车检测及车地通信设备			
5	车载设备			
6	室内设备			
7	防雷及接地			
8	设备标识及硬面化			
结论： 施工单位项目负责人：　　　　总监理工程师： 年　月　日　　　　年　月　日				

本标准用词说明

1 执行本标准条文时，对于要求严格程度的用词说明如下，以便在执行中区别对待：

1）表示很严格，非这样做不可的用词：
正面词采用"必须"；
反面词采用"严禁"。

2）表示严格，在正常情况下均应这样做的用词：
正面词采用"应"；
反面词采用"不应"或"不得"。

3）表示允许稍有选择，在条件许可时首先应这样做的用词：
正面词采用"宜"；
反面词采用"不宜"。

4）表示有选择，在一定条件下可以这样做的用词，采用"可"。

2 条文中指明应按其他有关标准执行的写法为"应符合……的规定"或"应按……执行"。

引用标准名录

1 《建筑工程施工质量验收统一标准》GB 50300

2 《城市轨道交通工程测量规范》GB/T 50308

3 《城市轨道交通工程监测技术规范》GB 50911

4 《混凝土结构工程施工质量验收规范》GB 50204

5 《建筑地基基础工程施工质量验收标准》GB 50202

6 《城镇道路工程施工与质量验收规范》CJJ 1

7 《城镇桥梁工程施工与质量验收规范》CJJ 2

8 《砌体结构工程施工质量验收规范》GB 50203

9 《钢结构工程施工规范》GB 50755

10 《钢轨焊接》TB/T 1632.1～4

11 《建筑地基处理技术规范》JGJ 79

12 《复合地基技术规范》GB/T 50783

13 《给水排水管道工程施工及验收规范》GB 50268

14 《地下防水工程质量验收规范》GB 50208

15 《钢结构工程施工质量验收规范》GB 50205

16 《钢结构焊接规范》GB 50661

17 《屋面工程技术规范》GB 50345

18 《屋面工程质量验收规范》GB 50207

19 《混凝土结构工程施工规范》GB 50666

20 《园林绿化工程施工及验收规范》CJJ 82

21 《综合布线系统工程验收规范》GB/T 50312

22 《电子巡查系统技术要求》GA/T 644

23 《铁路运输通信工程施工验收标准》TB 10418

24 《入侵和紧急报警系统技术要求》GB/T 32581

25 《低压配电设计规范》GB 50054

26 《电气装置安装工程　高压电器施工及验收规范》GB 50147

27 《电气装置安装工程　母线装置施工及验收规范》GB 50149

28 《电气装置安装工程　电气设备交接试验标准》GB 50150

29 《电气装置安装工程　电缆线路施工及验收标准》GB 50168

30 《电气装置安装工程　盘、柜及二次回路接线施工及验收规范》GB 50171

31 《电气装置安装工程　蓄电池施工及验收规范》GB 50172

32 《电气装置安装工程　低压电器施工及验收规范》GB 50254

33 《建筑电气工程施工质量验收规范》GB 50303

34 《城市轨道交通信号工程施工质量验收标准》GB/T 50578

35 《六氟化硫电气设备中气体管理和检测导则》GB/T 8905

36 《继电保护和安全自动装置技术规程》GB/T 14285

37 《轨道交通　电磁兼容》GB/T 24338.1～6

38 《地铁杂散电流腐蚀防护技术规程》CJJ 49

39 《城市轨道交通工程档案整理标准》CJJ/T 180

40 《普通混凝土用砂、石质量及检验方法标准》JGJ 52

41 《混凝土用水标准》JGJ 63

42 《铁路电力工程施工质量验收标准》TB 10420

43 《铁路电力牵引供电工程施工质量验收标准》TB 10421

44 《铁路信号工程施工质量验收标准》TB 10419

45 《钢筋机械连接技术规程》JGJ 107

46 《钢筋焊接及验收规程》JGJ 18

47 《建筑电气工程施工质量验收规范》GB 50303

48 《自动化仪表工程施工及验收规范》GB 50093

49 《道路交通标志板及支撑件》GB/T 23827

50 《道路交通标志和标线　第2部分:道路交通标志》GB 5768.2
51 《道路交通标志和标线　第3部分:道路交通标线》GB 5768.3
52 《道路交通标线质量要求和检测方法》GB/T 16311
53 《有轨电车工程设计规范》DG/TJ 08—2213
54 《有轨电车试运营基本条件》DB 31/T 1094

上海市工程建设规范

有轨电车工程施工质量验收标准

DG/TJ 08—2339—2020
J 15504—2021

条 文 说 明

2022　上海

目　次

Contents

1 总 则

1.0.2 本标准仅适用于运行速度不高于 70 km/h 的钢轮钢轨制式有轨电车工程。

1.0.4 本标准主要是根据现行国家标准《建筑工程施工质量验收统一标准》GB 50300、现行上海市工程建设规范《有轨电车工程设计规范》DG/TJ 08—2213 的规定编写的。同时，本标准强调与有关标准配套使用。在实际工程验收中，有轨电车工程中若存在其他单位工程验收，如各种工法地下结构工程、特种设备、FAS 系统、BAS 系统、综合监控、市政配套道路，应参照相关行业标准执行。

2 术 语

本章收编的术语为有轨电车领域的主要术语。有轨电车采用的具体词汇和解释，遴选了国际和国内常用的中、英文词汇和释义。

3 基本规定

3.1 一般规定

3.1.1 有轨电车工程施工单位应建立必要的质量责任制度，推行生产控制和合格控制的全过程质量控制，有健全的生产控制和合格控制的质量管理体系，满足现行国家标准《质量管理体系要求》GB/T 19001 的管理规定，不仅包括原材料控制、工艺流程控制、施工操作控制、每道工序质量检查、相关工序间的交接检验以及专业工种中间交接环节的质量管理和控制要求，还包括满足设计文件和功能要求的抽样检验制度等。通过内部的审核与管理者的评审，找出质量管理体系中存在的问题和薄弱环节，并制定改进措施和跟踪检查落实等措施，使质量管理体系不断健全和完善，是施工单位不断提高有轨电车工程质量的基本保证。

同时施工单位应重视综合质量控制水平，从施工技术、管理制度、工程质量控制等方面制定综合质量控制水平指标，以提高企业整体管理、技术水平和经济效益。

有轨电车工程施工单位的质量管理体系是指确定质量方针、目标和职责，并通过质量体系中的质量策划、控制、保证和改进来使其实现的全部活动。包括现场质量责任制度、专业工种的操作岗位责任书、分包单位管理制度、图纸会审记录、地质勘查资料、施工技术标准、施工组织设计和施工方案、物资采购和管理制度、施工设施和机械设备管理制度、计量设备配备、检测试验管理制度、监测管理制度、工程质量检查制度等。

施工技术标准包括基础技术标准、产品标准、工艺标准、检测试验方法标准，以及安全、卫生、环保标准等。施工质量检验制度包含质量检验实施细则、材料进场检验、材料投入保证措施、现场见证取样、班组自检和交接制度、专职质量检查员检查制度等方面的内容。综合施工质量水平评定考核是对工程质量管理工作情况的综合评定，考核内容包括制度建设、质量工作、工程效果三个方面内容。

3.1.3 本条对施工质量控制提出相关要求。

1 规定了有轨电车工程中使用的物资、器具和设备的验收和检验要求：

2）对物资、器具和设备根据不同的类型、特点和使用要求，在要求中按后续各章的具体规定进行检验和验收；质量证明文件包括产品合格证、出厂质量检验报告、检测报告、试验报告等。

4）设备系统产品及其软件更新较快，其认证一般要符合《中华人民共和国认证认可条例》的规定，为保证有轨电车的运营和使用安全，特作出规定。

5）要求对涉及安全、节能、环境保护和主要使用功能的重要材料、产品进行复检，具体的复检项目在后续各章有具体的规定。

涉及安全的材料包括：涉及结构安全的材料如钢筋、型钢、水泥、砂、石、外加剂、砌体材料、预制构件、地基处理材料、防水材料等；涉及装修安全的材料如幕墙、型钢、外墙窗、吊顶吊杆、饰面板（砖）等；涉及施工安全的材料如支撑、支架、钢缆等；涉及消防安全的材料如防水材料、保温材料、涂料、装修材料等；涉及设备系统安全的物资和设备如阀门、站内客运设备、站台屏蔽门系统、通信和信号设备等。

涉及节能的材料和设备如墙体保温隔热材料和粘贴材料、幕墙保温和导热、玻璃、外门窗、屋面保温隔热、地面、采暖材料和设备、通风空调设备、配电与照明等。

涉及环境保护的材料和设备包括装修材料、防水材料、保温材料、密封胶、卫生洁具、给水系统材料和设备等。

涉及主要使用功能的材料和设备包括客运设备、环境和设备监控系统、电气系统、给水排水系统、乘客信息系统、自动售检票系统等的物资和设备。

3 有轨电车工程存在较多的隐蔽工程，隐蔽工程施工质量对工程质量和后期运营维护存在较大影响。施工单位对隐蔽工程在施工完成后应先行检查，符合规定后通知监理单位验收。这一点对于保证工程质量及日后可能出现的质量事故的责任判定很重要，不能忽视。

5 为保证工程整体质量，控制每道工序的质量，规定每道工序完成后，按本标准各章的具体要求进行检验和验收。

6 有轨电车工程土建与土建工程之间、土建与各设备专业工程之间、各设备专业工程之间互相交叉作业，有的还要多次交叉作业，因此对各工序之间的检验作出规定。

7 施工过程中的检验和试验是保证工序质量的手段，规定按检验的相关标准认真执行。

8 由于交叉的工序较多，施工周期也相对较长，施工过程中加强成品保护工作，不但要保护好本专业施工的成品，也要保护好其他专业的成品，避免造成损坏和污染。

10 施工技术资料是追溯工程质量问题的重要证据，施工过程中的收集并随时整理归档，非常重要。

3.1.4 本条规定了有轨电车工程施工质量验收的基本要求。

1 工程质量验收的前提条件为施工单位自检合格，验收时施工单位对自检中发现的问题已完成整改。

2 参加工程质量验收的各方人员资格包括岗位、专业和技术职称等要求，具体的要求符合国家、行业和地方有关法律、法规的规定，规定本条是保证参加验收等各方人员的专业性和代表性。

3 主控项目和一般项目的划分要符合各专业验收的规定。

4 见证检验的项目、内容、程序、抽样数量等按后续各章中的具体规定进行。

5 隐蔽工程在隐蔽后难以检验，因此规定隐蔽工程在隐蔽前进行验收。

6 不仅包括涉及结构安全和使用功能的分部工程，还包括涉及节能、环境保护等的分部工程，具体内容按各章专业验收项目确定，抽验检验和实体检验结果符合相关的规定。

7 观感质量通过观察和简单的测试确定。观感质量的综合评价结果由验收各方共同确定并达成一致，对影响观感及使用功能或质量评价为差的项目要进行返修。

3.2 工程施工质量验收单元的划分

3.2.1 结合国内有轨电车工程验收的经验，将有轨电车工程划分为单位（子单位）工程、分部（子分部）工程、分项工程和检验批的方式符合建筑工程验收过程的统一规定，应用情况良好。各单位工程验收完成后进行项目工程验收，符合有轨电车工程特点，也符合住房和城乡建设部 2014 年 42 号文件《城市轨道交通建设工程验收管理暂行办法》的规定。

3.3 工程施工质量验收要求

3.3.2 检验批合格与否主要取决于对主控项目和一般项目的检验结果。

1 主控项目是对检验批的基本质量起决定性影响的检验项目，因此要求主控项目全部符合各有关专业验收的规定，这意味着主控项目不允许有不符合要求的检验结果。

2 一般项目是指对安全、卫生、环境保护和公众利益非决定性影响的检测项目，例如结构的外形尺寸等，因此允许存在一定数量的不合格点，但某些不合格点的指标与合格要求偏差较大或存在严重缺陷时，仍将影响使用功能或观感质量，需要对这些部位进行维修处理。

为了保证检验批的质量满足安全和功能的基本要求，按照国家标准《建筑工程施工质量验收统一标准》GB 50300—2013 第 5.0.1 条第 2 款规定：当采用计数抽样时，合格点率应符合有关专业验收规范的规定，且不得存在严重缺陷。

目前各专业的国家现行标准就主控项目、一般项目的规定如下：

现行国家标准《建筑地基工程施工质量验收标准》GB 50202 规定：主控项目应符合验收标准规定，发现问题应立即处理至符合标准要求，一般项目应有 80%合格。

国家标准《混凝土结构工程施工质量验收规范》GB 50204—2015 第 3.0.4 条规定：主控项目的质量经抽样检验均应合格；一般项目的质量经抽样检验应合格，一般项目当采用计数抽样检验时，其合格点率应达到 80%以上，且不应有严重缺陷。

国家标准《砌体结构工程施工质最验收规范》GB 50203—2011 第 3.0.21 条规定：主控项目应全部符合本标准的规定；一般项目应有 80%以上抽检处符合本标准的规定，有允许偏差的项目，最大超差值为允许偏差值的 1.5 倍。

国家标准《钢结构工程施工质量验收规范》GB 50205—2020 第 3.0.6 条规定：主控项目应符合本标准合格质量标准的要求；一般项目其检验结果应有 80%及以上的检查点(值)符合本标准合格质量标准的要求，且最大值不应超过其允许偏差值的 1.2 倍。

国家标准《建筑装饰装修工程质量验收标准》GB 50210—2018 第 15.0.4 条规定：抽查样本均应符合本标准主控项目的规定；抽查样本 80%以上应符合本标准一般项目的规定；其余样本不应有影响使用功能或明显影响装饰效果的缺陷，其中有允许偏差值的检验项目，其最大偏差值不应超过本标准规定允许偏差值的1.5倍。

国家标准《建筑地面工程施工质量验收规范》GB 50209—2010第3.0.22条规定：建筑地面工程的分项工程施工质量检验的主控项目，应达到本标准规定的质量标准，认定为合格；一般项目80%以上的检查点(处)符合本标准规定的质量要求；其他检查点(处)不应有影响使用，且最大偏差值不超过允许偏差值的50%为合格。

行业标准《城镇道路工程施工与质量验收规范》CJJ 1—2008第18.0.5条规定：主控项目的质量应经抽样检验合格；一般项目的质量应经抽样检验合格，当采用计数检验时，除有专门要求外，一般项目的合格点率应达到80%以上，且不合格点的最大偏差值不应大于规定允许偏差值的1.5倍。

行业标准《城市桥梁工程施工与质量验收规范》CJJ 2—2018第23.0.5条规定：主控项目的质量应经抽样检验合格；一般项目的质量应经抽样检验合格，当采用计数检验时，除有专门要求外，一般项目的合格点率应达到80%以上，且不合格点的最大偏差值不应大于规定允许偏差值的1.5倍。

行业标准《铁路混凝土工程施工质量验收标准》TB 10424—2018第3.3.2条规定：主控项目的质量应经抽样检验全部合格；一般项目的质量应经抽样检验全部合格，其中，有允许偏差的检查点，除有专门要求外，80%及以上的抽查点应控制在规定允许偏差内，最大偏差值不应大于规定允许偏差值的1.5倍。

行业标准《铁路隧道工程施工质量验收标准》TB 10417—2018第3.3.2条、行业标准《铁路路基工程施工质量验收标准》TB 10414—2018第3.3.2条、行业标准《铁路轨道工程施工质量验收标准》TB 10413—2018第3.3.2条的具体要求与行业标准《铁路混凝土工程施工质量验收标准》TB 10424—2018第3.3.2条的规定一致。

结合有轨电车工程的具体情况，统一对主控项目、一般项目的验收作出明确的规定，使整个验收标准全篇统一，便于操作执行。核对计数检验的项目，其局部小比例超差不会影响使用功能或观感质量，也符合国家标准《建筑工程施工质量验收统一标准》GB 50300—2013 第 5.0.1 条的规定。合格点率是指检测的合格点数占总检测点数的百分比。

3 完整的施工操作依据、质量验收记录，指的是该检验批所包含的施工方案、技术交底、操作方法、设备和系统说明书等齐全，与该检验批相关的图纸会审记录、设计文件变更通知单、工程洽商记录、工程定位测量、放线记录、原材料出厂合格证书及进场检验、试验报告、施工试验报告及见证检测报告、隐蔽工程验收记录、施工记录、地基基础和主体结构检验及抽样检测资料、各种设备和系统的试验和调试报告齐全。

4 钢筋混凝土结构工程与砌体工程

4.1 一般规定

4.1.1～4.1.3 在以往的工程施工中，因模板失效、支架坍塌而造成事故的现象时有发生，故在此对模板、支架的设计提出要求。

4.1.6 分项工程的验收是以检验批为基础进行的。分项工程质量合格的条件是构成分项工程的各检验批验收资料齐全完整，且各检验批均已验收合格。

4.2 模板工程

4.2.1 本条对模板材料的技术指标提出要求，主要指标为模板、支架及配件的材质、规格、尺寸及力学性能等。

4.2.3 后浇带模板由于施工中留置时间较长，不能与相邻的混凝土模板同时拆除，且不宜拆除后二次支撑，故制定施工方案时应考虑独立设置，使其装拆方便，且不影响相邻混凝土结构的质量。

4.3 钢筋工程

4.3.3 本条提出了针对部分框架、斜撑构件（含梯段）中纵向受力钢筋强度、伸长率的规定，其目的是保证重要结构构件的抗震性能。

4.3.7 提出本条检验规定是为加强对调直后钢筋性能质量的控制，防止冷拉加工过度改变钢筋的力学性能。

4.3.8 如设计没有规定钢筋的连接方式，可由施工单位根据《混凝土结构设计规范》GB 50010 等国家现行有关标准的相关规定和施工现场条件与设计共同商定，并按此进行验收。

4.4 混凝土工程

4.4.1 预拌混凝土的质量证明文件主要包括混凝土配合比通知单、混凝土质量合格证、强度检验报告、混凝土运输单以及合同规定的其他资料。

4.4.2 混凝土拌合物发生离析，将影响其和易性和匀质性，以及硬化后的强度和表面质量等。

4.4.4 开盘鉴定是为了验证混凝土的实际质量与设计要求的一致性。

4.4.9 考虑构件特点及加载试验条件，本条仅提出了梁板类简支受弯预制构件的结构性能检验要求。对生产数量较少的大型预应力混凝土简支受弯构件可不进行结构性能检验或只进行部分检验内容。

4.5 砌体工程

4.5.4 在正常施工条件下，砖砌体的强度取决于砖和砂浆的强度等级，为保证结构的受力性能和使用安全，砖和砂浆的强度等级必须符合设计要求。

4.5.6 砖柱为独立受力的重要构件，为保证其安全，对水平灰缝砂浆饱满度的要求有所提高，并增加了对竖向灰缝饱满度的规定。

5 路基工程

5.1 一般规定

5.1.1 本条规定除正线区间路基工程外，车辆段的地面路基工程验收亦要遵照本标准执行。

5.1.2 本条主要规定了路基工程的范围。

5.2 软土路基

5.2.1 软土路基处理方法比较多，其技术也比较成熟，现行行业标准《建筑地基处理技术规范》JGJ 79 和现行国家标准《复合地基技术规范》GB/T 50783 有详细规定，施工中参照执行。

5.2.2 路堤沉降及位移是软土路基施工中的重要监控指标。

5.3 路 堑

5.3.1 路堑基床如需作换填时，换填材料及其他措施要符合设计要求。临时排水设施要与原有排水系统及永久排水设施相结合。

5.3.2 基床为直接承受荷载结构，因此对其压实度严格控制，确定基面 96％的压实度标准，与行业标准《城镇道路工程施工与质量验收规范》CJJ 1—2008 第 6 章中最高标准等级的城市快速路和主干路的压实度标准相比，提高一个百分点，符合有轨电车工程的要求。

5.4 路 堤

5.4.2 每层路基用同一种填料填筑，以免产生工后不均匀沉降，并要做好逐层检验控制，确保分层压实质量。

试验室土样击实试验分为重型击实试验和轻型击实试验，击实时采用的锤重和击实次数不同，分别模拟重型压路机械、压实机械和人工夯实方法，有轨电车工程一般采用重型压路机械施工，所以采用重型击实标准。

灌砂法适用于现场路基土的各种材料压实层的密度和压实度检测；但不适用于填石路堤等有大空洞或大孔隙的材料压实度检测。核子仪法适用于现场用核子密度湿度仪以散射法或直接透射法测定路基的密度和含水率，并计算施工压实度，是现场检测压实度较常用的一种方法，仪器按规定方法标定后，其检测结果作为工程质量评定与验收的依据，本方法可以检测土、碎石、土石混合物等材料。

5.5 路基支挡与防护

5.5.1 密实度检测方法一般采用灌砂法和核子密度仪法。

5.6 排 水

5.6.1 施工期间路基排水措施得当是路基填筑质量的重要保证，特别是在雨季更要做好排水，防止雨水侵入造成路基松软或坡面坍塌。

5.7 涵 洞

5.7.1 涵洞作为一个分部工程，其模板、钢筋、混凝土、砌体工程等的验收按本标准第 4 章的要求执行。

5.7.2 涵洞的地基承载力是保证涵洞沉降符合设计要求的重要技术指标，施工中要认真检测，达不到设计文件时要进行处理。

6 桥梁工程

6.1 一般规定

6.1.3 本标准只作关键性的要求，桥梁结构还应符合现行国家标准《混凝土结构工程施工质量验收规范》GB 50204 和现行行业标准《城市桥梁工程施工与质量验收规范》CJJ 2 的规定。

6.2 基坑开挖与回填

6.2.1 基坑开挖至设计文件规定的标高后应及时进行地基承载力检验，确保满足设计文件要求。检验方法有现场荷载试验、触探试验等。

6.3 钻孔灌注桩

6.3.1 桩基检验还包括承载力检验、桩身质量检验等，应符合相关规范的要求，同时应满足设计文件要求。

6.7 支 座

6.7.2 支座垫石是重要的受力部位，支座垫石的质量好坏，对支座的安装质量有直接影响，因此对支座垫石的蜂窝麻面及裂缝进行规定。

6.7.3 支座的安装方向及正反面安装错误将难以纠正，故应在支座安装后进行检查。

6.8 支架现浇混凝土梁(板)

6.8.1 钢筋的施工应从原材料、加工、安装等工序严格控制,并符合本标准第4.3节的规定。

6.9 构件的预制与安装

6.9.2 预制墩台柱与基础连接有预埋钢筋和预埋件等方法,钢筋和预埋件均要按设计文件规定的焊接要求(包括焊缝的高度、长度、焊条型号、施焊的环境条件及施焊顺序等)进行焊接,灌缝的混凝土强度等级、粒径也要符合设计文件的要求,灌缝要振捣密实。

6.10 桥梁悬臂浇筑与拼装

6.10.2 对称平衡施工是为了减少悬臂结构的扭力和弯矩,保持受力平衡。

6.10.3 合龙时两端悬臂结构会受温差或预应力张拉影响产生两端高差,当采用压重方式调平时,实际操作中有时会达不到要求,因此施工中要严格控制合龙时的两端高差。

6.11 预应力工程

6.11.1 预应力原材料进场应严格按批进行力学性能和工艺性能检验。锚具、夹具和连接器的选用应符合设计要求,其各项技术性能应符合国家现行标准的规定。

6.11.6 预应力管道的安装准确是保证预应力筋安装准确的前提,应确保预应力结构的抗裂性能和承载能力符合设计要求。预应力的张拉采用设计文件规定的张拉力和伸长率进行双控，伸长率要求在±6%内，是基于工程实践得出的。

6.12 钢 梁

6.12.1 钢梁的制作和焊接应符合设计要求，同时还应符合现行国家标准《钢结构工程施工质量验收规范》GB 50205、《钢结构工程施工规范》GB 50755、《钢结构焊接规范》GB 50661 的规定。

6.12.4 钢梁安装除应符合本节规定外，还应符合设计文件及国家现行标准的要求。

6.12.9 钢梁防护涂装除应符合本节规定外，还应符合设计文件及国家现行标准的要求。

6.13 钢混组合梁

6.13.3 钢混叠合梁上的栓钉，又称剪力连接器，其规格和焊接质量是混凝土与钢结构有效连接为一体的重要保证，因此应按设计文件要求全数检查。

6.14 桥面及附属设施

6.14.1 伸缩缝为厂家定型产品，进场时应核对其规格型号、所用材料与设计文件要求相符。

6.14.2 伸缩缝变形或缝间有硬物会影响伸缩缝的变形量，安装前和安装后都要检查或清理，以保证伸缩效果。

6.14.3 护栏是高架区间外观质量的重要部分，故作此规定。

6.14.4 采用现浇混凝土栏杆时，预留钢筋的埋设按设计文件给定的埋设长度和规格执行；采用预制混凝土栏杆时，预留的钢筋或预埋件的焊接要求（包括焊缝的高度、长度、焊条型号、施焊的环境条件及施焊顺序等)应与设计文件要求一致,灌缝混凝土振捣密实;采用钢制栏杆时,其预埋深度或焊接质量应与设计文件要求一致。

6.14.5 泄水孔一般容易忽视,桥面积水会影响结构质量甚至浸泡线缆或设备引发故障,应细致检查,以免阻塞。

6.14.7 声屏障一般采用钢结构作为骨架,其原材料检验、焊接、紧固件连接、零部件加工、组装和拼装等的验收按现行国家标准《钢结构工程施工质量验收规范》GB 50205 的规定进行。采用半封闭式或全封闭式声屏障,应根据居民区楼层高度、分布范围以及声音的传播方向确定,保证降噪效果最佳。

6.14.11 降噪效果指降噪措施施工完成后,由有资质的检测单位出具的实测噪声小于采用降噪措施后噪声的要求。

7 车站工程

7.1 一般规定

7.1.1 有轨电车车站一般为地面车站,极少会出现高架车站,本标准验收主要针对地面车站。

7.1.4 有轨电车车站钢结构主要为轻钢结构,厂家提供成品至现场进行安装,现场主要验收成品质量和安装质量。

8 车辆基地

8.1 一般规定

8.1.1 本条所指的车辆基地工程是指有轨电车工程中的车辆段、停车场、综合维修基地等。

车辆基地工程涉及验收专业多，可能出现单独专项验收能通过，但几个专业加起来后会出现矛盾及冲突，不能实现设计文件规定的功能要求，因此车辆段地基要进行功能验收。

除本章规定的验收项目外，车辆基地的其他建筑、市政工程的验收参照国家现行标准进行。

8.1.2 车辆基地内的建筑按栋号划分为单位工程，符合国家标准《建筑工程施工质量验收统一标准》GB 50300—2013 附录 B 的规定，特殊构筑物和专用工艺设备的分部工程、分项工程结合目前有轨电车工程施工情况进行划分，便于检查记录。

8.2 基地构筑物

8.2.2 车辆基地内的电缆沟施工除按本条标准执行外，如电缆沟顶无覆土的，要进行质量感观方面的验收，包括电缆沟直线段的直线性、曲线段的曲率及沟面的平整性等。

8.2.9，8.2.20，8.2.26，8.2.30 这几条的施工精度直接影响铺轨的质量、列车在库区行车的安全，因此，在施工完成投入使用前，要由测量人员对其标高及尺寸进行复核检查，确保符合设计文件要求，不侵入相关限界内。

8.3 工艺设备安装工程

本节涉及的设备安装偏差标准为一般标准，设备厂家另有规定的除外。尽可能选用精度等级高的仪表，并使仪表尽可能运用在满偏转状态。

8.3.1 不落轮镟床是轨道车辆车下转向架轮对不拆卸的条件下，对车辆车轮踏面和轮缘的磨损、缺陷表面进行镟削加工的专用设备。

主要由下列部件组成：机座/床身系统，轨道系统，双辊轮驱动装置，轴箱下压装置、轮对轴向定置系统、数控刀架系统、测量系统、控制操作系统、电气系统、液压系统、气动系统，润滑系统，断屑、碎屑及排屑系统、吸(排)烟尘系统，故障自动诊断系统等。

8.3.3 列车清洗机进行功能验收时，列车自行牵引，不降受电弓，由架空接触网供电，列车以“洗车模式”3 km/h～5 km/h 的速度通过列车清洗机。驾驶员按信号指示操纵列车运行或停车。

8.3.8 地下固定式架车机一般安装在车辆基地大(架)修库内。除地面操作控制台外，架车机安装在地下基础坑内。架车(落车)作业完成后，设备全部降入地坑，地坑表面要设置盖板，库内地面平整度不应超过设计偏差。

地下固定式架车机同步性能的测试是功能验收的重点。利用地下固定式架车机各架升螺旋的清零功能，测量同步误差。

同步误差定义是指各转向架起升架、车体支撑柱相对于全行程最大偏差的允许值。

8.3.12 堆垛机货叉挠度检测一般采用以下方式：选定某一地面水平位置；堆垛机载重额定重量货物停止于此位置，升降至某一位置(货叉在中间位置)，测量货叉表面到地面的距离 L_1；货叉伸叉至左右极限，测量货叉顶端到地面的距离 L_2 和 L_3；计算得到的 $L_1 \sim L_2$ 和 $L_1 \sim L_3$ 数值要符合设计要求。

9 轨道工程

9.1 一般规定

9.1.1 轨道工程与线下工程工序的交接在轨道工程施工一个月前进行，提前交接，便于轨道施工单位进行线路复测，也有利于相关单位处理线路交接过程中存在的问题。线路交接时，线下工程要有施工质量检验合格报告。线路交接重点是对土建工程是否具备铺轨条件的确认，一般由建设单位制定有针对性的详细线路交接办法。

9.2 线路基标

9.2.1 根据现行国家标准《城市轨道交通工程测量规范》GB/T 50308，有轨电车工程铺轨基标一般设置在线路中心或两侧，当采用CPIII轨道控制网测量技术时，检测验收标准按设计文件要求执行。

9.2.3 基标标志按设计文件加工制作，并按测量标准进行埋设，检查混凝土包桩时，主要看基标是否有松动，混凝土包桩与基础是否有脱离现象。

9.2.4 在基标位置附近的隧道壁上或道床上需注明基标里程，并按设计文件要求喷涂，字迹工整、辨识清楚。

9.3 无砟道床

9.3.2 轨枕螺旋套管抗拔力在铺设前检测，一般在材料进场时进行抽检,抽检结果不小于设计要求。

9.3.8 轨排架设调整后,经混凝土浇筑,轨道几何尺寸便固定下来,再想进行调整是非常困难的,因此轨排架设、调整工序是确保轨道工程质量的重要内容。调整后的几何尺寸在混凝土浇筑过程中,因捣固、磕碰等因素,难免还有变化,因此调整时的允许偏差较最后检查验收允许偏差要严格许多。本标准轨排及曲线正矢偏差是基于上海松江及其他城市有轨电车铺轨实际及经验情况确定。

9.4 有砟道床

9.4.1 根据现行行业标准《铁路碎石道砟》TB/T 2140 和《铁路碎石道床底砟》TB/T 2897,砟场建场和生产质量管理均有严格的程序。

9.4.2 底砟层的主要功能是隔离道砟层和基床表层,防止上层道砟压损下层路基表层,同时对从道砟到基床表层的渗水起缓冲作用,防止基床表层在暴雨时被冲刷。

对于底砟的质量,主要靠型式检验和生产质量管理程序控制,进场时对其有效性进行监督检查,并进行进场验收,本标准根据国家现行标准和现场实际,确定了进场检验项目、检验数量、检验方法。

9.4.3 有轨电车通常仅在站场和少量正线使用道砟,实用量较少,考虑实际使用量和检测周期,将同一产地、品种且连续进场的道砟按 2 000 m^3 为一批计,不足 2 000 m^3 时亦按一批计。

9.5 无砟道岔铺设

9.5.1 岔枕螺旋套管抗拔力要在铺设前检测,一般在材料进场时进行抽检。

9.5.3 有轨电车道岔多采用订制道岔结构，受车辆轮对通过性能参数及线型影响，其道岔查照间隔和护背距离有别于地铁和国铁，应根据具体工程需求确定，本标准仅对安装公差作出规定，具体施工验收时，应以道岔设计文件要求为准进行验收。

9.5.7 无缝道岔铺设标准是基于松江有轨电车所应用道岔铺设标准以及欧洲有轨电车道岔铺设标准编制，具体工程验收中，可依据实际工程所采用的道岔铺设验收要求进行相应调整。

9.6 有砟道岔铺设

9.6.1 有砟道床经整道后，道床道砟要达到目视均匀、无杂物，断面符合设计要求，边坡整齐、美观，路肩上无散落道砟、无杂草。

9.7 钢轨伸缩调节器铺设

9.7.2 钢轨伸缩调节器主要应用在有轨电车工程高架桥地段，桥上铺设无缝线路，通常需要设置钢轨伸缩调节器，其主要功能是：不仅允许列车轮对安全、平顺、高速通过，而且用来协调长大桥梁因梁体温差引起的梁端伸铺位移和长钢轨的伸缩位移，并使桥上无缝线路温度应力得到放散，从而减少轨道及墩身所承受的无缝线路纵向力，故其铺设位置及方向要符合设计要求。

9.7.3 本标准铺设标准是基于国内有轨电车工程已应用 60R2 槽型钢轨伸缩调节器铺设标准调研制定，实际工程中若采用不同类型的调节器类型，可依据产品铺设要求制定相应的铺设验收标准。

9.8 无缝线路

9.8.2 有轨电车工程一般在正线非岔区采用闪光接触焊焊接方

式，道岔内部及与长轨条连接采用铝热焊焊接方式。检验方法和数量所依据的焊接规范，应结合工程所采用的钢轨类型，根据设计文件所规定采用的行业焊接规范执行。

9.8.9 为了判明钢轨锁定后是否发生位移，较可靠的办法就是设置纵向位移观测桩。无砟轨道观测桩直接埋设在无砟道床上，有砟轨道观测桩在区间内埋设在路肩上，在站内时标设在站台上，或利用线路两侧的接触网基础(杆)或在其他固定建筑物上设置。钢轨铺设锁定之后，在与观测桩相对应的钢轨设置位移观测标尺，作为观测钢轨爬行的观测零点。由于观测零点标记要在铺设锁定时完成，所以观测桩要在铺设无缝线路前埋设好。

9.8.10 实际锁定轨温是施工中线路整修乃至今后长期运营中线路维修的依据，是无缝线路施工最重要的技术指标，因此规定要准确设定。

在新建铁路铺设无缝线路施工中，实际锁定轨温的确定主要分以下两种情况：

1 在线路锁定施工中，当锁定作业时的轨温在设计文件锁定轨温允许变动范围内时，现场实测的锁定作业轨温平均值即为该单无轨节的实际锁定轨温。

2 在线路锁定施工中，当锁定作业时的轨温低于设计锁定轨温允许变动范围时，现场实测的锁定轨温平均值加钢轨拉伸换算轨温即为该单无轨节的实际锁定轨温。

9.8.11 当左右两股长轨条实际锁定轨温差 5 ℃时，左右两股钢轨所承受的温度力将有很大差别，以 60 kg/m 钢轨为例：$\Delta Pt = EF\alpha\Delta t = 248\times77.45\times5 = 96\ 038$ N，即左右两股钢轨锁定轨温每相差 1 ℃，所承受的温度力相差 19.2 kN。因此，从确保轨道结构的稳定性考虑，要限制左右两股钢轨的实际锁定轨温差。限制相邻单元轨节的实际锁定轨温差，一方面是减少钢轨温度力的不均匀，另一方面是方便施工，减少施工作业量。

9.8.13 根据钢轨焊接接头类型，在每个焊头钢轨轨面位置标识焊头编号，编号采用钢印，字迹要清楚可辨，每个接头都要有对应的焊接记录。

9.9 有缝线路

9.9.3 在信号机处的两钢轨绝缘接头一般为相对式，轨缝不小于 6 mm。位置按设计文件及以下规定：出站（包括出站兼调车）信号机处绝缘接头设在信号机前方 1 m 至后方 6.5 m 范围内；调车信号机处绝缘接头设在信号机前方 1 m 至后方 1 m 范围内；安装在警冲标内方的钢轨绝缘接头除渡线外，一般安装在距警冲标计算位置不小于 3.5 m、距警冲标实际位置不大于 4 m 的范围内；绝缘接头处不能设为异形接头。

9.10 钢轨防护

9.10.2 有轨电车轨道一般采用槽型轨，埋入地面以下，需要设置轨道包裹系统，主要起绝缘、减振、隔离的作用，主要部件为轨腰护块、轨底护套、轨顶密封层、胶粘剂、底涂等。

9.11 铺装工程

9.11.1 有轨电车铺装工程一般指轨道范围内铺装，沥青铺装、混凝土铺装、道板砖铺装与城镇道路施工标准相同，不作特殊规定。施工时需处理好路面铺装与轨道接触面附近铺装的压实度，避免工程病害。

9.11.2 绿化铺装参照现行行业标准《园林绿化工程施工及验收规范》CJJ 82 的相关规定，不作特殊要求，绿化铺装段需做好轨道防水防锈。

9.12 轨道安全及附属设施

9.12.5 按设计文件要求对线路、信号标志的材质、规格及图案字样进行规定。

9.12.6 挡车器作为安全防护措施，不应侵入信号设计的安全距离范围内，实际安装中应严格按照设计文件确定安装位置，满足设计文件要求。挡车器固定扭矩直接影响到挡车器的制动性能，应严格按照设计扭矩要求施工，避免扭矩过大或过小。

10 供电工程

10.1 一般规定

10.1.1 变电所及接触网受电启动的条件详见本标准第10.4和10.8节，送电开通方案由建设单位批准。

10.1.2 本标准只作关键性的要求，供电工程还要符合现行相关国家标准、行业标准的规定。

10.1.6 明确了电力牵引供电工程需进行近端及远端接地短路试验。

10.3 变电所设备安装

10.3.1 规定了干式变压器安装前查验的要求。

2 牵引变电所的一套整流机组由一台整流变压器和一台整流器组成，为了使一个牵引变电所的并接在同一母线上的两套整流机组输出24脉波直流，强调两台整流变压器要符合设计文件规定的组对要求，主要是指其接线组别与相位。当然，对所有变压器来说，变压比及阻抗电压都要符合设计文件和合同的规定，整流变压器也不例外。

3 强调了外观检查的主要内容及合格要求。变压器铁芯有两点或多点接地时，接地点就会形成闭合回路，造成环流，引起局部过热，导致绝缘性能下降，严重时还会使铁芯硅钢片烧坏。

10.3.2 规定了干式变压器安装质量的要求。

2 同一个电源回路的三相电缆要穿入同一闭合的金属结构

中，以免产生涡流影响。当单芯电源电缆（包括高压侧、低压侧）需要单独固定时，采用非导磁材料（如不锈钢、铝、铜等）制作固定卡子，卡子安装位置要满足有关的电气绝缘距离要求。

10.3.3 规定了交流配电装置（柜）安装的一般要求。

2 "五防"装置要求是指防止带负荷推拉手车，防止误合误分断路器，防止带电误合接地开关，防止接地开关合上时手车误推入工作位置，防止误入带电间隔。

6 设备气压值满足产品技术规定，才能保证设备安全运行和正常操作。补充气体时，六氟化硫气体质量要符合现行国家标准《六氟化硫电气设备中气体管理和检测导则》GB/T 8905 的规定。

10.3.12 规定了二次回路接线的质量要求。

4 强调留有裕量且可转动部位的线束两端固定牢固，是为了降低柜门经常开闭对线束的影响。留有裕量是指在最大开门状态下跨接的线束仍然不被绷紧而处于松弛的状态，线束两端固定牢固是指线束两端采用刚性固定，用于固定刚性卡子的螺栓弹簧垫片处于压平状态。

10.4 变电所调试与送电

10.4.7 牵引变电所控制、信号与保护功能试验范围为变电所内所有供电设备，具体内容如下。

1 遥控功能试验：带有电动操控功能的断路器、隔离开关、负荷开关、接触器等开关类设备按手动、电动、就地、集中、单台、联动次序进行操控。

2 保护功能试验：各种继电保护装置采用模拟形式，模拟信号接近真实情况或施工实际，其试验项目动作情况符合设计要求。

3 被试设备的位置、状态、电量等信号显示准确，试验项目符合设计要求。

4 微机继电保护的试验方法符合现行国家标准《继电保护和安全自动装置技术规程》GB/T 14285 的规定。

10.4.9 中压及以下电压等级的干式变压器执行本标准。变压器三次全电压冲击试验中，第一次合闸冲击观察 5 min，手动分闸，每次间隔 3 min，第二次合闸观察时间一般短一些，并采用模拟保护回路动作跳闸。

10.4.10 变电所空载运行 24 h，从该变电所送电完成时开始计算。变电所受电启动空载运行 24 h 后，变电设备受到带电考验，此时认为其达到了暂时稳定状态，因此将电源引入接触网和动力照明线路。

10.5 电缆敷设

10.5.3 本条对单芯电缆穿钢管作出明确规定。单芯电源电缆如果单独穿入构成闭合磁通路的钢管内，就会产生涡流。在不可避免的情况下，通过采取措施，如全长轴向切割出一道 3 mm～5 mm宽的缝，使钢管不构成闭合磁通路。

10.5.4 本条对环网电缆头制作、安装质量验收作出规定。

2 电缆终端和接头的种类和形式较多，结构、材料不同，要求的操作技术也各有特点。本标准只提出基本要求和主要的质量标准，具体执行时除遵守本标准外，还要按有关工艺进行制作，确保安装质量。

在电缆中间接头处，电缆的铠装、金属屏蔽层各自有良好的电气连接并相互绝缘，在电缆的终端头处，电缆的铠装、金属屏蔽层分别引出接地线。这样连接便于通过试验检验外护套和内衬层绝缘情况、测量金属屏蔽层直流电阻，进而判断电缆进水情况。

10.6 接触网

10.6.1 本条对接触网基础施工作出规定。

4 接触网基础施工一般是批量进行，为控制混凝土施工质量，通常采用商品混凝土；如少量基础施工，现场搅拌混凝土要采用混凝土搅拌机，控制好混凝土施工质量。

7 本条主要适用于停车场、车辆段等有地形条件的拉线基础，对于受地形限制的基础应有设计单位进行基础容量核算后确定。拉线与地面夹角特殊困难地区不大于 60°，但应增加锚板的埋设深度。

10.6.2 对于预留的接触网预埋件，也应按此标准进行检查复核。

10.6.5 架空地线应全线贯通，并在牵引所处与强电接地母排相连接。距接触网带电体 5 m 以内的金属构件及接触网设备，均应可靠接地或设接地极。

10.6.7 本条对软横跨安装作出规定。

4 固定索平直、有轻微负弛度是指固定索带张力安装后，由于重力作用会出现弛度，在横向承力索、上下部固定索间吊弦安装时，保持固定索向上呈轻微负弛度，能使上下部固定索在接触线、承力索等线索整体受力后，保持良好受力状态及工艺美观。

10.7 均回流

10.7.1 钢轨既是供电牵引电流的回流通道，又是信号轨道电路信号电流的传输通道。均流电缆、回流电缆要按设计文件位置连接钢轨，为避免在钢轨上供电回流与信号设备产生相互干扰，在信号轨道电路设置区域，均流电缆、回流电缆连接回流轨，不与信号轨相连。

10.8　接触网冷滑与送电开通

10.8.4　为了检验实际情况和使用要求，规定绝缘电阻试验按供电分段进行。

10.9　杂散电流防护

10.9.1　参比电极外观完好是指参比电极本体无裂纹、无破损，其引线及与本体连接处均无破损。

11 通信工程

11.2 通信管线

11.2.7 区间电缆支架的接地,一般按设计要求接入贯通地线,此处只是要求与综合接地端子可靠接通。

11.2.12 对线槽、走线架的安装固定,现场采用人力拉拔或摇晃无明显松动、晃动为判断牢固的依据。检查螺栓连接紧固时一般采用固定扳手施以一定拧力,螺栓无明显转动为宜。

11.2.13 金属线槽、走线架的接地,只是要求与接地端子可靠接通,并不测试接地电阻的阻值。

11.2.18 本标准随工检验指监理工程师随同项目专职质检工程师及相关施工人员一起到现场检查,并签署隐蔽工程记录的检验方法。

11.4 设备安装及配线

11.4.7 金属机柜(架)、基础型钢的接地,通过接地连接线连接到机房的接地端子。

11.4.9 配线电缆、光跳线的芯线中间不得有接头的目的是为了降低接头造成错线、断线、混线及绝缘不好等故障,也便于将来的维护。

11.4.10 由于光跳线(光纤)受到弯曲和微弯会产生附加损耗,横向受力引起纤芯和包层的变形、扭曲造成的轴向变形甚至会引起衰耗的剧增,故提出光跳线单独布放并不得挤压、扭曲的要求。

11.4.17 各类工作台的布局在符合设计要求的原则下，还需考虑操作使用方便、利于观察维护等。

11.6 无线通信系统

11.6.11 行业标准《移动通信工程钢塔桅结构验收规范》YD/T 5132—2005 第 8.4.2 条提出了铁塔垂直度的要求：自立式塔架塔身中心垂直倾斜不得大于全塔高度的 1/1 500；对于单管塔，桅杆中心垂直倾斜不得大于全塔高度的 1/750。并且要求垂直度要双向检测。

11.6.12 铁塔安装的检验，提出螺栓紧固度的检查在塔身上、中、下三部分抽验，是为了验证铁塔整体安装的牢固性。

11.6.14 天线杆(塔)防雷应符合国家标准《建筑物电子信息系统防雷技术规范》GB 50343—2012 第 3.2.2 条的要求。

11.6.20 馈线在室外部分的外防护层应有不少于 3 点的外防护层接地连接，分别为天线与馈线连接处、馈线离塔处、馈线引入机房入口处外侧。天线连接处、离塔处工艺做法为从馈线的地线卡子引出线就近接引至铁塔避雷针接地扁钢，应确保接地卡子与天馈线连接处防水、防渗漏良好，馈线金属外护层的接地点应避开塔角和避雷针的防雷扁钢；馈线引入机房应在馈线洞外侧就近接地。通信车载设备安装、布线，目前大部分由车辆厂在总装和整体装车调试时完成，由通信专业和车辆专业共同确定安装要求。

11.6.31 天线与跳线接头一般均在室外，接头受潮会引起腐蚀并影响系统电气性能，故应进行防水密封处理，作滴水弯可避免雨水顺天馈线流至接头处。

11.8 技术防范系统

依据现行国家标准《入侵和紧急报警系统技术要求》GB/T

32581 对入侵告警系统质量验收标准进行规范。

依据现行行业标准《电子巡查系统技术要求》GA/T 644 对电子巡查系统质量验收标准进行规范。现行国家标准《地下铁道工程施工及验收标准》50299 对门禁系统质量验收进行规范。

11.13 电源及接地系统

11.13.11 采用单点接地的目的是防止两点接地或多点接地形成地环路,产生电压差对电路造成干扰,就近从地线盘上引入也是为了减小接地电阻。实际在工程中设计会给出接地要求,本处进行检验确认。

11.13.33 此处只是要求接地铜排和螺栓应结合紧密、导电性能良好,并不测试接地电阻的阻值。

12 运行控制系统

12.1 一般规定

12.1.1 有轨电车信号系统的接口分为两种:一种是与其他专业的接口,主要涉及轨道、路基、桥梁、隧道、电力供电、通信、交通、车辆专业;另一种是信号系统内各设备间互通信息的接口,包括中心调度、路口、道岔、车载、自动监测设备之间通道验证接口等。

12.1.4 为保证车辆行驶的安全和设备设施的安全,有轨电车规定了严格的设备限界和车辆限界,侵入设备限界或超出车辆界的情况是不允许的。在有轨电车信号系统中,有大量的信号设备在沿线轨旁安装。为了避免轨旁设备与车辆碰擦导致损伤,继而威胁行车和设备安全,要求所有信号轨旁设备安装均不得侵入规定的设备限界。同理,车载信号设备安装超出车辆原界会损坏列车沿线其他设施,从而严重影响行车安全,或造成其他人或财产损失,故应禁止。

13　交通安全设施

13.1　一般规定

13.1.2　本标准智能交通系统特指有轨电车相关的智能交通系统。

13.3　交通标志

13.3.1　本标准交通标志特指有轨电车的专业标志，包括禁止、警告、指示等标志，样式应与其他道路交通标志区分。